HEYNE <

Die Autorin

Aufgewachsen in einer ländlichen Gegend, inmitten einer reichen Fülle von alten, geheimnisvollen Bräuchen, interessierte sich Claire schon früh für die spirituelle Kraft der weißen Magie. Heute ist die Lebensberaterin und praktizierende Hexe eine der erfolgreichsten Autorinnen zum Thema Magie. Zahlreiche TV-Auftritte machten sie über die Grenzen Deutschlands hinaus bekannt. Claire lebt in Leipzig.
www.hexe-claire.de

Claire

Die Magie der Hexen

Das umfassende Handbuch
der weißmagischen Künste

WILHELM HEYNE VERLAG
MÜNCHEN

Die Originalausgabe erschien im Ubooks Verlag, Diedorf.
www.ubooks.de

MIX
Papier aus verantwortungsvollen Quellen
FSC® C014496

Penguin Random House Verlagsgruppe FSC® N001967

8. Auflage
Taschenbuchausgabe 08/2014

in der Penguin Random House Verlagsgruppe GmbH,
Neumarkter Straße 28, 81673 München
Printed in Germany
Lektorat: Andreas Mayerle
Illustrationen: Agnieszka Szuba www.tbwcreative.com
Umschlaggestaltung: Guter Punkt, München
Umschlagmotiv: Act/shutterstock
Herstellung: Helga Schörnig
Satz: Leingärtner, Nabburg
Druck und Bindung: GGP Media GmbH, Pößneck
ISBN 978-3-453-70250-9

www.heyne.de

Widmung

Ich danke allen, die an der Realisierung dieses Buches mitgewirkt haben, das Leben ist ja bestens vernetzt. Ganz besonders danke ich: Bride, Stephan, Cerridwen, Nora, dem Ingwer, Diana, Christine, dem Eisenkraut, Ganesha, Anna, den Katzen, A. Gabriele, dem Sandelholz, den Geistern meiner Wohnung, Lakshmi, meinem unverwüstlichen Laptop, Oshun, der Spinne, den Schlangen, Wolfgang, meinem Orakelbaum auf dem Hinterhof, Shiva, der netten Frau vom Laden nebenan, Ingeborg, Thea, der Kröte, Bastet, der Pfefferminze, Hekate, der Kaffee- und der Teepflanze und Luisa. Und natürlich meinem Verlegerteam, Andreas Reichardt, Andreas Köglowitz und Andreas Mayerle, meinem Lektor.

Auch all den anderen, die hier nicht genannt werden, aber doch indirekt zur Entstehung dieses Buches beigetragen haben, von Herzen Dank!

Inhaltsverzeichnis

EINS

Ein Exkurs vorab

Ob eine schwarze Katze Unglück bringt oder nicht, hängt davon ab, ob man ein Mensch ist oder eine Maus!

Dieses Buch beginnt mit einer Seifenblase. Als ich die ersten Worte tippen wollte, um meine Gedanken zu ordnen, schwebte sie plötzlich an meinem Fenster vorbei. So oft passiert einem das nicht im fünften Stock, in dem ich damals wohnte. Ich nehme an, es war ein gutes Omen.

Was folgte, waren kreative Monate, Jahre. Ich wollte frei und inspiriert schreiben, was meiner Meinung nach wichtig für werdende Hexen ist. Freiheit bedeutet für mich auch, meine Leser von nun an mit *du* anzureden. Das *Sie* empfinde ich als zu distanziert und förmlich. Außerdem wollte ich auch auf ganz bestimmte Themen eingehen, zumal ich weiß, dass meine Leser sich schon länger auf eine Art Aufbaukurs zum *Basiswissen Weiße Magie* freuen.

Heraus kam ein Potpourri theoretischen und praktischen Hexenwissens. Ich bin gespannt, ob es meinen Lesern gefällt, denn dieses Buch folgt keiner typisch wissenschaftlichen Systematik, wie man sie in so vielen anderen Büchern findet, sondern es ist eher intuitiv *strukturiert,* was mir wichtig war. Ich orientierte mich vor allem an dem, was in meinen Hexenkursen immer wieder nachgefragt wird – die Magie nicht vom täglichen Leben getrennt, sondern darin eingebettet.

Wie ein Flickenteppich, an dem du, liebe Leserin bzw. lieber Leser, weiterweben kannst und sollst, um zu deiner ureigenen Magie zu gelangen.

Es geht in diesem Buch bewusst um anderes als um Zaubersprüche oder Magierezepte. Mir war die praktische Arbeit mit magischer Energie wichtiger als eine Sammlung mannigfacher Zauberanweisungen, also quasi ein Rezeptbuch zu schreiben. Es ist diese Energie, welche Magie erst bewirkt. Wenn du mit ihr umgehen kannst, wird der Rest zu einer schönen Hülle, mit der du arbeiten kannst, aber nicht musst, denn du hast den direkten Weg zur Energie gefunden. Dieser Weg wird auch als *Magie der leeren Hand* bezeichnet.

Eines Tages werde ich aber ganz sicher auch eine Sammlung klassischer Hexenrezepte und Rituale herausbringen. Das Schamanisch-Freie und die Tradition sind für mich keine Gegensätze, sondern zwei sich ergänzende Wege.

Zunächst einmal steht natürlich die Frage im Raum, wo denn das *reale* Leben aufhört und wo genau Magie und Spiritualität anfangen. Einigen wir uns am besten gleich darauf, dass es diesbezüglich gar keine wirkliche Trennung gibt, jedenfalls nicht für Hexen. Dass Hexen schon immer zwischen den Welten reisten, ist gemeinhin bekannt. Man denke nur an die Hagazussa, die auf dem Hag sitzt, auf der Hecke – *Heckse* und Hexe, das liegt ja gesprochen sehr nah beieinander – sitzt bzw. auf dem Zaun zwischen den Welten reitet. Oder man denke an die Grenzgängerin, die in jeder Frau steckt und darauf wartet, geweckt zu werden, und die auch in so mancher Anima der Männer schlummert.

Meine lieben Männer, das muss ich gleich vorab loswerden: Dieses Buch wendet sich natürlich auch an die Herren der Schöpfung! Ich weiß sehr wohl, dass ich viele treue männliche Leser habe. Da meine Leser in der Mehrzahl jedoch weiblichen Geschlechts sind, ist es von der Schreibweise her allerdings eher an diese gerichtet. Nehmt es bitte nicht krumm, wer weiß, vielleicht könnt ihr dadurch auch so manches Ungeahnte über uns Frauen erfahren ...

Ich kann euch versichern, schon wunderbare männliche *Hexen* getroffen zu haben, die sich ihrer Fähigkeiten teilweise gar nicht bewusst waren. Die Wicca-, Hexen-, Heiden- und Spiritualitätsbewegung, oder wie man sie nennen möchte, kann gerade auch für Männer, mit ihrem in unserer Gesellschaft doch sehr eingeengten Rollenverständnis, nur hilfreich und aufbauend sein – ganz im Sinne einer ganzheitlichen Entwicklung, die sich so viele Männer mehr oder minder bewusst wünschen, auch wenn nicht jeder von ihnen den Mut dazu hat, neue Wege zu beschreiten.

Das Geheimnis besteht darin, dass unser Alltag an sich schon magisch ist. Es gibt kaum ein deutsches Frühstück ohne das schon als rituell zu bezeichnende Kaffeekochen. Der Pflanzengeist der Kaffeepflanze, Deva, hat uns wohl fast alle ziemlich fest im Griff. Keine Geburtstagstorte ohne Kerzen. Man könnte sich fragen, wer um Himmels willen auf die Idee kam, – oftmals tropfende! – Kerzen auf ein Gebäck zu stellen. Rational betrachtet, scheint das nicht viel Sinn zu ergeben.

Wie auch in meinem anderen Veröffentlichungen dreht sich hier alles um die Weiße Magie. Ich weiß von vielen Menschen, dass sie gerade anfangs Angst haben, es könnte etwas Schlimmes passieren, wenn sie mit magischen Praktiken arbeiten. Diese Bedenken möchte ich nicht einfach beiseitewischen mit einem lapidaren »Nur keine Angst«, sondern darauf eingehen.

Christlich geprägte Menschen haben, um es kurz und bündig auszudrücken, oft die Angst, dass Gott sie bestrafen könnte für magische Handlungen. Ich komme selbst aus einem protestantischen Elternhaus und verstehe solche Bedenken durchaus. Doch schon seit Langem betrachte ich diese Frage differenzierter: Die Christen glauben an Gott und daran, dass er ihnen alles mit auf ihren Weg gab, was sie brauchen. Magie gibt es seit Anbeginn der Menschheit – ist dies nicht ein Zeichen dafür, dass sie zu uns gehört? Dass sie bewusst mit *eingebaut* wurde, von wem auch immer? Was ist eine brennende Votivkerze vor einem Heiligenbild in der Kirche anderes als Kerzenmagie? Warum werden Prozessionen veranstaltet? Warum gibt es Heilige? Was unterscheidet sie denn von solchen Ahnen, die zu einer Art kleiner Gott bzw. Göttin neben dem großen christlichen Schöpfergott wurden? Fast so wie im Shinto. Warum die Verehrung und Darstellung von Maria als Muttergöttin und Mondgöttin? Man sieht schon, es gibt keine reine Religion und interessanterweise werden die Götter der einen Religion zu den Dämonen der darauf folgenden, aber das steht auf einem anderen Blatt. Falls du an den christlich gefärbten Gott glaubst, er hat uns unsere magischen Fähigkeiten mit auf den Weg gegeben. Nutzen wir sie mit Sinn und Verstand, sind sie, wie unsere anderen Fähigkeiten auch, ein Segen. Nutzen wir sie mit negativen Hintergedanken, schaden sie uns, so wie jede unserer anderen Fähigkeiten es auch tun würde. Der Zweck kann heiligen, aber auch verderben. Es liegt an uns, zu welchen Zwecken wir arbeiten wollen.

Bemerkenswert finde ich in diesem Zusammenhang die Heiligenverehrung in afrikanisch geprägten Gegenden. Da heißt es beispielsweise: Wenn du Geldsegen benötigst oder dein Geschäft schlecht läuft, bete zum heiligen Petrus, verbrenne Petersilie oder Salbei und zünde grüne Kerzen an, während du zu ihm betest! Praktisch und handfest geht es da zu. Wenn dir das lieber sein sollte, arbeite doch einfach mit christlichen Heiligen anstelle von Gottheiten. *Jedem Tierchen sein Pläsierchen* war und ist in der Hexenmagie die erste Regel! Es gab seit Anbeginn des Christentums christliche Hexen, die, wie ihre naturreligiösen Schwestern, mit Weißer Magie arbeiten. Du musst es ja deinem Priester oder Gebetskreis nicht unbedingt auf die Nase binden.

Ich habe lange überlegt, ob ich Wicca, eine der vielen neuen Traditionen der Hexen, mit in dieses Buch aufnehme. Magie und Religion sind Geschwister, aber ich bin Hexe und kann und will daher niemandem eine Religion aufschwatzen. Vielleicht bist du christlich, vielleicht buddhistisch – ich weiß es nicht. Magie ist universell und daher nicht an ein bestimmtes Religionssystem wie zum Beispiel den Hexenkult gebunden, der ja selber so viele Facetten und Varianten kennt, dass es fast müßig ist, von *einer* Religion zu sprechen. Ich verehre eher die Große Göttin, eine andere Hexe dagegen konsequent Göttin und Gott, wieder andere sind christlich und schwören auf Maria und die Heiligen.

Deine Religion musst du dir selbst suchen, das System, in das du deine Magie einbetten willst, und die Kräfte, die dir als Hilfe und Unterstützung willkommen sind. Im Endeffekt sind die Wege verschieden, das Ziel jedoch ist das gleiche, nämlich sich mit den universellen Kräften zu verbünden, sie um Hilfe und Unterstützung zu bitten und ihr Wirken zu verstehen – mit Hilfe von Orakel und Magie. Wie du deine Kräfte nennst, ob du sie in ein System betten, frei wählen oder ihnen überhaupt spezielle Namen geben willst, ist ganz deine Sache.

Manchmal wandeln sich die Ansichten dazu auch im Laufe des Lebens. Aber es sind nur die Hülle und der Weg, die sich ändern, wenn man die Religion wechselt. Das Wesentliche, das Essenzielle, das bleibt gleich. So unterschiedlich die Wege zum Göttlichen auch sein mögen, sie alle zielen auf dasselbe ab.

Doch auch nicht christlich geprägte Menschen haben meiner Erfahrung nach so ihre Bedenken, wenn es um Magie geht. Hier ist das weißmagische Prinzip die helfende Kraft. Du kannst mit Weißer Magie nichts Schlechtes bewirken. Im schlimmsten Fall passiert nichts. Natürlich kann man dann überlegen, woran es gelegen hat und wie man weiter verfahren möchte. Aber du wirst niemals plötzlich und ohne es zu wollen in etwas Schlimmes hineinschlittern. Weißes zieht Weißes nach sich, genauso wie man sich an Schwarzer Magie zwangsläufig irgendwann die Finger verbrennt. Auch für die Magie gilt das physikalische Gesetz von Ursache und Wirkung, sonst würde sie ja nicht funktionieren. Die Faktoren, die das Ergebnis letztendlich bewirken, sind allerdings sehr vielschichtig. Denke zur Orientierung immer an den schönen Spruch: Seinen Willen und seine Wünsche verwirklichen zu wollen, ist nichts Schlimmes, schlimm ist es, seinen Willen und seine Wünsche anderen aufzwingen zu wollen.

Noch etwas zu den Kapitelüberschriften: Da ich ein praktisch veranlagter Mensch bin, habe ich bei der Themenwahl an die praktischen Dinge des Lebens gedacht. Es sollte ein Wohlfühl-, aber auch ein Informationsbuch werden, kein kompliziertes Werk mit noch komplizierteren Anleitungen, die man dann doch wieder sein lässt, weil sie viel zu umständlich sind. Schon nach meinen ersten beiden Büchern bekam ich viel positives Feedback, weil ich direkt und ohne

Umschweife schreibe. Man weiß bei mir, woran man ist – und so will ich es auch diesmal halten. Die Themen sollten den Leser wirklich betreffen und ansprechen. Was nützen einem abgehobene Meditationstechniken, wenn die Gedanken doch nur um eine bestimmte Rechnung auf dem Schreibtisch kreisen? Wie kommt man ohne lange, allzu *mystische* Anrufungen an seine Geisthelferwesen heran? Und nicht zuletzt, wie bekommt der Alltag mehr Farbe? Wie lebe ich sinnlicher und bewusster? All diese Themen möchte ich beleuchten und dir näherbringen – und zwar undogmatisch! An manchen Stellen wird sicher meine eigene Meinung ganz klar durchschimmern, doch niemand sollte sich genötigt sehen, sie zu teilen. Sieh dieses Buch als das, was es ist: eine Inspirationsquelle, keine Bibel!

Weisse Magie und die Moral von der Geschicht'

Mein erstes Buch heißt *Basiswissen Weiße Magie*. Dabei stellte sich heraus: Was die einen dazu veranlasste, das Buch zu kaufen, war für andere eher verwirrend. Weiße Magie? Gibt es die? Und vor allem ist da, wie schon erwähnt, die Angst vor der Macht, vor Verantwortung und Bestrafung, wenn man etwas Falsches tut. Die christliche Philosophie ist der unbewusste Urgrund unserer heutigen Kultur, selbst wenn wir gar nicht christlich sind und nie eine Kirche betreten haben. Man sollte das nicht ausblenden, sondern lernen, damit kreativ umzugehen, Muster zu erkennen und sie zu wandeln. Eines der christlichen Muster heißt *schwarz – weiß*, ein anderes *Fehler – Strafe*. Auf diesen Mustern aufbauend kann natürlich kein freier, kraftvoller und selbstbewusster spiritueller Weg für den Einzelnen entstehen. Wenn du immer Angst hast, etwas falsch zu machen und dafür bestraft zu werden, wird das nichts mit wirklich magischem Wirken. Ganz anders die alten religiösen Traditionen, sie wissen, dass wir nicht *perfekt* sind, und haben es deshalb gleich mit in ihren spirituellen Weg eingebettet. Du hast etwas falsch gemacht? Nun, dann musst du dich entschuldigen! Wobei sich zu entschuldigen durchaus freudvoll sein kann. Du hast unwissend einen Kraftort betreten und dort die Geistwesen verärgert? Räuchere und tanze für die Geister, damit sie lustig werden und eine andere Einstellung zu dir bekommen! Du hast bei einem Zauber über die Stränge geschlagen? Stelle den Geistern über Nacht einen dicken Grießbrei nach draußen, in den du mit einem Messer deinen Wunsch nach Änderung deiner Absichten geschrieben hast. Das sind nur erste Ideen. Wichtig ist, dass du eben nicht verschämt um Entschuldigung bittest, sondern deinen Fehler reflektierst und dich anschließend guten Mutes daranmachst, ihn zu beseitigen.

Du hast wahrscheinlich schon oft die Hexenregel *Was du aussendest, kehrt dreifach zu dir zurück!* gelesen. Für unsere unterschwellig christlich geprägte Wahrnehmung hört sich das nach dem vertrauten Fehler-Strafe-Muster an. Aber so ist es nicht gemeint. Dieser Spruch dient vor allem dazu, dich energetisch zu schützen. Schicke einer negativen Person von mir aus mit aller Macht ihre Negativität zurück. Tobe, zürne, rufe wutschnaubend die Götter an, und schicke alles an den Absender zurück. Das ist völlig in Ordnung. Und sieh bei der Gelegenheit auch einmal gründlich bei deinen eigenen Mustern nach, warum dich etwas so aufregt, und wo folglich dein wunder Punkt liegt. Aber verbinde dich nicht mit dieser Person durch einen Fluch oder Ähnliches. Dann hast du sie ja schon wieder am Hals, obwohl du sie doch loswerden wolltest: Zauber sind mächtige Bande! Und die Geister spielen gerne mit unseren Energien. Du kennst vielleicht auch Menschen, die einen anderen eigentlich aus ihrem Leben verbannen möchten, sich aber zu gerne über diese Person und ihre angeblichen Unzulänglichkeiten aufregen, um den Kontakt zu ihr abbrechen zu können. Genau an diesem Punkt haben die Geister sie gefangen und nähren sich von den Energien dieser Menschen, wenn sie sich aufregen. Will ein vernünftiger Mensch an so einer Stelle wirklich Geisterfutter sein? Wo sind nun aber die Grenzen der Magie? Schwarz und weiß sind christlich geprägte Begriffe. Wir Hexen kennen viele Graustufen und, ja, sogar die Farben dazwischen! Wer seine dunklen Seiten verdrängt, ein beliebter Sport in esoterischen Kreisen, wird nie *ganz* werden. Viele esoterische Richtungen denken, wenn man eine Seite verleugnet, sei man schon erleuchtet. Aber so einfach ist das nicht. In der Magie schon gar nicht.

Ich lege dir daher das Prinzip der Selbstverantwortung, der Würde und des Stolzes ans Herz. Das bedeutet: Überlege, ob es dir dieses Würstchen wirklich wert ist, deine kostbare magische Energie einzusetzen. Und überlege auch: Gebe ich hier leichtfertig nach? Verrate ich meine Würde, wenn ich nichts unternehme? Gib dir Zeit zum Nachdenken. Für mich persönlich – und auch die meisten Hexen – gelten folgende Grundregeln: Schicke einem Feind höchstens seine Negativität zurück! Je negativer diese Person ist und je besser du solche Techniken beherrschst, desto besser die Wirkung. Nimm es nicht an, sondern gib zurück, was du nicht haben möchtest. Manipuliere in keiner Weise das Leben anderer Menschen! Es geht dich nichts an, du hast genug mit dir selbst zu tun! Lerne den gesunden Egoismus! Wenn du dich nicht um dich, deine Wünsche, Träume und Fähigkeiten kümmerst, wird es kaum jemand anderes für dich tun. Nur zu gerne befassen sich viele Menschen mit den Lebenswegen anderer Menschen, um sich von der Arbeit an sich selbst abzulenken. Das bedeutet zwangsläufig, auf der Stelle zu treten und ist nicht sinnvoll. Wir wissen alle, dass es befreiend und seelisch reinigend sein kann, einmal über Person X abzulästern und vom Leder zu ziehen – keine Frage, wir sind schließlich Menschen, keine Engel. Der Punkt ist nur, sich nicht an diesem Thema festzubeißen.

Dass Hexen Tieropfer und ähnlich zeremonial-magisch geprägten Unsinn ablehnen, brauche ich wohl niemandem mehr zu erzählen.

Wichtig ist mir allerdings, noch zu erwähnen, dass du als Hexe wachsen sollst. Erfahrung ist eine stachelige Frucht, heißt es in Mexiko. Du wirst nicht immer alles ohne Einsatz erlernen können, aber das ist auch nicht Sinn und Zweck des Lebens. Lebenslanges Lernen ist ein wichtiger Aspekt des Hexentums! Ich würde selbst nie behaupten, eine *fertige* Hexe zu sein, es sei denn, ich habe einen schlechten Tag erwischt.

So viel zu meinen Ansichten und Regeln bezüglich der Magie. Du wirst nicht umhinkommen, deine eigenen zu entwerfen, und ich garantiere dir, dass sie sich im Laufe deines Lebens immer wieder mal wandeln. Vergiss also schwarz und weiß! Vergiss alles, was du darüber gelesen hast, sogar das, was ich hier als Hinweis schreibe, und dann höre auf deinen Bauch! Ziehe eine Karte – ohnehin eine schöne Sache, um einen Zauber zu planen – oder warte ein paar Tage, was dir zu einem Thema an Sätzen und spontanen Bildern in den

Kopf kommt! Und dann entscheide, ob es gut ist, was du tust, und welchen Preis du zu zahlen bereit bist. Entscheide dich nicht leichtfertig, und dann tu, was du für richtig hältst! Doch schade keinem, auch nicht dir selbst!

zwei

Meditation und Chakra-Energie

Warum Meditation?

Was hat Meditation mit Magie zu tun? Eine ganze Menge! Aber was genau bedeutet erst einmal Meditation? Als Meditation fasse ich hier sämtliche Praktiken zusammen, die dazu dienen, sich zu zentrieren, den Geist zu beruhigen und in die innere Mitte zu kommen. Meditationen versetzen dich in einen Zustand, der gleichzeitig absolut wach und absolut gelassen ist. Auf mögliche Praktiken gehe ich im Anschluss ein. Die Meditation gibt dir innere Ruhe und *Zentriertheit*, und es gibt nichts Besseres als diesen Zustand vor einem wirkungsvollen Ritual, auch wenn das Ritual selbst dann um einiges emotionaler ist. Sie ist der Schlüssel zu einem wirklich kraftvollen und zielgerichteten Handeln. Regelmäßiges Meditieren bringt dir automatisch eine größere magische Kraft und vor allem weniger unnötigen Kraftverschleiß. Mehr Energie für das Wesentliche. Wenn z. B. deine Gedanken während eines Rituals abschweifen, weil du dich nicht gut konzentrieren kannst, ist es viel wahrscheinlicher, dass es nicht sehr kraftvoll ausfällt. Hast du gelernt, dich zu konzentrieren und in deiner Mitte zu bleiben, kannst du auch mit geringstem Aufwand, ja sogar ohne irgendein Hilfsmittel magisch Veränderungen bewirken.

Für viele Menschen ist es allerdings nicht leicht zu meditieren. Mir gelang es selbst jahrelang nicht und wenn, dann nur sehr mühsam. Das lag zum einen daran, dass ich Methoden wählte, die einfach nicht zu mir passten. Ich klebte an Büchern, von denen ich dachte, deren Autoren würden schon wissen, was sie schreiben. Nur vergaß ich dabei den Umstand, dass diese Autoren mich unmöglich kennen können. Zum anderen erschwerte es mir meinen Weg, dass einem bereits fünf Minuten wie eine Ewigkeit erscheinen können. Probiere es ruhig einmal aus, und du wirst merken, was ich meine.

Dennoch, ich blieb dran, änderte einige Dinge in meinem Leben und fand schließlich zu mehr innerer Ruhe. Ich machte mich auf die Suche nach eigenen Wegen zu meditieren, und irgendwann gelang es mir auch, die Uhr außen vor zu lassen.

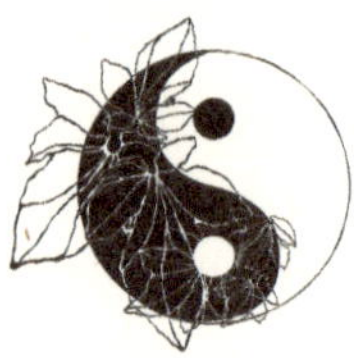

Ideen zum Meditieren

Ich habe diesen Abschnitt bewusst mit *Ideen* überschrieben, denn du kannst ganz andere, eigene Wege zur Meditation finden. Bitte suche weiter, wenn meine Wege oder die anderer Bücher bei dir wenig Erfolg zeigen, und lass dich nicht entmutigen, wenn es einmal nicht klappt. Wir leben in einer Kultur, in der man von klein auf dazu angehalten wird, ständig etwas zu tun, zu erledigen, die Zeit zu nutzen und zu sparen. Doch wohin verfliegt dann eigentlich die ganze Zeit, die wir – vermeintlich! – durch innovative Dinge gespart haben? Meditation geht genau den umgekehrten Weg. Sie ist zwar einerseits schwer zu erlernen, stellt aber andererseits ein wirkungsvolles Mittel zur Bewältigung stressiger Zeiten dar.

Wie schon erwähnt, fiel es mir außerordentlich schwer, nach bekannten Praktiken zu meditieren, wie zum Beispiel aus dem Zen über den Atem. Ich musste erst einen Schritt zurück machen, um einen Schritt nach vorne gehen zu können, das heißt, ich brauchte gegenstandsbezogene Meditationen.

Ich empfehle dir, drei Tage in der Woche, später jeden Tag, eine feste Zeit zum Meditieren einzuplanen. Achte darauf, die richtige Zeit auszusuchen. Schau, wann du am ehesten entspannt bist und wann dein Tagesablauf Meditation auch zulässt. Quetsche sie nicht irgendwo dazwischen. Übe zu diesen Zeiten, egal ob du Lust hast oder nicht. Gerade das Üben, wenn man keine Lust hat, kein Erfolg in Sicht ist und man im Grunde lieber etwas anderes machen möchte, bringt unheimlich viel. Der *kleine Egozwerg*, das nimmermüde Ego, lernt dadurch, dass es auch noch etwas anderes gibt. Es ordnet sich naturgemäß nicht gerne unter. Und auch wenn viele Meditationsbücher nicht darauf eingehen, ist es nicht gerade Sinn und Zweck der Anfangsphase des Meditierens, diese inneren Widerstände zu überwinden? Ich denke, irgendetwas würde nicht mit rechten Dingen zugehen, wenn es nicht so wäre.

Sieh das Ganze also auch mit ein wenig Humor. Je mehr du den Leistungsgedanken beiseitelässt, desto mehr kannst du über dich lernen. Meditation ist der Weg nach innen, der dir ganz nebenbei zeigt, wer du bist und was alles in dir schlummert. Eine gute Hexe läuft nicht getrieben durchs Leben – es sei denn, sie hat sich genau dafür entschieden –, sondern weiß genau, wo sie steht, kennt ihre Schwächen und hat ihre Mitte gefunden. Ich sage bewusst: Mitte! Viele spirituelle Menschen streben nämlich stark zum positiven Pol und verzweifeln daran, dass dennoch immer wieder etwas Negatives anmarschiert kommt. Aber so ist das Leben – alle alten Traditionen wussten das und verfolgten deshalb den Weg der Mitte, der Mitte zwischen Gut und Böse, Hell und Dunkel und all den anderen Extremen, die das Leben nun einmal mit sich bringt. Balance ist etwas Dynamisches, kein festgefahrener Zustand! Das bedeutet, einmal hier und einmal dort auf der Wippe zu sitzen, sich aber möglichst oft ihrem Mittelpunkt anzunähern.

Wolkenmeditation

Auch wenn man dabei ein bisschen vom Wetter abhängig ist, ist es doch eine der einfachsten Meditationen für den Anfang: das Betrachten von Wolken. Vielen Menschen fällt die Entspannung leicht, sie können sich einfach fallen lassen und etwas betrachten. Vielleicht hast du auch Assoziationen zu den Wolken, ihrer Form und dem Licht, das sie wiedergeben? Lass das alles ganz entspannt auf dich wirken, nimm es mit!

Rauchmeditation

... ist sozusagen die Wolkenmeditation im Kleinen. Verwende dafür ein Räucherstäbchen oder geh ins Freie, wenn du etwas stärker räuchern möchtest. Folge den Kringeln,

Figuren und Formen, die der Rauch bildet. Lass los dabei und dich völlig auf das ein, was du siehst. Bestimmte Düfte wie Weihrauch, Sandelholz, aber auch Kopal, Myrrhe, Guggul und Benzoe helfen dir zusätzlich als Räucherwerk, dich in eine entspannte Grundstimmung zu versetzen.

Steinmeditation

Für die Meditation mit Steinen findet sich vor jeder Haustür geeignetes Material. Es müssen nicht immer luxuriöse Kristalle sein! Höre auf dein Gefühl, was für dich besser geeignet ist. Opake, undurchsichtige Steine, helfen dir, wenn du dich erden und alltäglichen Dingen zuwenden möchtest. Klare Kristalle beschwingen, heben dich in spirituelle Sphären und schenken den nötigen Funken Licht in tristen Zeiten. Besonders Ametrin, Bergkristall und Turmalin können dir dabei weiterhelfen.

Das Schöne an Steinen und festen Objekten ist, dass man sie während der Meditation anfassen, *begreifen* kann. Eine Meditation kann auch fühlend stattfinden, nicht bloß optisch auf Dinge gerichtet oder rein im Geiste. Gerade die fühlende Meditation mit Steinen oder Kristallen bei geschlossenen Augen kann einem ihre Energien auf eine völlig neue Weise vermitteln. Mit Hilfe einer Kristallkugel gelingt das Sich-in-etwas-Versenken meist sehr schnell, Einschlüsse oder Musterungen der Kugel – je nach Stein – erweisen sich hier oft als hilfreich und entspannend, wenn man noch nicht völlig ohne alles meditieren kann oder möchte.

Farben, Bilder, Blumen, Pflanzen ...

All diese Dinge können ebenfalls meditativ genutzt werden. Alles, was du als schön empfindest, erleichtert dir den Einstieg ins Meditieren und bereichert deinen persönlichen Kosmos durch positiven Einfluss. Wähle anfangs Bilder mit vielfältigen Betrachtungsebenen. Je weiter du fortschreitest, desto einfacher dürfen sie werden. Zu Beginn braucht das Auge noch etwas *zu tun,* damit der rastlose Geist durch die ungewohnte Stille nicht zu wilde Loopings dreht und so den Einstieg erschwert. Mit der Zeit gewöhnt sich der rationale Teil in uns an meditative Auszeiten, und wir müssen ihn nicht mehr so sehr über Sinneseindrücke beschäftigen, um zur Ruhe zu finden.

Pflanzen können zudem sanft befühlt werden. Du kannst auch mit den Fingerspitzen ihre Aura in sanften Linien umstreichen. Eine wunderbare meditative Erfahrung!

Yantras, Symbole, Mantras

Diese ganz klassischen Meditationsobjekte möchte ich ebenfalls nicht unerwähnt lassen. Aber selbstverständlich kann ich sie an dieser Stelle nicht erschöpfend darstellen. Vieles braucht zudem die persönliche Erfahrung auf energetischer Ebene, um ihre Kraft nicht nur verstanden, sondern auch erfühlt zu haben.

Yantras sind geometrische Abbilder kosmischer Energien wie beispielsweise der Planeten. Sie führen uns allerdings schon etwas weiter in die Energiearbeit. Mit dem Shri Yantra kann jedoch jedermann arbeiten, um sich selbst wieder in Harmonie zu bringen.

Es ist der indischen Glücksgöttin Lakshmi heilig und bringt dort, wo es fehlt, Balance und Ordnung ins Leben. Es ist also ein universelles Yantra.

Bei Planetenyantras ist vorab immer die genaue Ursache des Energiedefizits zu bestimmen, damit man auch die richtige Energie mit der spirituellen Zeichnung ergänzt. Hierbei kann auch ein Blick ins Horoskop hilfreich sein. Die Meditation über die scheinbar so einfachen Zeichnungen der Yantras bereichert spürbar das Leben. Ein Teil unseres Selbst scheint genau zu erkennen, welche energetischen Abbilder sie darstellen, und darauf zu reagieren. Sie sind wahre Seelennahrung über die Augen. In ihrem Ursprungsland Indien erforscht man seit Jahrtausenden Mensch und Kosmos – das heilige Wissen, das dabei entstand, immer wieder geprüft und verbessert wurde, ist in die Yantras eingeflossen. So einfach diese Zeichnungen auch aussehen mögen, bei ihrer Gestaltung wurde nichts dem Zufall überlassen, um eine heilende, ausgleichende Wirkung zu erzielen.

Spirituelle Symbole gibt es zahlreich, hier ist ein geradezu unerschöpflicher Vorrat für die Meditationspraxis gegeben. Für den Anfang sind auch hier verzweigtere Symbole empfehlenswert, mit der Zeit kann man dann zu einfachen Strukturen übergehen. In allen spirituellen Traditionen gehört die Meditation über entsprechende Symbole zur Grundausbildung, um zu den tiefer liegenden Wahrheiten vorzudringen. Sie erfordert wohl Zeit und Geduld, es ist jedoch ein ganz besonderes Glückserlebnis, wenn sie gelingt und man erlebt, was früher als *innere Schau* bezeichnet wurde.

Mantras

Über gesungene Mantras zu meditieren, bringt dich dem Spirituellen über den Körper näher. Am besten schließt du die Augen, während du singst. Wer unsicher ist, wie sich so etwas anhört, kann in Mantra-CDs reinschnuppern. Die findet man mittlerweile sogar in fast jeder Bibliothek.

Du musst dir aber nicht zu viele Gedanken darüber machen, ob du es richtig machst, denn das Mantra selbst zeigt dir, wie es gesprochen werden will, führt deine Atmung und kann dich auch in angenehme und heilsame Trancezustände versetzen.

Dazu wiederholt man es traditionell 108 Mal. Weil mitzuzählen dich aus der Konzentration bringen würde, fertige dir eine Kette mit 108 Perlen an oder suche dir 108 schöne Kieselsteine, die du in einen Korb legst, während du singst. Wenn es deine Zeit nicht erlaubt, sind auch 3 oder 12 Wiederholungen möglich.

Es gibt unzählige Mantras. Eines, mit dem ich groß wurde, ist das *Vaterunser*. Die Art, wie man es spricht, weist es als solches aus. Auch jedes *Ave Maria* und jedes christliche Glaubensbekenntnis ist ein Mantra.

Für den Anfang möchte ich dir aber indische bzw. tibetische Mantras vorschlagen, da sie eine wunderbar heilsame Kraft haben, die auch dem Anfänger spürbare Erfolge bringt. Beobachte beim Chanten, wo genau welcher Ton des Mantras im Körper mitschwingt, welche Chakren er anspricht. Auch so kann man die Wirkung unmittelbar erfühlen.

Da alle Gottheiten einen inneren Aspekt in uns selbst haben und nicht bloß äußere Erscheinungen darstellen, ist das Singen oder Chanten von Mantras eine gute Möglichkeit, auch die eigene innere Göttlichkeit wachzurufen. Nein, das bedeutet nicht etwa abzuheben, sondern wichtige spirituelle Kraftquellen sanft zu öffnen und so spirituell zu wachsen, wie im Innen so im Außen. Man sollte aber nicht eines *Effekts* wegen Mantras singen. Wer sie singt, weil er Erleuchtung will, dem wird sich ihre Wirkung verschließen, denn sie kooperieren mit dem Herzen, nicht mit dem Kopf bzw. Willen. Man singt Mantras, spürt ihrer Wirkung nach, beobachtet, was sich mit der Zeit daraus ergibt und wie man selbst in Resonanz mit den heiligen Silben tritt. Der Rest kommt ganz von allein. Spiele mit den Silben, ziehe sie lang oder sprich sie schnell aus, und fühle der energetischen Wirkung nach, bis du das Passende für dich gefunden hast.

OM Mani Padme Hum

Das große tibetische Mantra bedeutet sinnbildlich die ewige Vereinigung des männlichen Prinzips mit dem weiblichen Prinzip, woraus immer neues Leben entsteht. *Göttlichkeit, du Kleinod in der Lotusblüte,* lautet eine der möglichen Übersetzungen. Das Kleinod, welches man mit dem tibetischen Donnerkeil in Verbindung bringt, steht dabei für den männlichen, die Lotusblüte für den weiblichen Anteil. Das (männliche) Bewusstsein trifft auf die (weibliche) schöpferische Kraft, und durch ihr Zusammenwirken wird alles Leben, Veränderung und Weiterentwicklung möglich. Ähnlich der Symbolik von Shiva als männlichem und Shakti als weiblichem Prinzip im Tantrismus geht es auch hier nicht nur um körperliche, sondern vor allem auch um symbolische, geistige und seelische Prozesse. Ohne männliches Bewusstsein keine aktive, gut überlegte Handlung. Fehlt jedoch die weibliche, schöpferische Kraft, bleibt die Handlung energetisch stecken, führt zu keiner Weiterentwicklung, verändert nichts. Im indischen Raum findet man oft die Vorstellung des Gottes als Universum selbst, der jedoch ohne seine weibliche Ergänzung – Shakti, die Göttin an seiner Seite – unbelebt ist. Denn sie ist es, die das Leben in Bewegung bringt, die erschafft und gebärt.

OM Namah Shivaya

Das bekannteste Shivamantra verbindet mit der Energie dieses lebensbejahenden Gottes, hilft im Auf und Ab des Lebens, seinen Weg zu meistern, und gibt Schutz und Gelassenheit. In Krisenzeiten kann es dir die nötige Fröhlichkeit zurückgeben, mit der du die Situation leichter bewältigst. Shiva ist ein Gott, der sich vor allem über die Echtheit deiner Gefühle freut, selbst wenn sie traurig sind. Alleine diese Echtheit berührt ihn, so, dass er dir weiterhilft. Es ist aber auch für glückliche Zeiten und zum Dank ein wunderbares Mantra!

OM Lokah Samastah Sukhinah Bhavantu

Mit dieser Formel wünscht man allen Wesen Glück und Harmonie. Du kannst sie auch aufschreiben und bei dir tragen oder sie in Kerzen einritzen und diese zum Wohle aller entzünden. Es ist wichtig und heilsam, dass man in der spirituellen Arbeit nicht nur die eigenen Pfade betrachtet, sondern die Verwobenheit mit den Energien der anderen und im Großen des gesamten Universums erkennt. Dann ist man plötzlich kein *Einzelkämpfer* mehr, sondern eingebunden ins kosmische Netz, das uns alle verbindet. Das gibt auch im Alltag Halt und verwurzelt in einem Gefühl, das früher zutreffend als gesundes Gottvertrauen bezeichnet wurde.

OM Asato Ma Sat Gamaya, Tamaso Ma Jyotir Gamaya, Mrityor Maamritam Gamaya

Für dieses Mantra ist ein wenig Übung angebracht. Aber da Mantras ohnehin von einer langsamen und liebevollen Aussprache leben, sollte das kein Problem sein. Übersetzt bedeutet dieser Spruch: *Das Göttliche geleite mich von der Scheinwelt zur Wirklichkeit, vom Dunkel ins Licht und von sterblichen Sorgen zur Gelassenheit der Unsterblichkeit (meiner Seele).* Damit wird gleich klar, dass es vor allem in sorgenvollen Zeiten, in denen man sich verlassen oder aus den verschiedensten Gründen unglücklich fühlt, ein besonders kraftvolles Mantra ist.

Wer etwas Inspiration zum Singen der Mantras sucht, dem lege ich Nina Hagens CD *Om Namah Shivay* ans Herz!

Tarotmeditation

Ich weiß von manchen Klienten, dass sie diese Form der Meditation praktizieren, und möchte sie dir daher gerne näherbringen. Du musst noch nicht einmal die Bedeutungen der Karten dazu auswendig wissen, was diese Meditation auch für Menschen, die sich noch nicht mit dem Tarot beschäftigt haben, zugänglich macht. Wichtig ist, dass du dich für ein Tarot, das dir persönlich gut gefällt, entscheidest. Dazu kann es durchaus lohnen, sich in mehreren Läden oder Onlineshops umzusehen. Auch Buchläden, virtuell wie real, laden oft zum Stöbern nach Tarotkarten ein.

Zu einer ruhigen Tageszeit mischst du dann die Karten und ziehst eine aus dem Stapel. Wenn du willst, kannst du deine Meditation auch mit dem Brühen einer Tasse Tee einleiten, die du dazustellst, oder mit einem Räucherstäbchen, das du dir anzündest. Solche kleinen Einleitungsrituale helfen uns, leichter in meditative Stimmung zu kommen. Die nun gezogene Karte betrachten wir im Gegensatz zum Tarot aber nicht als Auskunft über die Zukunft oder ein Thema, sondern als Aufgabe, über ihr Thema zu meditieren. Die Frage des Warum, also warum gerade diese Karte gezogen wurde und welchen Bezug sie zu unserem Leben hat, schieben wir von uns weg. Sie würde uns nur behindern und steht im Fall einer Kartenmeditation auch gar nicht zur Debatte.

Wir betrachten nun aufmerksam die Karte, die wir gezogen haben. Dabei entfernen wir uns von den traditionellen Deutungen der Karten und erkunden unsere eigenen Gedanken, Impulse und Gefühle. Welche Farben sind auf der Karte vertreten? Welche Farben davon mag ich, welche nicht, welche sind mir egal? Welche Symbole und Figuren erkenne ich? Welche Aufteilung hat das Bild auf der Karte? Wo schlüpfen meine Augen besonders gerne hin, welchen Anblick meiden sie? Welches Gefühl löst die Karte in mir aus? Möchte ich sie mir einfach nur still ansehen und auf mich wirken lassen, ohne über einen der genannten Punkte nachzudenken? Lass deinen Gedanken freien Lauf! Irgendwann, wenn du diese Übung länger praktiziert hast, werden die Gedanken ganz natürlich ruhiger werden. Du wirst über die Karte, die vor dir liegt, eines Tages alles erkennen können und auch, dass dies alles nichts ist. Es wird transformiert. Du durchschaust meditativ die Welt, das Nichts, die Fülle – all das in einem Moment dieser absoluten Stille im Geiste. Das ist Zen, das ist Tantra und das ist die klassische Mystik, man kann es nennen, wie man mag. Es gibt verschiedene Systeme, die auf unterschiedlichen Wegen zu diesem Ziel kommen, das sich mit *All-Einheit* beschreiben lässt. Übe keinesfalls verkrampft daran, übe einfach! Der Rest wird folgen.

Die feinen und mittlerweile auch wissenschaftlich nachgewiesenen Energiezentren unseres Körpers sind wichtige Dreh- und Angelpunkte im spirituellen Arbeiten. Nicht nur für wirksame Rituale, auch generell für den *Energiehaushalt* ist es wichtig, sich mit den Chakren auseinanderzusetzen. Sie öffnen und vor allem auch schließen zu können, ist beispielsweise im Umgang mit Energievampiren eine wichtige Fähigkeit. Wenn du mit den Chakren arbeitest, erfährst du, aufsteigend vom Wurzelchakra, aber auch viel über dich selbst, deine Ängste, Hoffnungen und dein ganzes Wesen. Deshalb ist es so wichtig, ehrlich mit sich selbst zu sein.

Wie schnell wird heutzutage proklamiert, man habe ein bestimmtes Chakra ja nun geöffnet und gereinigt. Fast, als wäre man dadurch automatisch ein besserer Mensch geworden. Da ist von *Aufstieg* und neuen, ungeahnten Fähigkeiten die Rede, und der leistungsorientierte Teil in uns steht schon in den Startlöchern, um das auch zu erreichen. Dabei könnte der liebevollen und aufmerksamen Beschäftigung mit unserem spirituellen Energiesystem nichts ferner liegen als der Wettkampf!

Also dann nehme ich dich mit auf die Reise durch den energetischen Regenbogen, der sich durch die Längsachse unseres Körpers zieht!

Die Energien des Wurzelchakras – das Muladhara

Dem Element Erde zugeordnet schläft in diesem Chakra die Kundalinischlange, eine Energie, die behutsam erweckt werden kann, um so durch die Chakren hindurch aufsteigend

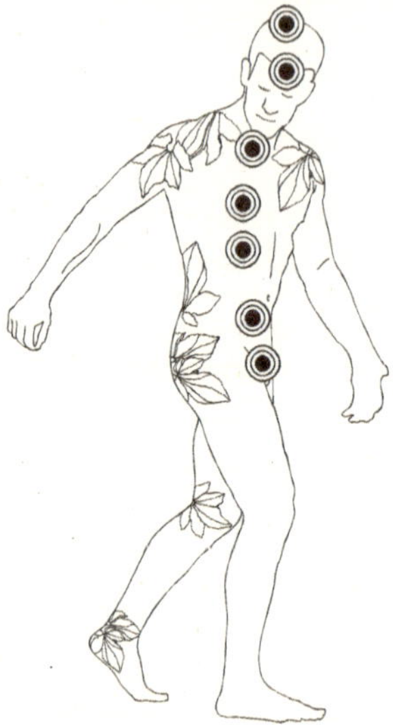

zur Erleuchtung zu kommen. Das muss jedoch grundsätzlich sehr vorsichtig erfolgen, weil sonst energetisch gesprochen einige Sicherungen durchbrennen könnten ... Es sitzt am Ende der Wirbelsäule und ist rot. Körperlich regiert das Wurzelchakra die Wirbelsäule, das Harnsystem samt Nieren, den unteren Darm, Knochen, Zähne, Nägel, das Blut und den Zellaufbau. Die östlichen Lehren symbolisieren es als vierblättrigen Lotus, wobei die *4* für Stabilität steht.

Wurzelchakra in Harmonie:

- Lebenskraft
- Verbindung zur Umwelt wird intensiv gefühlt
- Zufriedenheit, Stabilität, Urvertrauen
- Ziele werden leicht erreicht
- Nahrung, Geborgenheit und Schutz

Wurzelchakra unausgeglichen:

- Materielles steht zu sehr im Vordergrund (=Verlustängste)
- Nicht loslassen können; Absichern und Abgrenzen sind über wichtige Themen
- Krankhafte Fixierungen; Raubbau an sich selbst und anderen
- Der Feinsinn geht völlig verloren, das feine Gespür (auch für spirituelle Dinge) fehlt

Die Energien des Sexualchakras – das Svadhistana

Das Element Wasser gehört zum Sakral- oder Sexualchakra. Seine Farbe ist leuchtendes Orange, und es wird durch den sechsblättrigen Lotus symbolisiert. In ihm wohnen unsere schöpferischen Kräfte. Die körperlichen Zuordnungen sind Becken, Geschlechtsorgane und auch Nieren und Blase.

Sakralchakra in Harmonie:

- Das Gefühl, mit dem Leben harmonisch zu fließen
- Keine Gezwungenheiten dem anderen Geschlecht gegenüber
- Staunen, Begeisterung, Kreativität
- Sex wird als spirituelle Erfahrung empfunden

Sakralchakra unausgeglichen:

- Zurückweisung von Nähe und Sexualität; kann auch zu ungesunden sexuellen Beziehungen, zu viel oder zu wenig Sex führen
- Unsicherheit und Spannung dem anderen Geschlecht gegenüber
- Kein kindliches Staunen, keine Unbefangenheit mehr

Die Energien des Solarplexus – das Manipura

Der Solarplexus ist als Sonnengeflecht auch im westlichen Bereich gut bekannt. Über dieses wichtige Nervengeflecht laufen die meisten Impulse unseres Körpers. Seine Farbe ist passenderweise auch ein sonniges Gelb. Das hier vertretene Element ist Feuer, und der zehnblättrige Lotus symbolisiert dieses Chakra in den östlichen Traditionen. Die Gestaltung dessen, was ist, ist der Ausdruck dieses Chakras. Im Körper finden wir seinen Wirkungsbereich in der Verdauung, Leber, Milz, Galle, im Magen und dem vegetativen Nervensystem.

Solarplexus in Harmonie:

- Frieden und innere Harmonie sind so ausgeprägt, dass man den anderen akzeptieren kann, wie er ist
- Gefühle und Wünsche werden nicht negiert, sondern im eigenen Leben bewusst gelebt
- Man handelt in Übereinstimmung mit den universellen Energien
- Innerer und äußerer Reichtum, Licht und Kraft, Fülle
- Man ist stark genug, um mit der Negativität anderer vernünftig umzugehen

Solarplexus unausgeglichen:

- Man will alles nach den eigenen Vorstellungen beeinflussen
- Innere Ruhelosigkeit und Unzufriedenheit
- Man versucht mit Aktivitätsdrang von den eigenen Unzulänglichkeiten abzulenken
- Traurige oder unangenehme Gefühle werden abgelehnt und dadurch aufgestaut
- Nicht selten bei erfolgreichen Menschen, die nach Anerkennung und Reichtum im Äußeren streben, weil sie dies innerlich nur ganz schwer empfinden können

Die Energien des Herzchakras – das Anahata

Das Herzchakra strahlt in sattem Grün und ist dem Element Luft zugeordnet. Der zwölfblättrige Lotus ist sein Symbol, und die Hingabe an das, was ist, die Liebe zum Umgebenden zeichnet die Energie dieses Chakras aus. Körperlich finden wir es natürlich im Herz, im oberen Rücken, in der unteren Lunge, im Blut und im Kreislauf und auch in der Haut.

Herzchakra in Harmonie:

- Man strahlt Liebe, Wärme und Herzlichkeit aus, so, dass man im Gegenüber etwas bewegt
- Man fühlt sich *zu Hause*
- Innere Gelassenheit und Entspannung
- Die Fähigkeit, wirklich zu lieben

Herzchakra unausgeglichen:

- Aufopferung, um Anerkennung zu bekommen
- Man gibt viel, kann aber nur schwer annehmen
- Liebevolles macht einen etwas verlegen, man kann nicht wirklich damit umgehen
- Innere *Panzerung* aus Angst vor Gefühlsverletzungen

Die Energien des Halschakras – das Vishuddhi

Das Kehlkopfchakra ist blau und dem 5. Element Akasha (das Göttliche) zugeordnet. Es wird durch einen sechzehnblättrigen Lotus symbolisiert und verkörpert unsere Antwort auf das, was um uns ist. Körperlich finden wir es im Hals und Nacken, in der oberen Lunge, den Armen, der Speiseröhre, der Stimme, den Bronchien und im Kiefer.

Kehlkopfchakra in Harmonie:

- Man ist fähig, Gefühle und Gedanken auszusprechen
- Aufrichtigkeit sich selbst und anderen gegenüber
- Man weiß, wann es gut ist zu schweigen und wann man besser etwas beredet

- Man kann nein sagen und bleibt sich selbst treu; gesunde Konfliktfähigkeit
- Fähigkeit auf und mit anderen Ebenen zu kommunizieren
- Keine Angst vor dem Urteil anderer

Kehlkopfchakra unausgeglichen:

- Kopf und Körper sind sich fremd
- Gefühle können nur schwer ausgedrückt werden und wenn, dann oft unverhältnismäßig heftig, weil sie sich aufgestaut haben
- Man gibt sich immer stark; Schwächen einzugestehen, fällt unheimlich schwer, daher ist da oft ein starker innerer Druck, der sich gerne zu Schulterverspannungen auswächst
- Man redet zu viel oder zu wenig, zu laut und zu unausgeglichen
- Kein Zugang zu den feinstofflichen Ebenen des Lebens, weil die Offenheit fehlt
- Gut möglich, dass dieses Chakra aus Angst vor den Bewertungen anderer unterdrückt wird, während man seine innere Wahrheit schon deutlich spürt

Die Energien des Stirnchakras – das Ajna

Das dritte Auge wird indigofarben imaginiert. Es beinhaltet unsere Sinne, einschließlich des berühmten sechsten Sinnes. Das Stirnchakra steht für die Erkenntnis des Seins und wird mit sechsundneunzig Lotusblättern abgebildet. Im Körper wirkt es in Gesicht, Augen, Ohren, Nebenhöhlen, im Kleinhirn und im zentralen Nervensystem.

Das dritte Auge in Harmonie:

- Hohes Bewusstsein
- Philosophisches Interesse, ein reger Geist und Offenheit für mystische Erfahrungen
- Visualisieren fällt leicht, hellsehen und *hellfühlen* sind möglich
- Spontane Informationen und Ideen, die Gutes bringen; das Rationale überwiegt nicht mehr
- Das Materielle ist transparent geworden, zum Ausdruck für Energie nur eben in fester Form
- Magie kann leicht angewendet werden; man kennt auch ihre Grenzen intuitiv

Das dritte Auge unausgeglichen:

- Kopflastigkeit, Verstand, Vernunft und rationales Denken dominieren einfach alles
- Intellektuelle Überheblichkeit
- Persönliche Macht wird nicht geschützt, sondern versucht zu demonstrieren
- Wenn man nicht über das Wurzelchakra gut geerdet ist, können die inneren Visionen sich unklar mit Fantasien vermischen, man sieht seine seelischen Muster anstatt etwas *von außen*

Die Energien des Scheitelchakras – das Sahasrara

Das Kronenchakra ist weiß und wird als tausendblättriger Lotus imaginiert. Körperlich finden wir es im Großhirn. Von allen Dingen entrückt und doch aufs Engste mit ihnen verbunden, bestimmt dieses Chakra unser reines Sein.

Kronenchakra in Harmonie:

- Man empfindet keine wirkliche Trennung mehr zwischen sich und der Welt
- Innere Klarheit, Weisheit und große Ruhe
- Erleuchtung, keine Rückschritte mehr in der persönlichen Entwicklung
- Die eigene Göttlichkeit ist in Verbindung und Interaktion mit dem größeren Göttlichen getreten

Kronenchakra unausgeglichen:

- Man fühlt sich irgendwo doch noch getrennt von der Welt
- Kleine Reste von Blockaden existieren in den anderen Chakren noch
- Unsicherheit und Ziellosigkeit, wenn Spiritualität jetzt nicht in einen Rahmen gebracht wird
- Das Leben kann komplett sinnlos erscheinen; Angst vor dem Tod
- Falls man diese aufsteigenden Gefühle zu unterdrücken oder mit Arbeit zu verdecken versucht, kann einen manchmal eine Krankheit dazu zwingen, sie in Ruhe anzusehen

Gibt es ein 8. Chakra in der Aura?

Es gibt viele Diskussionen darum, wie viele Chakren wichtig sind. Nebenchakren in den Händen usw. sind in der fortschreitenden Chakrenarbeit sicherlich von Bedeutung, aber für den Anfang ist es wichtig, sich auf das Wesentliche zu konzentrieren – und das sind nun einmal die Energiezentren unseres Rumpfes. Sich mit dem 8. Chakra – es befindet sich ca. 20 cm über dem Scheitel – zu befassen, kann in der spirituellen Welt jedoch wichtig sein! Es verbindet uns über die Aura mit dem Göttlichen und kann unsere spirituelle

Arbeit um einiges erfolgreicher und tief greifender machen. Wichtig ist dabei immer die Verwurzelung über die Füße – sie sind der letzte Ausläufer des Wurzelchakras –, die Erdung, um nicht abzuheben, was sich oft dadurch bemerkbar macht, dass man nach der Übung noch eine Weile wie auf Wölkchen geht. Wenn du dieses Gefühl bei dir bemerkst, arbeite an der Erdung!

Muss es immer in einer bestimmten Reihenfolge sein?

Hinter dieser Frage steht ganz offensichtlich wieder einmal die westliche Ungeduld, die wir automatisch auch auf den seelisch-spirituellen Bereich übertragen. Kein Wunder, dass so manches Problem beim Arbeiten mit östlichen Techniken in unseren Breiten auftaucht. In diesem Zusammenhang sollte die Mentalitätsfrage übrigens ruhig öfter diskutiert werden!

Die Chakrenarbeit beginnt nun einmal beim Wurzelchakra, und man wird sich über die Jahrtausende etwas dabei gedacht haben. Wichtig ist also die Frage an einen selbst: Warum möchte ich beispielsweise gleich mit dem dritten Auge oder dem Kronenchakra arbeiten? Natürlich, weil man *gut* sein möchte und spirituell weit entwickelt. Aber wenn wir den Pfad der Chakren ohne Leistungsgedanken im Hinterkopf betrachten, erkennen wir, wie gut er durchdacht ist.

Erst einmal über das Wurzelchakra die Basis schaffen, denn ohne eine solide Position in diesem Leben steht auch alles andere auf wackligen Füßen. Danach folgt die Initialzündung, die Libido, unser kreatives und vorantreibendes Sexualchakra, das von früheren, etwas prüden Kreisen auch zum *Milzchakra* degradiert wurde. Im Anschluss daran steuert das sonnige Solarplexusgebiet seinen Beitrag bei: Harmonie, Frieden und das Wissen, wie man mit Negativität umgeht.

Besonders Letzteres ist eine wichtige Voraussetzung dafür, um zum Herzchakra aufsteigen zu können. Im Herzchakra kommen Mitgefühl, Wärme und wahres Lieben zum Ausdruck. Wer jedoch die vorherigen Lektionen nicht gelernt hat und wessen andere Chakren nicht ausgeglichen sind, verliert sich leicht in Eigensucht. Oder man stürzt sich immer wieder in die gleichen, verletzenden Situationen, weil es einfach nicht weitergeht und die unteren Bausteine des energetischen Gebäudes (noch) nicht tragen. Das Herzchakra stürzt uns automatisch in Lernprozesse. Vieles muss hier verarbeitet, Widersprüche untersucht und Mittelwege gefunden werden. All das zieht automatisch den Aufstieg zum Halschakra nach sich, wo man sich auszudrücken lernt und den richtigen Zeitpunkt und die richtigen Worte für Gespräche findet. Was im Solarplexus begann, findet schließlich in der gesunden Fähigkeit zur Abgrenzung seinen Ausdruck.

Da Chakrenarbeit immer Lernen und nicht *Schon-Können* bedeutet, gibt es hier selbstverständlich auch Blessuren. Es gibt keinen seelisch-energetischen Weg, ohne dass man dabei auf Blockaden, Ängste oder andere negative Persönlichkeitsaspekte stoßen würde. Daher sollte man kritisch hinterfragen, wenn all die spirituellen Lichtgestalten der heutigen Zeit ihre *Aufstiegs*-Erfolge rühmen. Für den wirklichen Aufstieg muss man – die Mythologie zeigt es seit Menschengedenken – immer auch den Abstieg wagen. Unsere tiefsten Verletzungen sind die Quellen unseres Wachstums und unserer Weisheit.

Wurde das alles gemeistert, was natürlich auch *zwischendurch* in Momenten innerer Erleuchtung spontan geschehen kann (aber auch wieder verfliegt), dann kann man dauerhaft mit den Energien des dritten Auges arbeiten. Man sieht jetzt hinter den Schleier der Wirklichkeit. Nichts ist, wie es zu sein scheint – dieser Widerspruch löst nicht mehr Ängste oder Ablehnung aus, sondern ist zu einer selbstverständlichen Erkenntnis geworden. Ab hier beginnt das *helle Sehen*. Wer das Kronenchakra erreicht, steht jenseits von Gut und Böse, und das im wörtlichen Sinne. Die völlige Erleuchtung bzw. das Einssein mit dem Göttlichen ist in unserem Kulturkreis allerdings schwer zu erreichen, geschweige denn zu praktizieren. Es ist auch nichts, was nicht Jahre oder gar Jahrzehnte bräuchte, um zu reifen. In unserer entwurzelten Gesellschaft versucht man gerne, im Eiltempo Erleuchtung zu erlangen. Doch in den Gesellschaften, aus denen die übernommenen spirituellen Systeme stammen, kennt man so etwas nicht. Dort hat alles seine Zeit, niemand rennt verbissen spirituellem Wachstum hinterher: *Was nicht in diesem Leben erreicht werden kann, schafft man vielleicht im nächsten.* Durch ein uns fast fremdes Gottvertrauen ist dort vieles im Leben um einiges entspannter.

Wie arbeitet man praktisch mit den Energien der Chakren?

Chakrenarbeit kann auf ganz verschiedenen Wegen erfolgen. Man sollte bei all der *Aktivierung* jedoch nicht vergessen, dass die Chakren grundsätzlich schon da sind. Manchmal wird nämlich fast so getan, als existierten diese feinen Energiezentren ohne unser Zutun gar nicht, oder als würden sie wie ungeölte Zahnräder rostig vor sich hin quietschen.

Du wirst wohl schon beim Lesen der Zuständigkeiten der einzelnen Chakren gesehen haben, dass ein paar bei dir gut, andere jedoch weniger gut arbeiten und somit liebevolle Zuwendung brauchen. Bleibe trotzdem bei der Reihenfolge vom Wurzelchakra aufwärts, auch wenn z. B. dein Herzchakra die meiste Zuwendung braucht! Arbeite dich, egal ob über Visualisierung, mit Tönen oder Farben, immer beim Wurzelchakra beginnend zum beabsichtigten Chakra hoch, als würdest du eine Leiter hinaufsteigen. Die Chakren sind keine isolierten Bereiche für verschiedene Themen, sondern ergeben ein gemeinsames Energiegeflecht. Die Gesamtheit entscheidet!

Wer hat es noch nicht erlebt, dass in Zeiten eines schwachen Punktes, z. B. bei Liebeskummer, ein anderes Energiefeld einspringt und diesen Punkt stützt (in dem Fall vielleicht das Kehlchakra, das alles ausspricht), bis es wieder besser geht. Wir hätten ja jedes Mal einen *Totalausfall* im jeweiligen, energetisch geschwächten Lebensbereich, wenn die Chakren nicht zusammenarbeiten würden.

Die im Folgenden vorgeschlagenen Übungen sind lediglich erste Ideen. Chakrenarbeit ist etwas zutiefst Individuelles, und du musst sie keineswegs alle abarbeiten. Es ist auch nicht jeder Tag der richtige Tag dafür. Mache keine Übungen mit einem Chakra, nur weil es mal wieder *dran* ist. Die Energie einer geglückten Übung zu einem inspirierten Zeitpunkt trägt dich weiter als zwanzig Übungen, die man nur nach Plan ausführt!

Ist bei der Meditation gerade die Regelmäßigkeit der entscheidende Punkt, kann in der Arbeit mit unserem Energiefeld der Funke des richtigen Zeitpunktes die entscheidenden Schritte nach vorne führen.

Farbbad visuell und praktisch

Sitze oder liege entspannt und atme bewusst. Nun stelle dir vor, wie dein Körper im Licht der Chakren gebadet wird, von den Füßen bis zum Körper in rotem Licht, das Becken orange, der Bauch gelb, die Herzregion grün, die Kehle blau, deine

Stirn violett und schließlich dein Scheitel in strahlendem Weiß. Fühle diesen Regenbogen auf und in dir. Wenn du Probleme mit der Vorstellung hast – nicht jeder ist ein visueller Typ –, dann fühle die Farben. Du kannst sie auch durch Düfte darstellen: Rosmarin für das kräftige Rot, Mandarine für das Orange, Lemongrass für das Gelb, Melisse für das Grün, Lavendel für das Blau, Sandelholz für das Violett und Weihrauch für das Weiß.

Die Chakren können mit allen Sinnen erfühlt und angesprochen werden, nicht nur visuell. Eine weitere Möglichkeit ist das Bad in der jeweiligen Farbe. Seit es richtige Badewasserfarben gibt, muss man sich auch nicht mehr mit Lebensmittelfarbe behelfen, um farbig zu baden.

Versuche die Chakren auf möglichst vielen Wegen zu erfühlen. Dir werden sicher noch ein paar ganz eigene Methoden einfallen.

Der *Springbrunnen*

Diese Übung eignet sich besonders, um die Aura mal wieder richtig mit Kraft aufzutanken und fröhlich zu sein. Setze dich gemütlich hin, so, dass du gut atmen kannst, und stelle dir vor, wie die rote Farbe des Wurzelchakras von den Füßen aus aufsteigt und zum orangefarbenen Sexualchakra wandert. Nun wandern Rot und Orange zusammen zum gelben Solarplexus und als sonnenfarbiger Strahl zum grünen Herzzentrum. Grün, Gelb, Orange und Rot wandern nun weiter ins Kehlchakra, wo sich das Blau dazugesellt, um im dritten Auge auch Violett mitzunehmen. Durch dein Scheitelchakra hindurch fließen all die Farben in deine Aura, bringen sie zum Leuchten und Funkeln. Du wirst in buntem Licht gebadet, deine ganze Aura wird belebt und regeneriert.

DREI

Kleidung, Schmuck(steine) und Kosmetik, magische Farbenlehre

Magische Farbenlehre

Was haben Kleidung, Schmuck und Kosmetik mit Magie zu tun? Eine ganze Menge! Sie beeinflussen unsere Stimmung – wer hat nicht eine alte abgewetzte Lieblingsjeans – und bedingen, ob wir uns unheimlich wohl oder total unsicher fühlen.

Und diese Dinge fanden sich auch immer schon als *Requisiten* in den magischen Traditionen. Beim Schmuck ist es am leichtesten zu erkennen: Symbole oder besondere Steine schmücken auch für die feinstofflichen Ebenen sichtbar. Besondere Gewänder werden heute noch für religiöse Zeremonien getragen. Der Papst beim Ostersegen im Jogginganzug? Wohl kaum! Das gilt auch für Körperbemalungen. Heutzutage ist es an uns, wie wir diese Dinge nutzen wollen. Und manche Dinge entwickeln mit der Zeit ganz eigene Bedeutungen, die wir uns in der Magie zunutze machen können.

So habe ich beispielsweise eine große Liebe Seife gegenüber. Nicht nur dass sie etwas ist, was meine Haut verträgt, nein, Seife bedeutet für mich noch viel mehr. Daran hatten zwei Begebenheiten Schuld: Als ich aufwuchs, gab es eine Seife namens *Lux*. Lux, das hörte sich für mich als kleines

Mädchen sehr nach *Lux-us* an. Seife war für mich gleichbedeutend mit Luxus! Später bekam ich dann einmal eine nostalgische, in eine wunderschön bedruckte Büchse verpackte Rosenseife, die so himmlisch duftete, dass ich diesen Duft sogar beim Schreiben dieser Zeilen wieder in der Nase habe. So gesellte sich zum Luxus auch noch die gute, alte – natürlich im Grunde komplett romantisch verklärte – Zeit hinzu.

Ich gebe zu, ich muss mich zügeln, besonders wenn ich in einem Laden diese wunderbaren Olivenseifenblöcke entdecke. Und wenn ich die Energien um etwas bitte, opfere ich hin und wieder ein Stückchen meiner liebsten Seifen. Andere Frauen haben ähnliche Vorlieben, Schuhe und Taschen sind wohl am verbreitetsten, aber auch Lippenstifte und Parfüm erfreuen sich großer Beliebtheit als Sammelobjekte weiblicher Begierde. Es sind fast immer Dinge, die in irgendeiner Form Wohlstand, Schönheit und Stil demonstrieren sollen. Ich sage dir, viele weibliche Gottheiten schätzen kosmetische Dinge durchaus als Opfergaben ...

Man kann diese Dinge und seine Kleidung natürlich nur als Blickfang benutzen. Aber da es sich in diesem Buch um die Magie im Alltag dreht, wollen wir natürlich herausfinden, wie wir all diese Dinge magisch nutzen können.

Dazu erst einmal eine kleine Einführung in die (magische) Farbenlehre, bevor ich zu Anwendungsvorschlägen komme.

Weiß, Beige, Creme (Mond)

Rechtschaffenheit, Reinheit, Anfänge, Leichtigkeit, Ordnung, aber auch: Illusionen; diese Farbtöne stehen für bessere

Schwingungen, und sie fördern die innere Klarheit. Ich persönlich bevorzuge Weißtöne, die nicht zu klinisch weiß sind und zu steril wirken.

Rot (Mars)

Leidenschaftliche Liebe, Energie, Kampf, Wut, Lust, Dynamik, Temperament; Rot regt an, aber auch auf - also nicht überdosieren! Es ist ideal, wenn man einen Durchhänger hat, und fördert die Durchblutung. Rote Socken an kalten Tagen sollen schon manchen Fuß gut gewärmt haben.

Rosa (Venus)

Harmonie, Freundschaft, Romantik; Rosa gleicht aus und entspannt.

Gelb (Sonne, Merkur)

Gesundheit, Heilung, Freude, Konzentration, Wärme, Optimismus, Heiterkeit, Freundlichkeit; Gelb macht fröhlich und extrovertiert und ist gut für die Verdauung und Drüsen.

Orange (Sonne)

Anziehung, materieller Gewinn, Segen, Geselligkeit, Willenskraft, Lebhaftigkeit, Freude, Ausgelassenheit, Lebensbejahung; Orange macht glücklich und belebt, hilft bei traurigen Phasen und verbessert Stoffwechsel und Lymphfluss.

Hellgrün (Venus)

Wachstum, Anfänge, Liebe, Entspannung, Beharrlichkeit; Hellgrün muntert auf und erfrischt innerlich.

Dunkelgrün (Jupiter)

Finanzen, Regeneration, Heilung, Fruchtbarkeit; Dunkelgrün beruhigt.

Hellblau (Merkur)

... steht für Schutz und speziell für alles, was Familie und Heim betrifft.

Blau (Jupiter, Merkur, sehr dunkle Töne auch Saturn)

Schutz, Macht, Kommunikation, Treue, Entspannung, Heilung, Harmonie, Unendlichkeit, Frische, Hoffnung; Blau steht mit Grün für Berufliches und entspannt.

Pink (Venus)

... ist die Liebesfarbe schlechthin und ganz besonders geeignet, die Liebe anzuziehen. Es belebt und fördert die gute Laune. Ich liebe ein etwas dunkleres, sattes Pink und Fuchsiatöne wegen ihrer anregenden Wirkung!

Braun (Saturn)

Geld, Freundschaft, Gelassenheit, Friedlichkeit, Einfluss, Bequemlichkeit, Anpassung, Schwere, Sinnlichkeit; Braun strahlt Geborgenheit aus.

Grau (Mond)

Nüchternheit, Schlichtheit; Grau ist die magische Farbe, die die Zwischenwelten symbolisiert. Sie neutralisiert andere Farben in ihrer Wirkung und erscheint gemeinhin als etwas trostlos.

Schwarz (Mond, Saturn)

Undurchdringbarkeit, Abgeschlossenheit; Schwarz steht für den Schutz, negative Dinge an ihren Absender zurückzuschicken.

Türkis (Merkur, Venus)

Schutz, Kraft; Türkis zieht positive Energien an und wirkt entspannend.

Violett (Saturn)

Intuition, magisches Arbeiten, Kreativität, Ahnung; Violett entspannt das zentrale Nervensystem stark und kann schmerzstillend wirken.

Mittlerweile gehen nun auch die wissenschaftlichen Experten davon aus, dass alleine schon die Kleidungsfarben, die wir tragen, psychische und physische(!) Auswirkungen auf uns haben. Gleiches gilt für die Umgebung. Schon die alten Ägypter richteten verschiedenfarbige Räume für kranke Menschen ein und heilten damit. Natürlich kann man die Farben auch seinen Wünschen entsprechend kombinieren.

Wenn man zum Beispiel nach einem Streit wieder Frieden in eine Beziehung bringen möchte, kann man Braun oder Blau mit Rosa kombinieren. Man kann die Farben ganz gezielt einsetzen – das sieht manchmal nach nichtigen Kleinigkeiten aus, deren Wirkung jedoch nur zu oft unterschätzt wird.

Der Zauber der Haare

Unser Haar ist ein ganz besonders magischer Stoff. Unzähligen kleinen Antennen gleich wächst es, all unsere Informationen beinhaltend, aus unserem Kopf, einem ohnehin schon zutiefst magischen Körperbereich. Es speichert viele Informationen, nicht nur solche wie unsere Mineralienversorgung. Auch im seelisch-spirituellen Bereich sind Haare von besonderer Bedeutung. Kaum eine Frau, die nach einer verkorksten, längeren Beziehung nicht irgendetwas an ihren Haaren ändert. Viele gehen, wenn sie *alte Zöpfe* in ihrem Leben abschneiden wollen, erst einmal zum Frisör – oft ganz unbewusst oder wenn der erste Wandel schon eingetreten ist.

In der Magie geht man von ganz bestimmten Zusammenhängen aus, wenn es ums Thema Haare geht. Langes Haar kann die Energien, die um einen Menschen herum herrschen, stärker aufnehmen als kurzes Haar. Damit erklärt sich auch, warum die Männer in unserem Kulturkreis bis heute hauptsächlich Kurzhaarschnitte tragen: Der Mann hat bei uns eine Rolle, die nicht intuitiv oder sensibel, sondern rational und *effizient* betont ist. Wer jemals eine intensive Beziehung zu einem Mann hatte, weiß, dass diese Rolle ihnen nicht wirklich guttut. Interessant ist in diesem Zusammenhang, dass es verheirateten Frauen im Mittelalter verboten war, ihr Haar offen zu tragen. Sie kamen unter die Haube. Heutzutage tragen fast alle älteren Damen kurze Haare – ein Zeichen von gesellschaftlich kaum anerkannter Sinnlichkeit im Alter? Ähnliches sieht man zu großen Teilen auch im Islam. Eine Frau, die ihr Haar offen trägt und den Wind darin wirbeln lässt – das gilt auch für Männer! –, ist frei und zeigt dies auch. Sie ist über das Haar mit ihrer Umwelt in Kontakt und spürt vieles um sich herum intensiver.

Manches möchte man zu einem gewissen Zeitpunkt jedoch gar nicht so intensiv wahrnehmen. Aber lange Haare lassen sich ja zusammennehmen, hochstecken oder unter ein Tuch binden – ein Muss für jede Frau, die freitags am späteren Nachmittag im Supermarkt Wochenendeinkäufe tätigen will.

Wenn man mit (langen) offenen Haaren eine außerordentlich negative Begegnung hatte, werden sie daheim erst einmal mit Wasser, dem ein Schuss biologischer Obstessig zugegeben wurde, gespült. Das mögen die Haare sowieso sehr gerne. Es ist auch toll, die Haare zu parfümieren und offen zu tragen, um so Dinge anzuziehen, die man sich wünscht. Dazu nimmt man 1/2 TL Öl und fügt insgesamt 3 Tropfen der gewählten ätherischen Öle zum Parfümieren hinzu. Man kann aber auch nur eines nehmen, ganz nach Belieben. Je nach Haarlänge nimmt man nun einen Hauch der Ölmischung, verteilt sie auf den Handflächen und streicht sich den Duft ins Haar. Nicht zu viel allerdings, sie sollen dadurch ja nicht fettig werden! Außerdem nimmt die Geisterwelt Düfte schon in geringer Konzentration wahr. Und wer weiß, vielleicht mag Ihr potenzieller Chef, den Sie damit beim Vorstellungsgespräch wohlwollend stimmen wollen, den Duft von Zedernholz so gar nicht. Weniger ist hier mehr!

Zu verworren sollte man sein Haar jedoch nicht unbedingt tragen, denn dann können es sich Geistwesen darin gemütlich machen. Das kann man natürlich ganz bewusst im Ritual so handhaben, aber für den Alltag ist es keine so gute Idee. Experimentiere auch einmal mit kleinen Zöpfchen, die du flichtst und unten offen lässt, sodass sie sich langsam von selbst wieder aufdröseln über den Tag. Deine Geister lieben solche *Spielsachen*. Flicht Bänder ein, schmücke dein Haar – zumindest in der Freizeit, denn dies lockt gute Geister an! In Russland hieß es früher: *Viele Zöpfe, viel Schönheit.*

Verfalle aber nicht der Milchmädchenrechnung, lange Haare seien automatisch gleichbedeutend mit viel magischer Kraft. Das ist zu kurz und recht oberflächlich gedacht. Viele Hexen tragen langes, wallendes Haar, und genauso viele haben kurze oder halblange Haarschnitte. Hier spielt das Wohlbefinden die zentrale Rolle. Wer es praktisch mag und sich trotzdem mit langen Haaren abquält, die einfach nicht schön fallen wollen und ihm auch sonst nicht stehen, der tut sich bestimmt keinen Gefallen damit. Der logische Menschenverstand ist auch in der Magie eine wichtige Zutat. Denn wer sich nicht wirklich wohlfühlt mit seinen Haaren, der zieht ganz gewiss keine magisch unterstützenden Kräfte aus ihnen. Das gilt für lange wie kurze Haare gleichermaßen.

Und noch ein Wörtchen zu den Haarfarben, die wir ja generell irgendwie (be)werten: jeder mag etwas anderes, auch wenn es mir persönlich schleierhaft ist, wie man es für sich selbst verantworten kann, ausgerechnet mit seinen Haaren so viele giftige, Allergien auslösende und krebserregende Experimente zu veranstalten. Gute Erfahrungen habe ich hingegen mit Henna und ähnlichen Pflanzenfarben gesammelt. Henna ist eine Färbung, für die man sich Zeit nehmen muss. Ganz wie die Damen im Orient färbt man am besten zu zweit oder zu mehreren. Handschuhe und Pinsel nicht vergessen! Naturfarben bekämpfen, selbst wenn nur Strähnchen gemacht werden, wirkungsvoll Schuppen und ziehen gute Umstände an. Wenn ich eine unkreative Phase habe, in der scheinbar nichts vorwärtsgeht, oder wenn ich einfach etwas Extra-Power möchte, färbe ich mir oft rote Hennasträhnen – und siehe da, es wirkt jedes Mal. Für trockenes Haar würde ich generell eher Strähnchen empfehlen, da Henna für diesen Haartyp zu zusammenziehend wirkt.

Noch etwas zu den weißen und grauen Haaren, die in unseren Breiten ja regelrecht gefürchtet werden: In anderen Kulturkreisen steht das Ergrauen und Weiß-Werden der Haare für Weisheit, die mit dem Alter erreicht wurde und sich nun auch optisch zeigt. Sogar Haarausfall im Alter sieht man anderswo als Statussymbol: Man ist durch seine Erfahrungen sensitiv genug geworden, um die Haare als *Energiefänger* für das, was um einen herum passiert, gar nicht mehr zu brauchen. Das hört sich doch viel sympathischer an als die Werbungen, die man mittlerweile sogar schon für Herrentönungen sieht.

Kosmetische Magie und *Kleider machen Leute*

Ja, es könnte sich durchaus lohnen, sich einen grünen Kajalstift für Ebbezeiten in der Kasse zuzulegen, den man nur dann trägt, wenn man gutes Geld anziehen möchte.

Oder den Klassiker der *kosmetischen Magie:* Puder! Ich nehme am liebsten losen Puder und mische ihn in einem dicht verschließbaren Gefäß mit ein paar Tropfen eines segnenden Öls: Lavendel, Minze – besonders im Sommer, denn es kühlt schön –, Orange und Sandelholz sind diesbezüglich meine Favoriten. Du kannst auch 1-2 Tropfen auf einen normalen Kompaktpuder geben und einziehen lassen. Man verwendet einen solchen Puder vor stressigen oder unangenehmen Situationen, oder wenn man weiß, dass man an dem Tag noch einer schwierigen Person begegnet. In schwachen Zeiten benutzt man ihn am besten jeden Tag. Es heißt nicht umsonst in orientalischen Ländern: *Make-up ist Schutz für die Seele.*

Wenn man sich nun morgens nach Reinigung und Tagescreme – oder wie auch immer man das selbst handhabt – mit einem weichen Pinsel Gesicht, Hals und Dekolleté sanft mit dem Puder bestäubt, trägt man damit eine feine Schutzschicht auf. Je bewusster man dies tut, desto wirkungsvoller ist es. Den Rest des Tages braucht man jedoch nicht mehr daran zu denken, der Geist merkt sich das ganz automatisch, und man hat immer einen unsichtbaren Schutzschild zwischen sich und dem, was da kommen mag. Selbst wenn du gerade nicht daran denkst, wird diese Schicht aus Puder dich zuverlässig schützen, sei es vor einer unsympathischen Kollegin oder bei einem aufregenden Termin innerhalb deiner Tagesordnung. Am Abend wäscht man dann all den Stress oder die unangenehme Situation bzw. Person mit dem Puder ab.

Lippenstift hilft auch sehr gut. Er muss ja nicht besonders knallig sein, nur ein bisschen davon reicht, und man fühlt sich beim Reden gleich viel selbstbewusster.

Bedenke auch die Farben deines Lidschattens, im Grunde

alle Farben, die du im Gesicht benutzt. Du möchtest die Kasse füllen? Du findest, etwas Gold als Lidschatten, Kajal, Glitzerpuder oder Lippenstift wären dafür eine gute Idee? So ist es. Zarte Pfirsich- und Rosatöne am Tag des Meetings mit diesem interessanten Kollegen aus der anderen Abteilung? O ja! Geh ruhig noch einmal die obige Farbtabelle durch, wenn du nach etwas Bestimmtem suchst. Du musst jedoch keineswegs wie in den Farbtopf gefallen aussehen. Sanfte Pastellfarbtöne sind ebenso geeignet, um auch nur winzige Akzente mit der bewusst gewählten Farbe zu setzen, zum Beispiel ganz kleine grüne Kajaltupfen zwischen die Wimpern, wenn man keine grünen Kajallinien ziehen möchte. Wirkungsvoll ist beides. Du wirst mit einem ganz neuen Blick durch die Regale der Drogerien, Parfümerien, Ökoläden/Reformhäuser mit Kosmetikangebot schlendern oder im Internet nach Farben Ausschau halten!

Um noch einmal auf die Kleidungsfarben zurückzukommen: Beim Treffen mit einem süßen Typen ist ein zart rosafarbenes Shirt bestimmt kein schlechter Einfall, um die Liebesschwingungen zwischen euch beiden zu verstärken. Es muss ja kein *Baby-Rosa* sein, ein edles Altrosa wirkt da viel erwachsener.

Beim Chef in gediegenem Blau vorzusprechen, wenn es um Beförderungen oder Gehaltserhöhungen geht, ist eine ausgezeichnete Idee.

Einen Tag am Wochenende nur für sich zu beanspruchen und ihn im weißen Pyjama zu verbringen, während man die Seele baumeln lässt, kann einem durchaus helfen, wieder zu neuen Kräften zu kommen. Schau auch mal deinen Kleiderschrank durch, welche Farben dort bevorzugt vorkommen und welche Aspekte farblich in Zukunft mehr betont werden sollten.

Es ist sehr wichtig, sich bewusst zu machen, was die eigenen Lieblingsklamotten sind. Welche Stücke trage ich auch nach Jahren noch, obwohl sie schon etwas abgewetzt sind? Kleidungsstücke entwickeln manchmal ein regelrechtes Eigenleben, zum Beispiel Schuhe, die schon völlig kaputt sind und mit denen man sich auch nicht mehr auf die Straße trauen würde. Aber wegwerfen? Niemals! Irgendwie hat man schon so viel miteinander erlebt, dass es wehtun würde, die jeweiligen Kleidungsstücke wegzuwerfen.

Im Beruf kann man sich ja nicht immer aussuchen, was man trägt, aber in der Freizeit sollte man sich dann nicht mehr gängeln lassen – weder von Trends noch von der Befürchtung, man würde irgendwie nicht so toll bei den anderen ankommen, wenn man sich auf eine bestimmte Weise kleidet. Es geht um dein Wohlbefinden. Und wenn man sich wohlfühlt, dann sieht man auch toll aus. Ist so.

Ich habe zum Beispiel privat eine große Vorliebe für Jeans, Pulli und Turnschuhe: mein Standardoutfit. Es ist nicht so, dass ich nicht gerne mal was *Aufregenderes* anziehe, wenn mir der Sinn danach steht, aber im Allgemeinen liebe ich flache, bequeme Schuhe, gut sitzende Hosen und kuschelige Pullover. Da können noch so viele modisch interessierte Leute sagen, das sei nicht gerade sexy, und ich würde meine Figur damit doch gar nicht zur Geltung bringen, sich wohlzufühlen und authentisch zu bleiben, sind für mich entscheidend. Besonders *hexisch* ist mein Outfit natürlich erst recht nicht, und andere tun da fast so, als würde man irgendwas verpassen oder verschwenden, wenn man sich nicht jeden Tag rausputzt. Das ist mir jedoch schnuppe, denn wenn man sich so richtig wohlfühlt in seinen Klamotten, dann hat man automatisch eine tolle Ausstrahlung.

Gut möglich, dass ich nächstes Jahr nur noch romantische Röcke tragen will – das wäre doch auch ganz wunderbar! –, aber eben nicht jetzt. Man sollte sich da prinzipiell nie zu sehr festlegen: So wie man nicht jeden Tag und jede Stunde dieselbe Frau ist, so sieht's doch auch mit dem Modegeschmack aus.

Natürlich, da bin ich ganz ehrlich, kleidet man sich als Profi-Hexe in der Öffentlichkeit eher selten mit Kapuzenshirt und Jeans. Wie eine Krankenschwester einen weißen Kittel trägt und man den Polizisten an seiner Uniform erkennt, so tragen wir Hexen halt eher feminin-alternative Bekleidung im Job. Genauso wie im Krankenhaus niemand den Arzt erkennt sobald er Jeans und ein Sweatshirt trägt, so haben die Leute umgekehrt ein gewisses Bild davon, wie eine Hexe gekleidet ist. Sich dem Beruf entsprechend zu kleiden, bedeutet nicht, sich zu verbiegen – vorausgesetzt man hat keine Abneigung gegen das, womit man sein Geld verdient. Aber sich in der Freizeit Vorschriften machen zu lassen, egal ob von Trends, Zeitschriften oder seinen Mitmenschen, sollte man schon einmal kritisch beleuchten. Man sollte auf seine innere Stimme hören und dann entscheiden, inwieweit man sich irgendwelchen Diktaten wirklich beugen möchte.

An meine weiblichen Leserinnen: falls du befürchtest, dass du in deinem – vielleicht *unspektakulären* – Lieblingsoutfit nicht so toll beim anderen Geschlecht ankommst, bedenke bitte eines: Männer sehen uns ganz anders als wir es tun, wenn wir uns gerade in einem vermeintlichen Wettkampf mit anderen Frauen befinden. Es ist sinnlos und Zeitverschwendung, darum zu kämpfen, wer die Hübschere ist. Wir verlieren dabei unsere Ausstrahlung ... und unsere gute Laune! Wie oft sieht man wunderhübsche Frauen, die so gar nicht wirken in dem, was sie tragen. Sie sind schick, toll zurechtgemacht und sexy, aber sie haben kein *Feeling* in den Klamotten, die sie tragen. Dieses zauberhafte Feeling, diese Ich-fühle-mich-wohl-Ausstrahlung zieht potenzielle Partner geradezu magisch an. Trage also ungehemmt, was du magst! Erlaube dir, du selbst zu sein – und du wirst hinreißend aussehen!

Zum Ausdruck der Persönlichkeit eignet sich auch Schmuck ganz wunderbar. Ob es nun echter oder Modeschmuck ist, spielt zumindest im Hinblick auf die Farbwirkungen keine Rolle.

Edle Steine

Wer allerdings die Wirkungen echter Edelsteine noch mit hinzunehmen möchte, dem sei hier ein kleiner Überblick über die Wirkungen wichtiger Steine an die Hand gegeben. Steine, die mit einem kleinen * (Sternchen) gekennzeichnet sind, empfehle ich auch für die Herstellung von Edelsteinwasser (s. weiter unten).

Wer mein Buch *Basiswissen Weiße Magie* gelesen hat, wird ein paar wichtige Steine doppelt vorfinden. Ich habe mich jedoch bemüht, euch hier vor allem neue Steine vorzustellen und dies, neben allgemeinen Hinweisen zu den Steinen, auch aus meiner ganz persönlichen Sicht zu tun. Sicher findet sich hier auch das ein oder andere ergänzende Wort zu meinen Kurzportraits aus *Basiswissen Weiße Magie.*

Achat*

Achate stehen für zahlreiche positive Dinge. In Sachen Reichtum, Schutz und Glück wird er gerne als Amulett verwendet. Zutrauen, Ruhe, Geborgenheit sowie geistige Reife gepaart mit Fantasie werden von Achaten angezogen: ein wunderbarer Stein für (Lebens-)Künstler jeglicher Couleur. Und sind wir das nicht alle ein bisschen?

Achate benutzt man zudem als Schutzstein in der Schwangerschaft und zur Unterstützung der inneren Organe.

In der Magie: Schutzzauber aller Art

Amazonit

Durch seine intensive grüne Farbe, von weißen Sprenkeln unterbrochen, wirkt dieser Stein besonders auf die Seele entspannend. Man kann ihn während Trauerphasen, aber auch bei zu wenig Lebensfreude und einem allgemein verringerten Selbstbewusstsein einsetzen. Da er Nerven und Muskeln unterstützt, hilft er auch ganz besonders bei Kopfschmerzen und Menstruationsproblemen. Er regt die geistigen Fähigkeiten an, und als grüner Stein hilft er gleichzeitig, diese praktisch umzusetzen, sodass Fülle und Wohlstand entstehen können.

In der Magie: Inspiration und Finanzen

Amethyst*

Durch sein Violett natürlich ein Stein der Spiritualität. Er unterstützt Meditationen, geistiges Wissen und reine, tiefe Liebe. Hilfreich auch bei Angst und Unruhe. Bei Albträumen und Schlafstörungen legt man ihn unters Kopfkissen. Ich nehme ihn in solchen Zuständen auch gerne beim

Einschlafen in die Hand. Durch seine beruhigenden und zentrierenden Eigenschaften ist er auch ein sehr guter Stein für Kinder. Sie lieben ihn oft ohnehin!

In der Magie: Spirituelles Wachstum und Schutz, um Anrufungen zu unterstützen

Ametrin*

Dieser Stein ist eine Mischung aus Amethyst und Citrin. Aufgrund unterschiedlicher Hitzeeinwirkungen während seiner Entstehung wurde ein Teil des Amethysts von der Natur zum Ametrin gebrannt.

Achte beim Kauf eines Citrins daher immer darauf, dass dieser ein blasses, helles Gelb besitzt – alle anderen sind künstlich nachgebrannte Amethyststeine!

Er vereint die spirituelle Welt (Amethyst) mit der lichten Lebensfreude des Citrins und hilft, wenn du dich mit hoch schwingenden Geistwesen verbinden möchtest. Er ist für mich – neben dem Sugilith – der spirituellste Stein überhaupt.

In der Magie: Engelskontakte und spirituelle Weiterentwicklung

Aquamarin*

Einer meiner absoluten Lieblinge! Aquamarin verbindet auf sanfte Weise mit den Tiefen des Unbewussten und hilft, wenn man sich z. B. mit Hilfe der Tarotkarten oder anderer Orakel selbst näher kennenlernen möchte. Gleichzeitig macht er auch selbstbewusst, neutralisiert depressive Verstimmungen und hilft, sich Ziele zu setzen und diese auch zu erreichen. Er beruhigt die Nerven und wird traditionell zur Linderung von Allergien und Hormonschwankungen eingesetzt.

In der Magie: unterstützt das Wahrsagen; Zauber, um die Intuition zu verstärken

Aventurin*

Aventurine sind Glückssteine durch und durch. Sie sorgen für Entspannung und Heiterkeit, schaffen Geduld und Ausgleich. Wer unter Ängsten leidet, kann es mit einem Aventurin versuchen. Er zieht gleichzeitig Geld und Erfolg an und wird auch bei stressbedingten Hautproblemen gerne eingesetzt.

In der Magie: Gesundheits-, Geld- und Glückszauber

Bergkristall*

Der Klassiker! Er schützt und sorgt für Klarheit. Neue Energie führt zu Erfolgen, gute Einflüsse werden von ihm magisch angezogen. Bergkristall stärkt die Nerven und reinigt die Aura. Er ist ein hervorragender Heilstein.

In der Magie: kann jeden Zauber unterstützen

Bernstein

Der Stein mütterlicher Liebe ist nicht nur für Kinder empfehlenswert, auch wenn er ihnen durch die Aktivierung des Lymphflusses beim Zahnen hilft. Bernstein verkörpert Wärme, allumfassende Liebe, Schutz und Wissen. Er wendet Negatives ab und hilft auch, die Finanzen zu verbessern: in unserer oft kalten Zeit ein wahrer Heilstein für die Seele.

In der Magie: Geld, Liebe, Gesundheit, Schutz

Carneol

Feurig und fröhlich steht der Carneol für Aktivität, Vitalität, Mut und Lebensfreude. Wie auch der Granat belebt er das sexuelle Verlangen und die Lebenskraft allgemein. Diese beiden Dinge sind ja eng aneinandergekoppelt, wie es das Wort *Libido* beschreibt, das sich ja z. B. auch auf kreatives Feuer beziehen kann.

Im Gegensatz zum Granat erdet der Carneol aber auch gleichzeitig und entgiftet den Körper. Für schlappe Phasen, in denen man sich nicht so recht aufraffen kann, sicherlich ein Stein zum Vormerken! In der Magie: neue Energie, Schutz, Verstärkung eines Zaubers, Zauber in Sachen Erotik

Chalcedon

Der ideale Stein bei Prüfungen und für Menschen, die vor allem auf kommunikativer Ebene arbeiten. Er fördert unsere Rednerfähigkeiten, baut Stress und Aufregung ab und unterstützt das Gedächtnis. Außerdem wehrt er negative Einflüsse und Albträume ab und kommt bei Grippe, Entzündungen aller Art sowie Problemen im Halsbereich zum Einsatz.

In der Magie: bei Prüfungsangst und allen Dingen, die mit dem Intellekt, mit Lernen und Reden zu tun haben

Charoit*

Dieser bräunlich bis violette Stein macht vor allem bei der Heilung des Immunsystems, der Nerven, des Stoffwechsels und bei nervös-körperlichen Beschwerden von sich reden. Gerade in unseren stressigen Zeiten kann man ihn somit auch gut zur Vorbeugung dieser Krankheiten benutzen. Er beflügelt bei der Arbeit, indem er für Harmonisierung sorgt, wenn es stressig und auch konfliktgeladen wird.

In der Magie: Zauber zur Selbstzentrierung; Magie, um neue Wege gesichert einzuschlagen

Chrysokoll

Er sieht ein bisschen aus wie ein Türkis, der mit Malachit durchzogen ist. Mit seinen kraftvollen Farben bewirkt er innere Heilung, besonders wenn man aufgrund inneren Drucks eher ein aufbrausendes Wesen hat. Wer Halt sucht, ruhiger und gelassener werden möchte, dem empfehle ich einen Chrysokoll zu tragen. Er hilft auch in Umbruchsphasen, die kein Ende zu nehmen scheinen, verleiht Durchhaltevermögen und hilft, mit der gegebenen Situation klar und sachlich umzugehen.

In der Magie: Zauber für neuen Mut und das Gelingen von Ideen bzw. Projekten; Schutz und Lebensfreude

Chrysopras

Frisch und grün ist der Chrysopras vor allem ein Stein der Entgiftung und Reinigung des Körpers. Daher kann man ihn auch mit Erfolg für Hautkrankheiten verwenden, die oft nichts anderes darstellen als den Versuch des Körpers, sich über sein größtes Organ zu entgiften. Auch bei Problemen mit der Fruchtbarkeit kann man ihn verwenden, ebenso, um das Gefühl von Geborgenheit zu fördern und den eigenen spirituellen Weg zu finden und geduldig weiterzugehen.

Ich persönlich finde ja schon seine fruchtig-grüne Farbe

alleine bemerkenswert genug, um sich mit diesem Stein und den Impulsen, die er einem gibt, auseinanderzusetzen. Allerdings habe ich auch eine angeborene Schwäche für grüne Steine.

In der Magie: Liebe, positive Fülle – also auch Finanzen – und alles, was im Guten wachsen soll

Dumortierit

Diese eher seltene Steinschönheit nehme ich aufgrund meiner persönlichen Liebe zu ihm mit in diese Aufzählung hinein. Er ist ein idealer Stein, um bewusst zu leben, d.h. zu arbeiten, aber auch bewusst wieder abzuschalten. Man nimmt das Leben leichter und schöpft schneller neue Kraft, gerade weil man sich gar nicht erst bis zur völligen Erschöpfung verausgabt. Durch seine entspannende Kraft wirkt er auch bei seelisch bedingten Hautproblemen lindernd.

In der Magie: Schutz und Suche nach neuen Erkenntnissen; spirituelles Wachstum

Fluorit

Wie man es schon bei seinem Namen vermutet, stärkt der Fluorit die Zähne und das Zahnfleisch. Er fördert die innere Klarheit und die Intuition, sodass er spirituell interessierten Menschen eine wertvolle Hilfe sein kann. Außerdem fördert er den spirituellen Aspekt in Partnerschaften und kann so für mehr Harmonie und eine tiefer gehende Verbindung sorgen.

In der Magie: magische Inspiration; zum Wahrsagen; um neue Wege zu beschreiten und um magisch bei seelischen Problemen zu unterstützen

Granat*

Steht für feurige Leidenschaft, Erfolg, Mut, Ausdauer und Willenskraft. Er baut bei Erschöpfung wieder auf, verbessert die Durchblutung und gibt Ausdauer. Granat macht Lust auf Sex und alle anderen beschwingt-fröhlichen Dinge des Lebens!

Es fällt mir immer wieder auf, dass Frauen, die Granat lieben, besonders lebendig und beschwingt sind – als wären sie seelenverwandt mit diesem Stein.

In der Magie: Liebe, Leidenschaft und Erotik

Hämatit

Manchmal wird er Blutstein genannt, auch wenn man es bei seinem schwarz-metallischen Glanz gar nicht denken würde, doch sein Schleifwasser ist rötlich gefärbt. Er gibt Mut und Schutz, reinigt und macht lebenslustig. Hämatit ist ein guter Helfer für alle Menschen, die etwas ängstlich sind, mehr Bodenhaftung haben wollen oder sich einer großen Aufgabe gegenüber sehen. Er unterstützt neue Projekte und den Energiefluss, um sie zu verwirklichen.

In der Magie: Schutzzauber; innere Heilung; um mehr Selbstbewusstsein zu entwickeln; zieht negative Energien ab

Heliotrop

Grün mit roten Sprenkeln ist der Heliotrop wirklich ein Hingucker. Wer unter Ängsten, Überforderung, Erschöpfung und Ausgebrannt-Sein leidet, kann ihn unterstützend auf dem Weg, diese Leiden zu bezwingen, einsetzen. Er wird zur Heilung sämtlicher inneren Organe und bei Infektionen verwendet. Heliotrop belebt und hilft, wenn man aus einer bestimmten Gefühlslage heraus anders reagiert, als man es eigentlich möchte.

In der Magie: neue Energie; Neubeginn; Belebung von Situationen, die ins Stocken geraten sind

Jade*

Ein zarter und doch stark schwingender Stein, vermittelt Ruhe, Weisheit und Vollkommenheit. Erneuerungen werden durch ihn unterstützt. Auch für Liebe und Erotik ist er empfehlenswert, besonders wenn man sich mit seinen tieferen Gefühlen zu diesen Themen auseinandersetzen will. Bei Unwohlsein und innerer Aufregung hilft die Jade ebenfalls, in Balance zu bleiben. Sie unterstützt die Nieren, auch und besonders wenn einem *etwas an die Nieren geht,* und mobilisiert sanft neue Kräfte, wo Trägheit Einzug gehalten hat.

In der Magie: Liebe und Gesundheit

Jaspis

Vitalität, Power und Willenskraft sind die Stichworte, wenn es um den Jaspis geht. Er hilft Ängste zu überwinden, gibt dem Körper neue Energie – z. B. in Regenerationsphasen – und verleiht Ausdauer in Situationen, durch die man durch muss, ohne es wirklich zu wollen.

In der Magie: Erdung und Energie für Zauber; Selbstbewusstsein; Erdheilung; für tiefgründige Liebe und auch um den Finanzen neuen Schwung zu verpassen; unterstützend für die Körperarbeit

Labradorit*

Der Lieblingsstein vieler Frauen – sein blau-grünes Schimmern verführt so manche. Er befreit von Negativität und lässt kreative Impulse entstehen, denen man mit seiner Hilfe einfach leichter Taten folgen lassen kann. Beruhigend und doch anregend, fördert er die Neugier und Lebendigkeit, hilft auf der Suche nach neuen Wegen und der eigenen Kreativität. Außerdem gibt es wohl noch einen Grund, warum so viele Frauen ihn lieben: Labradorit mindert die Empfindlichkeit gegen Kälte!

In der Magie: fördert grundsätzlich jeden Zauber; für Mondmagie; Zauber für die eigene Weiblichkeit und das Selbstbewusstsein als Frau; Inspiration; unterstützt bei der Suche nach Lösungen

Lapislazuli*

In sämtlichen alten Kulturen war er ein begehrter Schmuckstein und den Göttinnen heilig. Lapislazuli fördert die Intuition und das Lernen. Er hilft, Grenzen zu überprüfen und Denkblockaden zu überwinden. Festgefahrenes wird gelockert, neue Energie kann sich Platz schaffen. In der Liebe fördert er Ehrlichkeit, Vertrauen und die Kommunikation auf einer reifen Ebene, die über Kleinlichkeiten steht. Er schärft den Blick fürs Wesentliche.

In der Magie: spirituelles Bewusstsein; weibliche Magie; Unterstützung aus der spirituellen Welt

Malachit

... wirkt körperlich entgiftend und entschlackend. Hat man Probleme mit Anfeindungen, verleiht er das Gefühl von

Schutz und ein *dickeres Fell*. Wer Erlebnisse aus der Vergangenheit nicht verkraftet hat und diese (mit professioneller Hilfe) aufarbeiten will, kann sich dabei von einem Malachit unterstützen lassen. Er hilft, wieder zur inneren und äußeren Balance zu finden, wobei er einen dabei manchmal etwas *vorwärtsschubst*. Es empfiehlt sich deshalb, ihn in sensiblen seelischen Phasen nicht dauerhaft zu tragen, dafür ist er zu heftig.

In der Magie: Geldzauber; um überholte Strukturen aufzubrechen und Veränderungen kraftvoll voranzubringen

Mondstein

... hilft bei Nervosität und stärkt die Intuition. Als sehr spiritueller Stein bewirkt er Fröhlichkeit und Hingabe an das, was man tut. Er unterstützt Meditationen und hilft Frauen bei Beschwerden, die die Fortpflanzungsorgane betreffen. Man verwendet ihn ebenfalls mit Erfolg bei diffusem Unwohlsein, das scheinbar ohne Grund auftritt.

In der Magie: Mondzauber; fürs Wahrsagen und um mit Göttinnenenergien zu arbeiten

Mookait

Bei diesem Stein denken viele im ersten Moment, er sei nicht echt: gelbe, violette, fuchsiafarbene, weiße und rote Farbverläufe verleihen ihm sein fröhliches Äußeres. Er stabilisiert die Gesundheit auf langfristige Sicht und fördert im praktischen Leben den Wunsch nach Abwechslung. Daher ist er ein guter Steinhelfer für alle Rituale, die mit Veränderungen zu tun haben. Ich persönlich lege ihn auch allen Personen mit empfindlicher Haut und mit Akne ans Herz, da er in solchen Fällen von innen heraus heilend wirken kann. Empfindliche Haut, da denken viele erst mal, man sei etwas verwöhnt. Doch Menschen mit empfindlicher Haut können darüber nur bitter lächeln, denn sie leiden nicht selten unter Juckreiz und optisch unschönen Hautveränderungen. Um ihnen zu helfen, sind meist auch Maßnamen zur Ableitung von (Umwelt-)Giften nötig – der Mookait kann dabei unterstützend wirken.

In der Magie: für alles, was sich positiv verändern soll; fröhliche Magie, die belebt; für Körperarbeit, mehr Lebensfreude und bessere Lebensumstände

Moosachat

... stärkt das Immunsystem und wirkt entschlackend. Er schützt in der Schwangerschaft und verbindet einen mit den Geistern der Pflanzen und den Kräften der Natur. Moosachat sieht nicht nur wunderschön aus, man benutzt ihn auch, um den Geist zu befreien und um bewusster und inspirierter zu leben.

In der Magie: Erdheilung; Umweltbewusstsein; erleichtert den Kontakt zu Naturgeistern; Geldzauber; Zauber für gesundes Selbstbewusstsein

Moqui Marbles

... sind ganz besondere Steine, sie leben nämlich als Paar zusammen. Dabei ist die *Dame* stets etwas runder und glatter, *er* hingegen ist meist etwas flacher und hat oft einen kleinen Ring um den Bauch. Moquis entwickeln stets eine ganz persönliche Beziehung zu ihrem Besitzer bzw. zu der Familie, in der sie leben. Je dunkelbrauner, desto zufriedener sind diese Steine. Werden sie staubig-grau oder gar rostig, wird es höchste Zeit, sich wieder mit ihnen zu befassen! Das tut man als Besitzer aber ohnehin freiwillig, schenken sie einem doch Selbstvertrauen, Energie, Heilung – auf betroffene Stellen auflegen! – und das gute Gefühl, immer *geliebte Freunde* um sich zu haben. Das bedeutet ihr Name nämlich bei den Indianern Utahs und New Mexikos, wo diese Steine gefunden werden. Es gibt sie in verschiedenen Größen ab ca. 1 cm Durchmesser, ich selbst habe schon welche mit über 12 cm Durchmesser gesehen. Die sind dann allerdings eher etwas für zu Hause …

In der Magie: ohne bestimmte Anwendungsgebiete – als gute Freunde unterstützen sie dich ohnehin bei allem, was du tust

Obsidian (darunter auch der Schneeflockenobsidian)

Reinigend und durchblutungsfördernd wirkt dieses faszinierende vulkanische Glas. Obsidian hilft bei kalten Händen und Füßen, fördert die Wundheilung und unterstützt bei der Bewältigung eines Schocks oder Traumas. Oft bleiben bei den Betroffenen ja kalte Hände und Füße wie eine Signatur dieser Vorfälle zurück. Durch ihn steigen traumatische Erlebnisse langsam wieder auf, sodass man mit ihnen arbeiten und sie z. B. auch kreativ angehen kann. Denn auch vergessene Begabungen und Fähigkeiten können dabei wieder ans Tageslicht kommen! Da er manchmal etwas offensiv ist, kann man ihn mit Tigereisen, Kieselsteinen oder beispielsweise dunklen Achaten erden.

In der Magie: Schutz; das Selbst stärkend; Zentrierung und Erdung; Bewusstheit; das Leben im Hier und Jetzt stärkend

Onyx

Früher als schwarzer Stein verteufelt, weiß man heute wieder um den wahren Wert des Onyx. Ich empfinde ihn immer als Stein fürs *Ernsthafte,* daher benutze ich ihn gerne, wenn es ums Durchhalten im Job, um Mut, Ausdauer und Zähigkeit geht. Er verleiht das nötige Selbstbewusstsein, um die eigenen Leistungen geltend zu machen. Schwarz – und damit der Onyx – ist zudem die Farbe von Schutz und Heilung aus der Tiefe. Er beruhigt, erdet und führt einen wieder zu den Themen, die im realen Leben wichtig sind. Er setzt Prioritäten! Bei (stressbedingt) geschwächtem Immunsystem hilft er wieder auf die Beine.

Wenn du jetzt einer Freundin etwas Gutes tun und ihr einen Onyx als Unterstützung schenken willst, tu es besser nicht, denn am Aberglauben, dass man denjenigen loswird, dem man einen Onyx schenkt, ist halt doch etwas dran. Solltest du es bereits getan haben, hebe die Wirkung des Onyx mit einem Rhodonit auf, oder erzähle deiner Freundin besagte Geschichte und bitte sie, dir den Stein zurückzugeben.

In der Magie: Negatives loswerden; Schutz; Erdung; Selbstbewusstsein

Opal

Opale sind die Steine der Fröhlichkeit, der leichten Verspieltheit und der Kreativität. Sie wirken aufmunternd, beleben die Sinne, fördern günstige Umstände und die Lebenslust. Sie sind wie ein Kuss der Musen: Gelassenheit und Vergnügen machen sich breit. Auch für die Liebe, um sie verspielter, erotischer und ein kleines bisschen verrückter zu gestalten, kann man Opale verwenden. Nicht jeder kann auf diesen kreativen Energien surfen, für nüchterne Menschen ist er nicht geeignet.

In der Magie: Inspiration; spielerischer Umgang mit magischen Kräften; um alles leichter zu nehmen; gegen Traurig- und Antriebslosigkeit

Pyrit (Katzengold)

Ein Stein, den man eher bei sich trägt oder gezielt auflegt. Bei längerem Hautkontakt kommt es zu Verfärbungen. Pyrit regt den Stoffwechsel an und hilft bei Krankheiten, die verschleppt wurden oder ohne genaue Ursache sind. Er hilft, die eigene Situation bewusst wahrzunehmen und Schlüsse daraus zu ziehen. Gegen Ängste und in Zeiten der Mutlosigkeit ist dieser sonnige Stein ebenfalls sehr wirkungsvoll.

In der Magie: Finanzen und geschäftlicher Erfolg

Rauchquarz

Dieser wunderschöne, mystische Stein hilft vor allem auf seelischer Ebene. Wir verwenden ihn bei Stress, schwachen Nerven und Anspannung (auch körperliche), bei Trauer und Ängsten. Wem seelische Beschwerden langsam in den körperlichen Bereich *wandern,* der sollte Unterstützung auch bei diesem Stein suchen. Nach negativen sexuellen Erfahrungen setzt er positive Kräfte frei, die dabei helfen können, Impulse für ein Weitergehen zu bekommen. Sehr dunkle Varianten des Steines werden *Morion* genannt.

In der Magie: Schutz und Heilung

Rhodochrosit

Passenderweise wird er auch *Himbeerstein* genannt. Man nutzt ihn für Herz, Kreislauf und Blutgefäße, daher können es auch Migränepatienten einmal mit ihm versuchen. Durch seine kräftige rosa Farbe regt er das Liebesleben, die Romantik und Erotik an. Er hilft zu erkennen, dass man sich (wieder mehr) Zeit füreinander nehmen muss, und kann einer Beziehung neue emotionale Tiefe und gleichzeitig ein fröhlicheres, beschwingteres Lebensgefühl schenken.

In der Magie: Liebe und Harmonie; um Freunde zu finden

Rhodonit

Der Rhodonit ist ein stark entgiftender Stein, der auch die Wundheilung positiv beeinflusst und Gewebe schneller regenerieren lässt. In Beziehungen hilft er zu verzeihen und macht es leichter, Kommunikationsprobleme zu beheben. Er lässt seelische Wunden verheilen, festigt Freundschaften und verleiht mehr Selbstbewusstsein. Wer sich einem Streit gegenübersieht oder einer unschönen Situation, wer ein heikles Thema ansprechen möchte, der kann sich ebenfalls Unterstützung aus diesem Stein holen.

In der Magie: Liebe und ein positives Selbstbild; Schönheit; um seelische Wunden zu heilen

Rosenquarz*

Ist wohl neben Amethyst und Bergkristall der beliebteste Heil- und Schmuckstein in unserer Zeit. Er steht für Liebe und Harmonie, fördert Freundschaften und die Fähigkeit, wieder Vertrauen in andere Menschen zu entwickeln.

Die innere Heilung, das Wieder-annehmen-Können von Zärtlichkeit nach Zeiten der Verhärtung und die Hilfe bei innerer Unruhe und in Krisenzeiten, all das sind *Einsatzgebiete* für den Rosenquarz. Außerdem wird er gerne verwendet, um Computer- und Handystrahlungen abzuwehren.

In der Magie: Liebe; Harmonie; Familie; Kinder; Freundschaften

Rubin*

Rubine hatten früher, gemeinsam mit Granat, den hübschen Namen *Karfunkel*. Wir verwenden diesen sehr heilkräftigen Stein gegen Kummer, negative Denkmuster und um Mut und Ausdauer zu bekommen. In Sachen Liebe und Erotik verstärkt er unsere Anziehung und die Freude daran. Wer vor schwierigen Entscheidungen steht, kann sich von einem Rubin energetische Hilfe holen. Frauen in den Wechseljahren und Menschen mit hormonellem Ungleichgewicht können Linderung durch den Rubin erfahren.

In der Magie: verstärkt jeden Zauber; ist universell einsetzbar

Saphir*

… stärkt die Nerven und kräftigt alle inneren Organe, er hilft beim Lernen und dabei, kluge Entscheidungen zu treffen. Der Saphir unterstützt die Behandlung von Depressionen und verringert die Angst vor Herausforderungen. Er macht klug und besonnen im Handeln, zieht das Glück an und hilft in Beziehungen, die Treue zu bewahren. Neider und missgünstige Menschen können mit seiner Hilfe leichter durchschaut und entsprechende Schlüsse daraus gezogen werden.

In der Magie: Erfolg; kluges Handeln; Entscheidungsfindung

Smaragd*

Der Stein der Liebe und Fruchtbarkeit. Smaragde helfen Blockaden zu überwinden, geben neue Hoffnung und den Schub an Energie, den man braucht, um weiter vorwärtszukommen.

In der Magie: Liebeszauber; für alles, was positiv in Fülle wachsen soll

Sodalith

Ein Stein, der vielen Menschen hilfreich sein kann. Er unterstützt positive Denkmuster, hilft bei der Selbstfindung und dabei, sich selbst wahrzunehmen und sich zu vertrauen. Schuldgefühle werden durch ihn langsam neutralisiert und der Wahrheitssinn ausgeprägter. Außerdem hilft er, einengende Muster wahrzunehmen und langsam abzustreifen. Bei Beschwerden im Kopf-Hals-Bereich wird er mit Erfolg verwendet, genauso wie um den Blutdruck zu senken.

In der Magie: Mehr Bewusstheit; Blockaden überwinden; Dinge in Fluss bringen

Tigerauge

Nicht nur kleine Kinder verlieben sich in diesen Stein. Er hilft, zuversichtlich zu sein, und verbessert die Konzentration.

Daher ist er ein guter Stein für Schulkinder und schützt sie zugleich vor den negativen Auswüchsen so mancher Lehrer. Früher wurde er auch gegen den bösen Blick als Amulett getragen.

In der Magie: Schutz, Erfolgs- und Geldzauber; für kluge Entscheidungen

Tigereisen

... beugt einem Energieloch vor und hilft, wenn man bereits eines hat. Dieser Stein unterstützt einen dabei, ungerechtfertigte Kritik abprallen zu lassen, sich zu konzentrieren und neue Energie zu bekommen. Da er eine Mischung aus Jaspis und Hämatit darstellt, vereint er ihre Kräfte. Er fördert die Blutbildung und verleiht die nötige Kraft, Hindernisse zu beseitigen. Wer sich verändern möchte, aber noch nicht weiß, wie, dem hilft Tigereisen weiter.

In der Magie: Erdung; Schutz; Negatives abstreichen; Kräfte mobilisieren; Erdheilung; Körperbewusstsein und die Arbeit damit

Topas*

Topase sind ungemein belebende Steine. Sie schenken Mut, Power und kreatives Denken, sodass man mit ihrer Unterstützung vieles besser angehen kann. Gleichzeitig helfen sie bei Nervosität und Trauer. Der ideale Stein für alle, die mit dem Kopf bzw. kreativ arbeiten.

In der Magie: Neuanfänge, Inspiration, positiven Schwung in Angelegenheiten bringen

Türkis

Neutralisiert innere Übersäuerung – einer der Hauptgründe für die meisten Zivilisationskrankheiten –, gibt Schutz und schenkt Glück. Er hilft bei Traurigkeit und gegen neidische Menschen, steigert die Wärme im Körper und hilft so bei dessen Regeneration. Der Türkis entgiftet, fördert Intuition und weitsichtiges Handeln und unterstützt einen dabei, den eigenen Körper und dessen Bedürfnisse besser wahrzunehmen.

In der Magie: Wahrsagen; Schutz; Inspiration; Negatives loswerden; Selbstwahrnehmung

Nach all den vielen Beschreibungen noch etwas, was mindestens genauso wichtig ist: Such dir die Freundschaften zu deinen Steinen selbst aus! Lies nicht nur in Büchern, sondern erfühle die Welt der Steine! Natürlich sind Übersichten eine schöne Sache, aber höre immer auf deinen Bauch. Nicht wenige Menschen, die mit (Edel-)Steinen arbeiten, kennen das: Du holst dir einen Stein, der dich förmlich angesprungen hat im Laden, schaust zu Hause in ein Buch und stellst fest, genau diesen Stein brauchst du gerade!

So ausgestattet und bereit, die persönlichen, farblichen Helfer zu finden, dürfte sich dein Leben ein ganzes Stück weiter zum Guten hin bewegen. Bitte ändere jedoch nicht von heute auf morgen alles auf einen Schlag! Solche Hauruck-Aktionen halten in den meisten Fällen nicht lange an. Alles im Leben ist ein wachsender Prozess, wachse also in deinem persönlichen Tempo.

Und noch ein Tipp aus meiner Hexenküche: Ein ganz besonderer Weg, die Kräfte der Edelsteine zu nutzen, ist es, Edelsteinwasser herzustellen. Dazu nimmst du einen Krug oder eine Kanne, füllst ihn mit Leitungs- oder Quellwasser (kein Mineralwasser!) und legst den Edelstein deiner Wahl hinein. Wie lange du ihn *ziehen lässt,* entscheidest du am besten nach deinem Gefühl. Nach 1-2 Stunden wollen die Steine meist wieder heraus. Falls nicht, können sie auch länger im Wasser verbleiben.

Edelsteinwasser ist auf grobstofflicher Ebene sicher nicht so stark wirksam, wie es immer dargestellt wird, es sei denn, man hat gerade eine sehr sensitive Zeit. Vieles in diesem Zusammenhang erscheint mir etwas übertrieben. Aber es ist eine wundervolle Sache, um sich in feinstofflicher Hinsicht zu stärken. Und ein bisschen ist natürlich auch grobstofflich betrachtet am Wirken – wir alle kennen ja den Tipp, Obst nicht in Bleikristallschalen zu legen, weil es sich sonst mit Blei anreichern kann.

Übrigens kann man auch gut gewaschene Feld-, Wald- und Wiesen-Steine in Wasser legen, um es anschließend zu trinken. Ich bin eine große Freundin von gefundenen Steinen und kann dir nur versichern: Wenn die persönliche Beziehung, das Gefühl zu einem Stein stimmt, dann ist er für alles geeignet, was man auch mit einem Edelstein tun würde. Lass dich von Form, Farbe und Materialbeschaffenheit der Steine leiten.

Für so manche Hexe sind Edelsteine – oft unter menschenunwürdigen Bedingungen in Entwicklungsländern gefördert – ohnehin ein Unding. Wieder andere wollen lieber vorwiegend mit den Energien, die hierzulande herrschen, arbeiten. Magie muss nicht immer international sein, was Pflanzen und Steine betrifft. Wie viele Hexen können die exotischsten Räucherharze auseinanderhalten, wissen aber nicht die Namen und magischen Kräfte der Pflanzen, die vor ihrer Haustür wachsen. Es lohnt sich stets, den Kommerz im Zusammenhang mit Magie zu hinterfragen und auf dem Teppich zu bleiben. Unsere heimische Natur ist reich an Schätzen, und eine Hexe ist für mich keine Hexe, wenn sie diese als *Unkraut* abtut, um sich ausschließlich den vermeintlich besseren, exotischen Zutaten zuzuwenden.

Back to nature!

Noch ein persönliches Anliegen von mir und gleichzeitig ein Hexenrat, dessen Befolgung dir ebenfalls einen ganzen Berg negativer Schwingungen vom Leib hält bzw. aus dem Haus schafft: Kaufe keine Kosmetik, die an Tieren getestet wurde, keine Cremes, Lotionen, Mascara, Parfüms und im weiteren Sinne auch Produkte wie Waschmittel, Kaffee usw.!

Ich muss immer noch an die armen Katzen denken, die Kaffee in den Magen gespritzt bekamen. Was soll das bringen? Haben wir etwa Katzenmägen? Viele Firmen werben ja damit, dass sie tierversuchsfrei testen. Sie geben allerdings nicht selten die Tests einfach in die Hände einer anderen Firma, sodass sie nicht selbst testen müssen. Dabei gibt es heutzutage weitaus zuverlässigere und schonendere Tests, z. B. an Zellkulturen. Seriöse Informationen zu diesem Thema bekommst du beim Deutschen Tierschutzbund. Denn Dinge, an denen das Blut, die Angst, die Verzweiflung und die blanke Panik hilfloser, gequälter Tiere kleben, werden uns niemals Glück und Segen bringen – das Gegenteil vielleicht. Selbst wenn du es nicht ganz schaffst, auf tierversuchsfreie Produkte umzusteigen – wobei dieser Trend insgesamt zum Glück immer deutlicher wird –, ändere dein Kaufverhalten zumindest im Rahmen deiner Möglichkeiten.

Ich weiß, dass wir in einer Welt leben, in der man sich manchmal wie David gegen Goliath fühlt: Gifte in den Farben der Textilindustrie, synthetische Konservierungsmittel, Geschmacksverstärker, E-Nummern, dubiose Parfümstoffe, giftige Baumaterialien, hautschädigende Kosmetik – die Liste ließe sich beliebig lang fortsetzen. Versuch doch nur einmal, ein Lebensmittel ohne den Aufdruck *Aroma* im Supermarkt zu bekommen ... Wichtig ist es, nie aufzugeben und im Kleinen für sich die Dinge zu ordnen, zu hinterfragen und zu überprüfen. Manchmal muss man Dinge umstellen, manchmal tappt man in Fallen. Niemand kann alleine die ganze Welt retten, das ist klar. Doch ich finde, mit bewussten, persönlichen Kaufentscheidungen im Rahmen der finanziellen Möglichkeiten und mit Neugierde und Wissensdurst kann jeder einen gar nicht so unbedeutenden Beitrag leisten. Wir können die Wirtschaftsbosse und Industriehäuptlinge nur durch unser Konsumverhalten beeinflussen und zum Glück tun das immer mehr Menschen, für ihre eigene Gesundheit, für die Kinder, für ihre Ideale und irgendwo auch jedes Mal ein kleines Stückchen für unseren Planeten. Das mag sich vielleicht ein bisschen pathetisch anhören, aber du weißt sicher, was ich meine. Ein afrikanisches Sprichwort lautet: Wenn viele kleine Menschen an vielen kleinen Orten etwas tun, dann wird sich Großes bewegen. Gerade wir Hexen und spirituellen Menschen sind hier in der Pflicht. Wir arbeiten mit den Energien der Natur, deshalb ist es unsere Pflicht, sie und all ihre Geschöpfe zu schützen, zu hegen und zu pflegen. Wir sollten die Gärtner dieser Erde sein, nicht ihre Plage!

VIER

Mit Düften zaubern

Düfte

Düfte sind etwas Unvergleichliches. Im Handumdrehen können sie uns verzaubern, einhüllen, anwidern oder neugierig machen. Viele Kaufhäuser arbeiten mittlerweile mit *Frischedüften,* um die Kunden in gute (Kauf-)Laune zu versetzen.

Ich bekomme immer wieder zu hören, dass es in meiner Wohnung ja so herrlich nach Kräutern duftet, manchmal aber auch, dass es jemandem etwas zu viel ist. Nicht jeder mag jeden Duft. Manche Menschen sind sehr empfindlich, andere lieben intensive Düfte und könnten sich den ganzen Tag damit umgeben.

Du solltest an dieser Stelle stets deinem Körper und damit deinem persönlichen Empfinden die Entscheidung überlassen. Nur weil z. B. Weihrauch im spirituellen Bereich so heilkräftig und traditionsreich ist, musst du ihn noch lange nicht verwenden. Vielleicht steht dir der Sinn mehr nach balsamisch-vanilleartigem Styrax? Vielleicht soll es mal wieder der krautige Salbei sein? Die Geschmäcker bzw. Nasen sind nun mal verschieden, deshalb versteh die folgende Liste bitte auch nur als Inspiration. Oft genug liebt man einen Duft, ohne zu wissen, warum. Letztlich ist es auch egal, Hauptsache der Körper weiß es! Sammle deine Erfahrungen mit den verschiedensten Düften. Mit der Zeit wirst du eine kleine *Hausapotheke* beisammen haben, die hin und wieder wechselnden Zuwachs bekommt. Immer gut sind z. B. Orange, Lavendel und Sandelholz als ätherische Öle, dazu Zimt, Salbei, Eisenkraut und Weihrauch als Grundausstattung zum Räuchern.

Wenden wir uns nun einmal den Wirkungen der verschiedenen ätherischen Öle zu und schauen, wie wir diese im Alltag nutzen können.

Doch Vorsicht: Nicht alles, was aus der Natur kommt, ist automatisch harmlos! Ätherische Öle sind hoch konzentrierte Substanzen! Informiere dich stets genau über das jeweilige Öl, bevor du es verwendest, denn ich biete dir hier nur einen allgemeinen Überblick, um dich zu inspirieren. Manche Dinge sind sehr wichtig zu wissen. Das Thuja- (Lebensbaum) oder Ysopöl sollte nur von Fachleuten verordnet werden. Thuja kann sonst schädigend bzw. innerlich sogar tödlich sein. Ysop ist als ätherisches Öl auch nicht ohne – so etwas muss man wissen. Frage gegebenenfalls lieber bei einem Fachmann der Aromakunde oder einem Heilpraktiker nach. Ich möchte dir hier nichts madig machen, aber was Wirkungen hat, kann auch unangenehme Nebenwirkungen haben, wenn es falsch angewendet wird. Schwangere sollten generell ganz vorsichtig mit ätherischen Ölen sein, auch Kinder können sehr empfindlich reagieren. Sollte ein Öl bei dir Unbehagen auslösen, verwende es nicht. Wie schon erwähnt, mag nicht jeder jeden Duft. Lüfte den entsprechenden Raum gründlich, und atme tief und ruhig am offenen Fenster. Verzichte in Zukunft dann lieber auf diesen Duft. Verwende ätherische Öle auch niemals ohne entsprechendes Hintergrundwissen bei deinen Haustieren. So ist z. B. Teebaumöl hochgiftig für viele Tierarten. Keine Experimente, es gibt schließlich unzählige informative Fachbücher zum Thema ätherische Öle und Aromatherapie!

Anis

Anis macht und fröhlich und wohlgesinnt. Es ist ein schönes Öl, um die Sonne ins Herz zu holen. Aber Vorsicht: Nicht jeder mag diesen Duft, und man sollte ihn generell nicht überdosieren! Falls du mit anderen Menschen die zu beduftenden Räume teilst, solltest du diese immer fragen, ob ihnen der gewählte Duft ebenfalls zusagt. Wir alle kennen die – vorzugsweise weiblichen – *Parfümterroristen,* die uns nach einer Begegnung mit ihnen kopfschmerzgeplagt zurücklassen und denen die Schwaden durch die Straßen hinterherwabern. Wenn jemand einen Duft nicht mag, ist daran nun einmal nicht zu rütteln – hier ist Höflichkeit angesagt. Man selbst möchte ja auch nicht unbedingt mit einer Wolke Maiglöckchen oder Ähnlichem eingenebelt werden. Anisöl ist nicht für Schwangere geeignet!

Basilikum

Basilikum benutzen wir, wenn es um Harmonie geht. Es fördert die Sympathie zwischen den Menschen und entschärft Konflikte. Liebe, Glück und Eintracht sind seine großen Themen. Es ist ein Kraut, das in nervlichen Belastungssituationen weiterhilft, Lebensmut weckt und uns wieder aufbaut. In antriebsschwachen Zeiten kann es Kaffee ersetzen. Auch bei Schlafstörungen ist es wirksam. Gleichzeitig zieht dieses Öl Geld an, wirkt schützend – ich kann es nur empfehlen, wenn man es mit nervigen Nachbarn zu tun hat: ab auf deren Türschwelle damit, aber bitte diskret und ungesehen! – und kann zum Segnen verwendet werden. Es lockt hilfreiche Geister in unsere Umgebung, fördert Freundschaften und gibt innere Stärke. Ein Muss in unserer Kräuterapotheke, aber bitte niemals in der Schwangerschaft verwenden!

Bergamotte

Die frisch-herbe Bergamotte muntert unseren Geist auf, klärt die Gedanken und vertreibt Traurigkeit. Wer mag, kann sich zu diesem Zwecke auch Earl Grey Tee besorgen, der mit Bergamotte aromatisiert ist. Des Weiteren zieht Bergamotte Geld an und wird als Schutzöl eingesetzt. Öfter mal einen Earl Grey zum Frühstück? Also mir hat das schön öfter die finanzielle Lage versüßt! Was man wissen muss: Bergamotte macht sonnenempfindlicher. Es gibt aber auch Bergamottenöl zu kaufen, dem der Stoff Bergapten entzogen wurde, der dafür verantwortlich ist.

Citronella

Einer meiner Lieblingsdüfte! Citronella vertreibt negative Energien im Handumdrehen, hilft gegen Schwermut und muntert einen so richtig auf, wenn es noch einen Berg Arbeit abzutragen gibt. Sie erfrischt den Geist und beflügelt unser Denken. Vorsicht: Sie reizt die Haut und ist photosensitivierend (wie alle Zitrusöle).

Eukalyptus

Dieses Öl kennen die meisten nur als Heilöl bei Infektionen. Man kann es aber auch einfach in der Duftlampe benutzen. Es verbannt Negatives und reinigt durch seinen Duft Räume von schlechten Schwingungen (und Keimen). Nicht überdosieren, auch wenn man den Duft liebt! Pur genommen wirkt es hautreizend. Man sollte ätherische Öle aber ohnehin nie pur auf die Haut oder gar Schleimhäute auftragen.

Grapefruit

Grapefruit, auch liebevoll Pampelmuse genannt, bereinigt Situationen. Daher ist sie eine gute Wahl bei Liebesquerelen oder Streitigkeiten. Sie sorgt für innere Klarheit, beseitigt Frust und verleiht uns ein natürliches Selbstbewusstsein. Gerade unsichere Menschen oder solche, die durch eine akute Situation verunsichert sind, sollten öfter einmal Grapefruitöl verwenden. Es regt an und hilft bei Niedergeschlagenheit, Frust und nervlicher Angeschlagenheit. Nie auf Hautpartien auftragen, die der Sonne ausgesetzt sind!

Jasmin

Ein geradezu überirdisches Öl, das auch einen überirdischen Preis hat. Daher verwendet man Jasminöl eher selten. Es wirkt jedoch ausgezeichnet in Sachen Liebe und ist stark aphrodisisch. Jasminduft verstärkt die übersinnlichen Wahrnehmungen, weckt die Spiritualität und innere Stärke. Es vertreibt Traurigkeit und Kummer, wirkt beruhigend und nervenstärkend. Als preiswertere Alternative empfehle ich, grünen Tee, der mit Jasminblüten aromatisiert wurde, zu genießen – am besten aus Bioanbau und ohne künstliche Aromen.

Kamille

Die sanfte Kamille benutzen wir als Duft, um Meditationen zu unterstützen, für Ruhe und inneren Frieden. Gerade wenn man anfängt sich mit Meditation auseinanderzusetzen, aber auch später noch, kann ich Düfte als Unterstützung wärmstens empfehlen. Kamille wird auch verwendet zur Heilung und um den Willen zu stärken. Sie baut innere Anspannung ab und hilft uns bei seelischen Verletzungen. Kamillenöl gibt es als *Kamille blau* und *Kamille römisch*. Letztere darf nicht überdosiert werden!

Kampfer

... riecht sehr eigen und wird benutzt, um Leidenschaften abzukühlen. Er wirkt sexuellen Gefühlen entgegen und kann so auch gegen unliebsame Verehrer benutzt werden. Auch für besonders starke Reinigungen, zum Segnen und zum Schutz ist er beliebt und äußerst wirksam. Nicht in der Schwangerschaft, bei Bluthochdruck und im Umfeld von Kindern verwenden!

Kardamom

... beflügelt Liebe und Sex. Er sorgt dabei gleichzeitig auch noch für innere Klarheit und wirkt egoistischen Gedanken entgegen – ein gutes Öl also, um in Beziehungen verwendet zu werden.

Kiefer

Kiefernöl ist um einiges bedeutsamer, als es die meisten vermuten würden! Wir benutzen es zur Reinigung, für Schutz, Heilung und Segen, aber auch, um Geld ins Haus zu holen und Wünsche zu verwirklichen. Es ist außerordentlich zauberkräftig und fristet zu Unrecht ein relativ unbeachtetes Dasein als Saunaduft. Die Themen *Segen* und *Gutes* betreffend, spielt es in der ersten Liga mit. Vorsicht: Hoch dosiert ist es hautreizend!

Lavendel

Lavendelöl ist auch so ein Muss. Es stimuliert den Geist, fördert Liebe und Freundschaft. Lavendel hebt die Stimmung und klärt die Gedanken. Für die Gesundheit wird es ebenfalls genutzt, auch ganz praktisch. Ich kenne nichts Besseres bei kleinen, ganz leichten Verbrennungen als pures Lavendelöl. Der Schmerz lässt sofort nach, und die Heilung geht danach schnell über die Bühne. Außerdem nutzen wir Lavendelöl für spirituelle Zwecke. Es erleichtert Meditationen, schenkt inneren Frieden und macht verständnisvoll. Besonders gut, um Neuanfänge im Leben zu segnen.

Litsea Cubeba

Es ist noch gar nicht lange her, dass ich über dieses Öl gestolpert bin. Seitdem ist es jedoch neben Rosmarin und Orange einer meiner Lieblingsdüfte, um mich in Schwung zu bringen, wenn ich z. B. an einem müden Tag einen Berg Arbeit vor mir habe oder auch einfach nur als willkommener Energiekick zwischendurch. Das Öl duftet wie eine Mischung aus Pfeffer, Lemongrass und süßer Orange. Wie alle Zitrusdüfte ist es mild dosiert ideal als Zusatz für straffende Körperöle. Seine größte Wirksamkeit liegt jedoch darin, einem ruhige, konzentrierte Kraft und geistige Frische einzuflößen. Vorsicht: höher dosiert ist es hautreizend! Auch nicht auf Kunststoffoberflächen bringen, da es diese angreift!

Mandarine

Die Mandarine liefert uns ein wunderbares Öl, wenn es um seelische Verletzungen geht. Egal ob es sich um jetzige Erlebnisse oder um solche aus Kindertagen handelt, Mandarinenduft gibt uns Kraft und Stärke, seelische Wunden leichter zu überwinden, und es soll selbstzerstörerischen Tendenzen entgegenwirken. Wir gelangen zu innerem Frieden und können uns wieder mehr freuen. Wie bei allen Zitrusölen gilt: Nicht – z. B. in Körperölen gelöst – auf Hautstellen auftragen, die der Sonne ausgesetzt sind.

Melisse

Die Melisse treibt negative Gedanken aus, bringt uns wieder in Harmonie und stärkt unser Selbstbewusstsein. Ihr feines Aroma hellt auch die trübste Stimmung etwas auf und reinigt von missliebigen Einflüssen. Sie gibt Schutz und soll auch finanziell positive Wirkungen haben.

Minze

Minze benutzen wir als *Freiputzer* unserer Gedanken. Sie erfrischt den Geist, sorgt für innere Klarheit und verscheucht negative, bedrückende Vorstellungen. Sie reinigt und wird auch mit der Liebe in Verbindung gebracht. In afrikanisch geprägten Traditionen verwendet man Pfefferminzöl – es gibt ja noch andere Minzesorten – unter anderem, um eine Situation zu verändern bzw. zu wenden. Ich kann sie als ausgezeichnetes Mittel gegen Kopfschmerzen empfehlen. Einfach ein paar Tropfen auf die Schläfen und Stirn tupfen. Das Öl zieht den Schmerz förmlich aus dem Kopf. Nicht bei Kindern unter 6 Jahren verwenden!

Muskatellersalbei

Eine echte Harmoniepflanze! Sie reinigt, gibt Schutz und fördert unsere Entspannung. Man setzt sie ein, um Weisheit zu erlangen, um verständnisvoller zu werden und innere Ausgeglichenheit herzustellen. Nicht während der Schwangerschaft verwenden oder wenn du Alkohol getrunken hast!

Neroli (Orangenblüte)

Nicht ganz billig, haben wir hier wiederum ein Öl mit großer Wirksamkeit vor uns. Neroli hilft bei Ängsten, Unruhezuständen und wenn man sich unsicher oder verwirrt fühlt – und das ist in unserer heutigen Zeit ein leicht zu erreichender Zustand. Es fördert die innere Sammlung und reinigt die Atmosphäre. So zieht es Glück und Zufriedenheit wieder an.

Orange

Der weltweit beliebteste Duft erfrischt unsere Sinne und unseren Geist. Orangenduft macht gute Laune, fördert die Vitalität und reinigt von Negativem. Er wirkt sich positiv in Liebesdingen aus und soll beschwingt aphrodisieren. Außerdem hilft dieser Duft, Geld anzuziehen und Geld zu verdienen. Das steht zwar so in keinem Buch, aber meine persönliche Erfahrung zeigt es. Probiere es ruhig einmal aus.

Patchouli

Manch einem zu schwer, von anderen heiß geliebt, zieht Patchouli die erdigen Dinge des Lebens an: Lust, Kraft, Geld und Sinnlichkeit. Es hilft uns auch, uns wieder zu erden, sollten wir einmal unsere Bodenhaftung verloren haben. Man benutzt Patchouli, um Wünsche in Erfüllung gehen zu lassen. Ein kraftvoller, tiefer Duft von großer Wirksamkeit, der auch für Schutzrituale verwendet wird.

Petitgrain

... ist eine Zitrusfrucht und wirkt ähnlich wie Neroli bei seelischen Wunden und Ängsten. Es bietet uns Schutz und beruhigt mit seinem kraftvollen Duft die Nerven. Wir schöpfen wieder Kraft, werden konzentrierter und belebter. Petitgrain riecht ein wenig nach Bohnenkraut.

Rose

Natürlich für die Liebe! Rosenöl ist sündhaft teuer und nur schwer ohne – mehr oder minder deklarierte – Beimischungen, mit denen es gestreckt wird, zu bekommen. Es wirkt aphrodisierend, macht gute Laune und hilft, Vergangenes loszulassen. Des Weiteren soll es gegen Ängste wirken und den ganzen Menschen an sich harmonisieren. Man sagt, es macht das Herz frei und friedlich.

Rosmarin

Rosmarin ist nicht ohne Grund ein Klassiker unter den magischen Pflanzen, deckt er doch so viele Felder ab, die uns sehr wichtig sind. Wir nutzen sein Aroma für Liebe, Heilung, Schutz und Segen. Rosmarinduft gibt uns innere Stärke, hilft gegen Apathie und macht uns mutiger. Er hebt den Blutdruck, wärmt und regt die Willenskraft an. Wir können ihn auch zur Reinigung verwenden. Im rein spirituellen Bereich erfreut er sich großer Beliebtheit als Duft, um das

Bewusstsein auf eine höhere Ebene zu heben und neue Wege einzuschlagen. Doch auch wenn sich jemand an schwarzmagischen Aktionen die Finger verbrannt hat, ist es neben Drachenblut eine der wenigen Pflanzen, die hier zuverlässig helfen. Wenn man beispielsweise mit schwarzmagischen Ölmischungen in Berührung kam, können diese oftmals nur mit Hilfe von Rosmarinöl neutralisiert werden. Ich rate zwar vom Umgang mit schwarzmagischen Dingen in der Praxis grundsätzlich ab, aber eine Hexe darf die dunkle Seite auch nicht ganz verdrängen, um im Fall des Falles zu wissen, was zu tun ist, wenn jemand *schwarz* angegriffen wurde. Das müssen nicht immer *typisch* magische Angriffe sein, auch gewisse Blicke, verletzende Worte, Verleumdungen usw. sind Formen, jemanden magisch anzugreifen. Worte und die Sprache des Körpers haben auch ihre Macht! Die Grenzen zwischen Magie und realer Welt existieren nur in den Köpfen, sonst nirgends. Tu also mir und vor allem dir selbst einen Gefallen: Auch wenn es ein noch so widerwärtiger Mensch ist, mehr, als das zurückzuschicken, was er ausgesendet hat, ist nicht drin! Rosmarinöl nicht bei kleinen Kindern, Bluthochdruck oder in der Schwangerschaft verwenden!

Sandelholz

Eines meiner Lieblingsöle! Sandelholz ist der Duft für spirituelles Arbeiten schlechthin. Er unterstützt Meditationen, stattet uns mit Weisheit und Verstehen aus und hilft uns, die Transzendenz des Lebens zu erkennen. Außerdem findet dieser Duft auch für Heilrituale und aufgrund seiner aphrodisierenden Wirkung Verwendung. Sandelholz gleicht uns seelisch aus, stärkt innerlich und schafft ein rundum wohliges Gefühl.

Teebaum

Neben seinen vielfältigen Wirkungen in Kosmetika und der Körperpflege hat Teebaumöl auch magische Wirkungen. Es ist konzentrationsfördernd und sehr geschätzt, wenn man Negatives loswerden möchte. Teebaumöl kann als Schutz verwendet werden, gegen Menschen, die einem nichts Gutes wollen, und um die Aura zu reinigen.

Ylang-Ylang

Ein süßer, blumiger Liebesduft, der inneren Frieden bewirkt und Lust und Selbstvertrauen steigert. Daher sei es auch speziell Frauen, die gerne etwas mehr Lust hätten, empfohlen. Ylang-Ylang hilft gegen Ängste und Stress und macht, dass wir leichter von Dingen lassen können, die uns am Weiterkommen hindern, wie z.B. Eifersucht auf andere. Es erleichtert zudem die innere Sammlung und hellt die Stimmung auf.

Zedernholz

Ein herrlicher Duft! Zedernholz öffnet unsere Sinne für Spiritualität, gleichzeitig beschützt es uns auf unseren spirituellen Wegen. Es wehrt nicht nur Motten, sondern auch negative Einflüsse auf unser Leben ab, hilft uns bei der Erdung, stärkt und beruhigt die Nerven. Nicht in der Schwangerschaft verwenden!

Zitrone

Zitrone ist ein Muntermacher! Wir nutzen sie gegen Apathie, um wieder lebhafter zu werden und für Heilung und

Reinigung – besonders gut in mutlosen Zeiten, die jeden einmal heimsuchen. Zitronenöl erfrischt unseren Geist und macht auch die Seele wieder munter.

Räucherwerk

Zum Thema Räuchern könnte ich Romane verfassen. Das ist in meinem Beruf nicht gerade außergewöhnlich, aber ich werde trotzdem versuchen, mich im Zaum zu halten ... speziell was die Liste der Räucherkräuter betrifft. Es existieren so unendlich viele Pflanzen! Ihr Rauch vermag uns so viel zu geben, denn durch das Verglimmen holen wir den Geist einer Pflanze hervor. Wenn wir mögen, können wir dazu beten oder ein Ritual abhalten und so dem Rauch unsere Wünsche mit auf den Weg ins Unendliche geben. Räuchern kann man zu ganz verschiedenen Zwecken: Man kann sich ganz einfach nur am Aroma des Rauchs erfreuen, kann mit seiner Hilfe aber auch Negatives aus Räumen herausbekommen bzw. Positives anlocken. Dem Rauch lassen sich Wünsche übergeben, man kann ihm zusehen und aus seinem Aufstieg intuitiv wahrsagen (dazu noch später mehr) oder ihn einfach nur beobachten und genießen. Man kann die häusliche Umgebung für sinnliche Erlebnisse parfümieren oder sich selbst mit Rauch umfangen, um sich zu reinigen. Man füttert die guten Geister mit Rauch, und auch in der Verehrung unserer Ahnen spielt er eine sehr große Rolle. Welche Düfte dabei von welchen Geistwesen bevorzugt werden, darauf wird noch ausführlich eingegangen.

Rauch hat wahrscheinlich nicht nur mich schon als Kind fasziniert. Er macht die Bewegungen der Luft sichtbar, kräuselt sich durchs Zimmer und bleibt geheimnisvollerweise manchmal auf einer bestimmten Höhe im Raum *liegen*, wenn sich niemand durchs Zimmer bewegt.

Zum Glück hat meine Familie immer eine große Liebe für Räucherwerk gehabt. Dadurch kam ich schon recht früh damit in Berührung. Lotus, Jasmin und Sandelholz lagen bei uns ständig in der Luft, nachdem die Öffnung der deutsch-deutschen Grenze erst einmal vollzogen war. Unmöglich für mich, beim Duft einer bestimmten Sorte Jasminräucherstäbchen nicht an meine Familie zu denken. Diesen Effekt unseres Gehirns, Düfte so eng mit Emotionen und Gedanken zu verknüpfen, können wir uns auch ganz bewusst zunutze machen. Beispielsweise nach einem anstrengenden Tag – wir wollen abends noch etwas unternehmen – vermag uns der richtige Duft wieder fit zu machen für das, was noch kommt! Es ist wichtig, sich mit der Zeit eine kleine, persönliche *Duftapotheke* anzulegen. Einzig die persönliche Erfahrung zählt in diesem Zusammenhang, denn wie beim Geschmack lässt sich auch bei den Düften nicht streiten. Es gibt so viele Situationen und tagtägliche Einflüsse, denen man mit Düften begegnen kann! Ein Duft für die Liebe, einer gegen Stress, einer zum Entspannen, einer zum Beleben usw. Wähle aus, probiere! Neben zwei, drei Lieblingsdüften hat man immer mal wieder andere *Favoriten* im Regal. Man muss sich nicht festlegen – wie immer im Leben darf man auch hier offen sein und seinen Sinnen folgen. Wichtig ist jedoch, den Rauch nicht überzudosieren! Gerade Anfänger wundern sich immer wieder, wie viel Rauch aus so wenig Pflanze kommt. Denke auch an deine Haustiere und deren eventuell um einiges sensiblere Nasen.

Und auch Mischungen sind erlaubt. Diese sind wiederum eine Frage des Zweckes der Räucherung und der Erfahrung im Komponieren von Räucherwerken. Nur Geduld, mit der Zeit kann man das, ohne groß darüber nachzudenken.

Ein Tipp aus meiner Hexenküche: Mischt man mindestens 1/3 Harz(e) mit 2/3 Pflanze(n), dann braucht man für das Räucherwerk weder Kohle noch Stövchen. Man formt einfach einen kleinen kegelförmigen *Berg* und zündet ihn seitlich an. Er brennt kurz und verglimmt dann ganz von allein. Das funktioniert allerdings nur, wenn man die Räuchermischung zuvor ordentlich durch den Mörser geschickt hat. Das macht zudem viel Spaß und potenziert die magische Kraft! Auch wenn es in so manchem Buch empfohlen wird, die Vorstellung, magische Zutaten durch einen Mixer oder eine elektrische Kaffeemühle zu schicken, finde ich nicht besonders ansprechend.

Und noch etwas: Viele Menschen finden gerade die würzigeren Düfte anfangs etwas unangenehm. Ich glaube, hier verhält es sich mit den Düften wie mit dem Essen – wir sind oft so sehr an künstliche Aromen gewöhnt, dass wir die Schönheit des Echten zu schätzen erst wieder erlernen müssen. Viele Menschen – es ist erschreckend! – mögen nur süß, sahnig, sauer (gerade noch so) und salzig essen. Das ist ein bisschen wenig, wenn man bedenkt, wie viele verschiedene Genüsse die Natur uns schenkt.

Beim Rauch lässt sich dasselbe feststellen. Menschen, die bis jetzt hauptsächlich Erdbeerräucherstäbchen und Vanillekerzen benutzt haben – wogegen ich nichts sage! –, sind oft erst einmal regelrecht erschlagen von so manchem Harz oder Kraut. Lass dir also Zeit, und gib den Pflanzen eine Chance! Probier eine Räucherung mehrmals, denn so kann sich deine Nase an die neuen Düfte gewöhnen. Solltest du einen Duft zunächst nicht mögen, bist du vielleicht ein halbes Jahr später, z. B. im Winter, von deiner Stimmung her viel eher auf ihn eingestellt. Nimm dir die Zeit, um zu experimentieren. Sei ganz offen für deine Sinneseindrücke, und stecke sie nicht gleich in Schubladen, denn nur oft genug wandelt sich das Empfinden mit der Zeit.

Experimentiere auch, was die verschiedenen Sorten von Räucherstäbchen anbelangt. Manchmal ist es besser, seltener zu räuchern, dafür aber teurere und besser riechende Räucherstäbchen zu benutzen, die möglichst auch aus natürlichen Zutaten hergestellt sind. Hin und wieder landet man aber auch einen Glückstreffer und die gewählten Räucherstäbchen sind preiswert und gleichzeitig gut duftend. Ausprobieren, nur deine Nase entscheidet. Vermeide eingefärbte oder synthetisch parfümierte Räucherstäbchen! Das synthetische Parfüm erkennt man daran, dass man die Packung bloß bis zur Hälfte aufbraucht und der Rest in einer Schublade landet. Synthetische Räucherstäbchen mag man spätestens nach dem 5. Stäbchen nicht mehr riechen und fragt sich, wie man überhaupt auf die Idee kam, sie zu kaufen. Natürliche Räucherstäbchen können einem jedoch auch zu stark vom Duft her sein, aber man wird nie diesen inneren Widerwillen entwickeln, der bei synthetischen Räucherstäbchen ganz automatisch kommt.

Im Folgenden nun eine Auswahl gebräuchlicher Räucherwerke, die man in Verbindung mit Holzkohletabletten oder den sehr praktischen Räucherstövchen verräuchert. Manche Pflanzen kann man auch zu einem kleinen Knäuel zusammenrollen, dieses dann anzünden und verräuchern lassen oder, wie oben beschrieben, die Pflanzenteile mit Harz mischen.

Alant (Pflanze)

Alant wird im Volksmund auch Sonnenwurz genannt, und daran erkennen wir schon einiges bezüglich seiner Wirkung. Er hellt das Gemüt auf, wirkt antidepressiv, reinigt die Atmosphäre von Räumen und stärkt unser Selbstvertrauen. Des Weiteren desinfiziert er die Luft von Keimen und wird gegen das, was man unter dem Oberbegriff *böse Geister* zusammenfasst, eingesetzt. Ob er daher auch *schwiegermuttertauglich* ist, muss jede Dame selbst erproben. Man sagt, diese Pflanze sei da nicht chancenlos.

Angelika (Pflanze)

Findet sich in vielen Büchern auch unter Engelwurz, Angelika ist die lateinische Bezeichnung. Wir benutzen sie, wenn wir Schutz brauchen und sanft unsere Räume oder auch Gegenstände reinigen wollen. Sie hilft uns, großzügig zu sein und Vertrauen zu finden. Einen großen Namen hat sich diese Pflanze gemacht als Schutzkraut der Verstorbenen – sie hilft ihnen, Ruhe zu finden. Daher findet sie auch Verwendung, wenn man z. B. Poltergeister o. Ä. im Haus hat. Aber bitte stets liebevoll! Auch wenn sie nicht erwünscht sind und einen manchmal noch so sehr erschrecken, sollte man Geistwesen nicht so einfach *rausschmeißen*. Das ist sehr unhöflich.

Beifuß (Pflanze)

Beifuß ist ein ganz besonderes Kraut in der Magie. Es fördert die Intuition, gibt uns Schutz und kann zum Segnen verwendet werden. Wenn man traurig ist, hilft es, ebenso um Neuanfänge im Leben zu unterstützen. Zusammen mit Wacholder ist es das wirksamste Kraut, um mit den Ahnen in Kontakt zu treten und zu bleiben. Wenn du dich entschließen solltest, einen Ahnenschrein zu bauen, ist es das richtige Kraut, um dort verräuchert zu werden. Beifuß ist eine der größten Zauberpflanzen, ganz speziell für Frauen. Zum Glück kann man ihn fast überall finden und pflücken. Mache in der Magie nie den Fehler, den Wert einer Pflanze nach ihrem Ladenpreis zu bemessen! Ein kleiner, aus Beifußrispen gebundener Besen vermag einiges in den Händen einer Hexe zu bewirken!

Benzoe (Harz)

Dieser balsamische Duft ist einer meiner Lieblinge. Man verräuchert ihn für Wohlstand, Liebe und innere Reinigung. Wobei innere Reinigung ein sehr abstraktes Wort ist. Man könnte es auch mit Zentrierung, Ausgleichung, In-Harmonie-Bringen, Entspannen oder dem Wiedererlangen frischer Konzentration umschreiben. Benzoe schafft Geborgenheit und Wohlbefinden.

Ich liebe diesen Duft daher besonders, wenn ich mich platt, müde oder fahrig fühle. Er baut einen sanft auf, bis man wieder genügend Zeit hat, um sich richtig zu entspannen. Schließlich sind Hexen auch bloß Menschen.

Burgunderharz (Harz)

Dieser leicht moosige, erdige Duft ist nicht besonders bekannt. Burgunderharz ist jedoch sehr zu empfehlen, wenn wir störende Einflüsse zu bewältigen haben, da es nicht nur gegen diese eingesetzt werden kann, sondern auch noch gleichzeitig unsere innere Kraft fördert. Bei Erkältungen desinfiziert es die Luft.

Damiana (Pflanze)

Damiana verwendet man, wenn es um Lust und Leidenschaft geht. Wer es schon einmal probiert hat, schwört darauf. Aber verräuchere es achtsam, da der Geruch sehr an den einer gewissen, fünfblättrigen Pflanze erinnert und du sicher keinen Ärger haben möchtest. Man kann Damiana in Lebensmittelqualität auch als angenehmen Tee trinken.

Dammar (Harz)

... ist ein recht zitronig duftendes Harz, das man vor allem gegen Schwermut und Traurigkeit einsetzt. Wir alle kennen diese Zeiten, und dann ist es gut, wenn man einen solchen Seelentröster im Haus hat. Dammar wirkt auch schützend und reinigend und ist somit eine Pflanze erster Wahl, wenn es eine schwere Zeit zu überstehen gilt.

Drachenblut (Harz)

... ist der *Turbo* unter den Räucherharzen. Ich habe in einem englischsprachigen Magiebuch den schönen Ausdruck *Go-Power* dafür gelesen und empfinde das als sehr zutreffend. Schon an seiner intensiv roten Farbe, die auch als Pigment in der Malerei Verwendung findet, können wir die hohe Wirksamkeit erkennen. Mit Drachenblut arbeiten wir schützend gegen extrem negative Kräfte und Einflüsse. Es duftet sehr herb und kann daher auch mit anderem Räucherwerk gemischt, quasi verdünnt werden, wenn dieses ebenfalls zum geplanten Ziel der Räucherung passt. Es ist auch ein Räucherwerk der Leidenschaft – durchaus sexuell! – und des Mutes, das allen anderen Räucherkräutern als eine Extraportion Power beigemengt werden kann.

Eiche (Rinde)

Eichenrinde findet man oft in Kräuterhandlungen. Verräuchert wird es für Geld und Wohlstand, jedoch auch in seiner wichtigen Eigenschaft, einen in Sachen Durchhaltevermögen und innerer Zähigkeit zu unterstützen. Das hat damit zu tun, dass Eichen bei Stürmen kaum schwanken und man diese Eigenschaft auf sich selbst übertragen möchte.

Eisenkraut, auch Verbene oder Zitronenverbene (Pflanze)

Ein Liebling der Hexen und in früheren Zeiten Gastgeschenk unter Königen: das Eisenkraut. Diese Pflanze hat eine hohe magische Kraft und ist äußerst vielseitig einsetzbar, für die Liebe, für Geld und Glück, aber auch für Schutz und Gerechtigkeit. Des Weiteren ist es eine gute Wahl, um nach einem Streit die Beziehung wieder zu kitten. Eisenkraut lässt sich vielen Räucherwerken beimischen, um ihnen eine extra Portion magischer Energie zu geben. Ich empfehle es auch als Tee, denn es schmeckt nicht nur gut, sondern ist, ähnlich dem Helmkraut, ein sehr gutes *Nervenfutter*.

Elemi (Harz)

Dieses Harz erfrischt und regt den Geist an! Man benutzt es zum Klären der Gedanken und zur Reinigung von negativen Anhaftungen. Besonders zu empfehlen, wenn man schlechten Besuch hatte und die energetischen *Reste* der Besucher aus der Wohnung bzw. dem Haus verscheuchen möchte. Außerdem fördert es die Fähigkeiten zum Wahrsagen. Elemi ist eines der wenigen Harze, die nicht fest, sondern eine Art Paste sind.

Eukalyptusblätter (Pflanze)

... beruhigt uns, wenn die Gefühle überschäumen, und sorgt dafür, dass wir wieder zur Ruhe kommen und uns innerlich ordnen. Eukalyptus gehört ebenfalls zu den Schutzpflanzen, wird jedoch ganz besonders als Heilungsräucherwerk geschätzt, wo er kaum zu übertreffen ist.

Gewürznelke (Blüte)

Gewürznelken sollte man als Räucherwerk nicht zu hoch dosieren, da sie sonst Kopfschmerzen verursachen können. Niedrig dosiert geben sie uns Sonnenkraft und helfen in Sachen Gesundheit, Liebe und Geld. Auch um Freundschaften zu befördern, um Schutz zu errichten und zur Unterstützung beim Orakeln, sind sie wunderbar geeignet.

Guggul (Harz)

... spielt vor allem in der indischen Spiritualität eine Rolle und wird gerne bei ayurvedischen Kuren benutzt. Es hat einen weichen, etwas süßlichen Duft, den wir zur Unterstützung unseres spirituellen Wirkens und unserer Weisheit nutzen. Wer sich für indische Spiritualität interessiert, kommt an Guggul nicht vorbei. Es ist aber auch ein wundervoller Duft, um abends zu entspannen, und gehört zu den indischen Verjüngungsmitteln.

Gummi Arabicum (Harz)

... ist das Harz von Akazien und vor allem für den Schutz und Segen von Haus und Heim zuständig. Daher auch eine gute Wahl vor und nach Umzügen! Es reinigt die Stimmung, die in einem Raum herrscht und schützt das Zuhause vor unliebsamen Personen oder Ereignissen.

Iris (Wurzel)

Sie dient der Liebe und der Anziehung des anderen Geschlechts. Natürlich kann man aber auch das eigene Geschlecht damit locken, ganz nach Vorliebe. Ein wenig von ihrem Duft unterstützt die (Liebes-)Wahrsagerei, sie harmonisiert und inspiriert uns und schützt uns vor bösartigen Wesen.

Kalmus (Pflanze)

... ist ein Glückspflänzchen! Wir verwenden es aber nicht nur, um Glück anzuziehen, sondern auch um zu reinigen und um Meditationen mit seinem Duft zu unterstützen. Bitte nicht zu viel verwenden, es ist sehr intensiv!

Kiefernnadeln bzw. -harz

Wer weiß, wie eine Kiefer aussieht, kann es auch selbst sammeln. Aber nie zu viel und bitte immer dem Baum ein kleines Dankeschön hinterlassen, z. B. einen Apfel oder Ähnliches. Kieferndufl treibt Negatives gründlich aus, reinigt und wird für Heilungszwecke und zur Geldmagie eingesetzt. Es hat dieselben Eigenschaften wie Fichtenharz, was die eventuelle Verwechslung der Baumarten durch den ungeübten Großstädter nicht ganz so gravierend macht.

Kopal (Harz)

Kopal erfreut sich zu Recht großer Beliebtheit. Sein Duft ist weich und warm, mit einem Hauch von Zitrone. In Mexiko gehört Kopal zu den beliebtesten Räucherwerken – und die Mittel- bzw. Südamerikaner verstehen etwas von Magie. Es wird dort *Pom*, d. h. *Gehirn des Himmels* genannt (Quelle: Rätsch). Daher ist es gerade für geistige und spirituelle Arbeit eine ideale Unterstützung. Es reinigt innerlich, wirkt klärend auf den Geist und hilft gegen negative Gedanken. Außerdem wird es auch mit der Bitte um Schutz vor Bösem verräuchert.

Ich finde Kopal ideal, wenn man einen zerstreuten Tag erwischt hat, an dem es jedoch viel zu tun gibt, da es die Gedanken wieder *zusammenzieht*.

Kyphi

... ist keine einzelne Pflanze, sondern eine reichhaltige Räuchermischung. Im alten Ägypten begann die Herstellung von Kyphimischungen, die sich für vielerlei Dinge eignen. Da Kyphi eine ganz wunderbar ausgleichende und Gutes anlockende Wirkung hat, möchte ich es erwähnen. Gottheiten, speziell die ägyptischen, schätzen ihn sehr, doch man kann sich auch für sich selbst am weichen, samtig süßen Duft erfreuen. Dieser Duft hat eine zutiefst entspannende und kräftigende Wirkung. Kyphi kann immer etwas anders riechen, denn seine 10-20 Zutaten können variieren. Bestimmte Zutaten, wie etwa ein paar Tropfen Honig, wird man aber in jedem Kyphi finden.

Ein bewährtes, altes Rezept will ich an dieser Stelle natürlich nicht vorenthalten:

3 Teile Weihrauch
3 Teile Myrrhe
2 Teile Rosenblütenblätter
2 Teile Benzoe
2 Teile Moschuskörner
1 Teil Zimt
1 Teil Ingwerpulver
1 Teil Sandelholz, gemahlen
1 Teil Zedernholz, gemahlen
1 Teil Wacholderbeeren
ca. 5 Rosinen
2-3 Tropfen Honig
2-3 Tropfen Wein

Die Zutaten gut vermischen und vor Gebrauch etwa zwei Wochen durchziehen lassen. Es empfiehlt sich, nicht zu kleine Mengen zuzubereiten, denn Kyphi ist doch recht aufwendig.

Lorbeer (Pflanze)

Die Pflanze des Erfolges. Lorbeer hat ein sehr markantes Aroma, und man muss ein bisschen aufpassen, wenn man die Blätter ganz verbrennt, da sie kleine züngelnde Stichflammen entwickeln. Dafür brauchst du bestimmt keine Räucherkohle – halte einfach ein Blatt in ausreichendem Abstand über eine Kerzenflamme, und es verräuchert ohne Probleme. Stelle aber sicherheitshalber eine Schale daneben, falls die Flamme doch einmal überspringt, damit du es fallen lassen kannst! Dieser Duft zieht Geld und geschäftliche Erfolge an, schützt uns vor Negativem und wird traditionell auch zum Orakeln verwendet. Daneben ist sein Rauch vorteilhaft, wenn man am eigenen spirituellen Wachstum arbeitet, da er sanft unterstützt und dafür sorgt, dass die Türen nicht zu schnell aufgerissen werden, hinter denen sich die Dinge jenseits des Materiellen verbergen. Denn das kann mehr Schaden anrichten, als ein Segen sein. Auch das persönliche, innere Wachstum wird beflügelt.

Mädesüß (Pflanze)

Beim Mädesüß finden wir wieder einmal die Wirkung im Namen angedeutet. Mädesüß ist die unterstützende Pflanze junger Mädchen und Frauen. In der Umbruchszeit von Pubertät, Schulabschluss bzw. Ausbildungs- oder Studienanfang kann diese Pflanze eine gute Hilfe für junge Frauen sein. Und auch allen anderen steht sie hilfreich zur Seite: beim Wunsch nach glücklichen Zeiten, für Neuanfänge aller Art im Leben, beim Wahrsagen und generell zur Förderung der Intuition.

Mastix (Harz)

... ist ein balsamisch duftendes Harz. Es fördert den inneren Ausgleich und ist daher eine gute Wahl in stressigen Zeiten. Man verwendet es auch als Zusatz anderer Räucherwerke, um deren Kraft zu verstärken. Retsinawein wird mit Mastix aromatisiert.

Moschuskörner (Frucht)

Moschuskörner sollte man vor der Verwendung im Mörser zermahlen, sonst verhalten sie sich beim Verräuchern wie Popcorn. Wir nutzen sie für Entspannung, Liebe und Sinnlichkeit. Ganz besonders in erotisch flauen Zeiten können sie, ähnlich dem Damiana, ganz erheblich die Stimmung verbessern, wenn man in dieser Zeit täglich etwas von ihrem Rauch genießt. Auch wenn sich Frauen (oder Männer) mit anerzogenen sexuellen Hemmungen herumschlagen, die sie gerne sanft überwinden möchten, ist ein regelmäßiger Gebrauch vom Duft der Moschuskörner hilfreich.

Myrrhe (Harz)

… gilt als weibliche Ergänzung zum männlichen Weihrauch. Dies beruht auf der Zuordnung der beiden Pflanzen: Myrrhe gehört zum weiblichen Prinzip des Mondes und Weihrauch zur männlichen Sonne. Ganz besonders wirkungsvoll sind also Mischungen von Weihrauch und Myrrhe. Myrrhe allein verwenden wir zur Stärkung unserer Intuition und als hilfreichen Duft bei Meditationen. Sie fördert den inneren Frieden mit uns selbst und wird auch für Heilungsräucherungen und Weihungen von Gegenständen oder Orten benutzt. Myrrhe riecht ein bisschen nach Rosinen, schwül und warm – sehr orientalisch!

Myrte (Pflanze)

Myrte ist auch als Immergrün bekannt und wurde früher den Bräuten als Zeichen der Unschuld als Kranz ins Haar gebunden. Wie unschuldig die Bräute waren, sei dahingestellt, aber bis heute schenkt die Myrte Ausgeglichenheit und wird für Liebe, Geld und Wohlstand verräuchert. Bei dieser Kombination von Eigenschaften ist sie natürlich ideal für Ehepaare und Verliebte.

Orangenschale (Frucht)

Wenn getrocknete Orangenschalen verbrennen, sieht das lustig aus. Sie sind für *sonnige* Räucherungen geeignet, für Glück, Freude, Liebe, Freundschaften und auch zum entspannten Wahrsagen. Bitte beim Einatmen dieses feinen Dufts darauf achten, dass er auch ungespritzten Orangenschalen entströmt – wer weiß, was du sonst einatmest …

Palo Santo (Holz)

... ist ein ganz spezielles, heiliges Holz, das du seitlich anzündest, auswedelst und dann wie ein Räucherstäbchen verglimmen lassen kannst. Es riecht krautig warm und reinigt jeden Raum von Negativität. Palo Santo ist auch wunderbar, um Dinge zu weihen und in Sachen Schutz. Wenn man mal nicht weiß, wie es weitergehen soll - unabhängig vom Thema -, einfach früh und abends ein wenig davon verräuchern.

Patchouli (Blätter)

Sanfter als das Öl duften diese Blätter herrlich nach Wald, Orient, Sinnlichkeit. Ein warmes Räucherwerk, das wunderbar erdet, entspannt und sehr aphrodisierend wirkt. Wer Patchouliöl absolut nicht mag, trotzdem aber auf die magischen Wirkungen, z. B. Geld, Liebe, Erotik, Anziehung von Dingen, nicht verzichten möchte, der sollte die Blätter als Räucherwerk oder beispielsweise als Zutat für magische Säckchen benutzen.

Rosenblätter (Blüte)

Ein zarter, sehr warmer Duft. Er besänftigt das Gemüt, entspannt wunderbar am Abend und wird für Liebe und Harmonie verwendet. Muss man zur Rose noch etwas sagen?

Rosmarin (Pflanze)

... macht munter! Er wirkt gegen Traurigkeit und Kummer, verscheucht negative Geister und Gedanken und gibt uns Schutz. Wir benutzen ihn für Neuanfänge im Leben, um

Heilungen zu unterstützen und um Liebe zu finden. Er erfrischt den Geist und wirkt trotz seiner Würzigkeit auch ein bisschen aphrodisierend. Rosmarin ist außerdem eine außerordentlich reinigende Pflanze.

Safran (Blüte)

Ein teures Räucherwerk, aber er ist seinen Preis auch wert! Safran zieht das Glück magisch an, er öffnet unser Herz für Liebe und Lust und stärkt auch unser spirituelles Bewusstsein. Da er allein geräuchert ziemlich schnell verfliegt, lieber mit anderen Pflanzen kombinieren, die auch zum Thema der Räucherung passen!

Mit Safran kann man auch einen wunderbaren Glückstrunk brauen. Dafür braucht man lediglich ein hübsches Glas, eine Messerspitze Safran und lauwarmes Wasser. Man lässt den Safran in das Glas mit dem warmen Wasser gleiten und etwas ziehen. Nach ca. 5 Minuten rührt man dreimal im Uhrzeigersinn um, konzentriert sich auf das, was man sich an Gutem wünscht, und trinkt das Glas aus. In schweren Zeiten und wenn es das Geld zulässt – Safran ist nicht gerade billig! –, am besten jeden Tag machen.

Salbei (Pflanze)

... ist eine sehr wichtige Räucherpflanze. Selbst wenn alle Stricke reißen, Salbei sollte immer zum Räuchern im Haus sein. Salbei verfügt über außergewöhnlich starke Reinigungskräfte, gibt uns Schutz und wird auch in der Geldmagie verwendet. Zur Heilung sowie zur Förderung der Konzentration und der Spiritualität wird er ebenfalls genutzt. Zusammen mit Beifuß, Eisenkraut und Wacholder gehört er zu den magischsten Räucherpflanzen, die es in unseren Breiten gibt. Es muss nicht immer was Exotisches sein! Durch die Pflanzen, die hier wachsen, sind wir mit den uns umgebenden Kräften verbunden und können so oft die wirkungsvollere Magie weben.

Styrax, auch Storax (Harz)

... wird meist auf Holzkohle geträufelt verkauft, weil es sehr klebrig ist. Es duftet wunderbar nach Vanille und Zimt, süß und balsamisch. Der ideale Duft für einen kuscheligen Abend, egal ob allein oder zu zweit! Mit Styrax ziehen wir Liebe und Romantik an. Er vertreibt negative Gedanken und Kummer. Auch zum Segnen wird es gerne gebraucht. Gerade Frauen lieben seinen süßen, angenehmen Duft. Wer Styrax kauft, kann kaum schiefliegen mit dieser Wahl.

Tonka (Frucht)

... ist ebenfalls vanillig, jedoch mit einer sehr krautigen Note. Im Mörser zerstoßen, entfaltet das Pulver seinen einmaligen Duft beim Räuchern. Entgegen anders lautender Gerüchte ist Tonka jedoch nicht essbar! Tonka ist als Wunschbohne berühmt geworden und das nicht zu Unrecht. Man kann sie in einen Fluss werfen und sich dabei etwas wünschen. Die Brackwasser führende Saale beispielsweise mag zwar offenbar lieber anderes, aber vielleicht hast du ja einen Fluss oder Bach in der Nähe, der Tonkabohnen zu schätzen weiß. Geräuchert werden sie für alle Belange, die mit Geld, Liebe und Glück zu tun haben. Sie sind magisch sehr wirksam, und es soll finanzielles Glück bringen, eine Tonkabohne, die einem geschenkt wurde, in seine Geldbörse zu legen.

Wacholder (Frucht)

... spielt eine wichtige Rolle in der Ahnenverehrung. Er ist eine außergewöhnlich starke Schutzpflanze, reinigt die Umgebung und klärt die Gedanken. Man kann ihn gegen jede Art von negativem Einfluss verwenden. Wacholder desinfiziert die Raumluft beim Räuchern, kräftigt und wird auch in Sachen Liebe gerne verwendet, wenn Dinge aufgelöst werden sollen oder in falsche Bahnen laufen. Auch die alten Göttinnen lieben Wacholder.

Weihrauch, auch Olibanum (Harz)

... gibt es in verschiedenen Sorten - meist nach Herkunftsland unterschieden - und Qualitäten. Von balsamisch bis schwer kann er viele verschiedene Nuancen im Duft haben. Weihrauch kann man im Grunde für jede Räucherung verwenden, so vielseitig ist er. Ganz besonders natürlich, was die Themen Spiritualität, Meditation und Kommunikation mit Geistwesen betrifft. Er segnet, schützt und umgibt uns mit einem wohligen Gefühl. Wer noch keine Erfahrung mit Weihrauch hat, dem würde ich raten, die hellen Sorten (Olibanum-) Eritrea oder Somalia auszuprobieren, die einen frischen, zitrusartigen Duft haben. Ich mag diese Sorten sehr als Duft für die Wohnung. Vorsicht jedoch: Oft ist ein Krümel genug für ein ganzes Zimmer! Wer noch nicht viel Erfahrung mit Räucherharzen hat, wird sich anfangs sehr wundern, wie viel da *rauskommt*.

Ysop (Pflanze)

... ist ein wertvoller Helfer auf unserem Weg, denn er hilft uns, ehrliche Einsichten zu gewinnen. Das ist eine sehr kostbare

Eigenschaft. Des Weiteren können wir ihn verwenden, um zu segnen und zu reinigen.

Zimt (Rinde)

... zieht Geld und Lebensfreude an. Er schützt die Liebe und fördert die Lust. Auch für Heilräucherungen wird Zimt gerne verwendet, denn er wärmt und stärkt. Gerade in angespannten Zeiten regt er den Körper sanft an und hilft, wenn wir uns innerlich oder in den Fingerspitzen und Füßen kalt fühlen. Daher ist er auch als Gewürz sehr zu empfehlen. Die beliebten Yogi-Tees enthalten viel Zimt und anregende Gewürze – vor allem Frauen mit winterkalten Händen profitieren davon. Zimt fördert auch bei Stress und Anspannung die Durchblutung.

Schutz und Reinigung

Du wirst es sicher schon bemerkt haben: Fast jede der Pflanzen ist u. a. für Schutz und Reinigung geeignet, doch solche Begriffe sind abstrakt und schnell gelesen. Bei Liebe oder Geld weiß jeder, worum es geht. Wer war noch nicht auf der Suche danach? Schutz und Reinigung hingegen sind abstraktere Begriffe, die man schnell überliest.

Des Schutzes bedürfen nicht nur dunkle, abgelegene Heimwege – dort ist mehr als nur die Unterstützung von Räucherungen angemessen. Schutz kann auch bedeuten: Schutz vor Unfällen, vor Menschen, die uns die Stimmung vermiesen oder z. B. Viren auf unseren Computer schleusen wollen. Man sollte nie in Paranoia verfallen, aber die Welt ist oft nicht halb so nett, wie wir sie gerne hätten. Es gibt leider reichlich Betrüger, Neider und unsympathische Menschen, die ihre Lebensenergie daraus ziehen, sich über andere zu erheben, wenigstens aber deren Zeit oder Kraft zu stehlen. Man fasst sie gemeinhin unter dem Begriff *Energievampire* zusammen. Solange man von ihnen verschont bleibt, ist alles bestens, aber wehe, sie treten in dein Leben! Dann ist es wichtig, sich zu helfen zu wissen. Sich gegen sie zu verteidigen, hat nichts mit Schwarzer Magie zu tun, es ist schlicht Selbstverteidigung, und dazu haben wir nicht nur das Recht, sondern auch die Pflicht! Wenn wir uns nicht selbst beschützen, wer dann? Die Ritter auf den weißen Pferden sind sehr selten und meist gerade nicht zur Stelle ...

Wenn du nun grübelst, an welche Energie du dich konkret halten kannst, um um Schutz zu bitten, kannst du – bei christlicher Prägung – einen geeigneten Heiligen suchen oder die Mutter Maria bitten. Ich kenne eine ganze Reihe *christlicher Heiden,* ein Widerspruch in sich, das mag sein. Aber manchen Menschen ist der Schritt in die freie Spiritualität aus ganz verschiedenen Gründen (noch) unangenehm. Sie möchten die Religion, mit der sie erzogen wurden, nicht ganz ablegen, sind dem *neuen* Alten gegenüber aber sehr aufgeschlossen. Ich möchte diese Menschen nicht außen vor lassen. Sie haben zwei spirituelle Heimaten in sich, das ist für sie selbst oft schwer genug. Und da ich spirituelle Ausgrenzung fürchterlich finde, schreibe ich so etwas hier mit dazu. Frauen – und ganz besonders Hexen – steht auch Hekate zur Seite. Oft genug ist sie bis heute als finstere Unterweltgöttin verschrien. Das ist jedoch nur einer ihrer Aspekte und beschreibt ihre Funktion als Geleiterin durch die Tiefen unserer Seele, wo wir von Zeit zu Zeit hingehören, um – manchmal auch schmerzhaft – zu wachsen. Eigenartigerweise werden die dunklen

Göttinnen gerade in der Esoterikszene gerne verniedlicht. Menschen, die davon reden, wie böse unsere Gesellschaft doch ist und die schwarze, dunkle Göttinnen ausblendet, erklären diese Göttinnen im selben Atemzug für durchweg freundliche, wenn auch etwas düstere Geschöpfe. Die Dunklen sind aber nicht nur lieb und freundlich. Sie können es sein, wenn sie wollen. Doch Bestechung gibt es bei ihnen nicht. Sie sind auch Göttinnen der Toten, unsere Angst vor dem Tod allerdings lässt uns nur zu oft die Totengöttinnen als sehr entfernt von ihrer ursprünglichen Rolle erscheinen. Geht es darum, Frauen und Hexen zu beschützen und Menschen, die ihnen etwas angetan haben, ihrer gerechten Strafe zuzuführen und ihnen unliebsame Zeitgenossen vom Hals zu halten, so ist Hekate die Ansprechpartnerin erster Wahl. Wenn eine bestimmte Grenze überschritten wurde, haben wir das natürliche Bedürfnis nach Schutz – und den sollten wir uns dann auch holen.

Reinigungsräuchern kann man ebenfalls zu unterschiedlichen Zwecken nutzen. Hier geht es ganz ähnlich wie beim Schutz darum, sich von etwas zu befreien. Der Schutz ist sozusagen prophylaktisch oder für einen akuten Fall, bei dem man Reinigungen im Nachhinein anwendet. Hat man ungebetenen Besuch, einen schlechten Tag, schlecht gelaunte Menschen um sich, hat man eine Pechsträhne oder fühlt man sich einfach nur mies, sollte man es mit einer Reinigung versuchen. Natürlich ist Rauch nur eine unter vielen Möglichkeiten, sich zu reinigen. Er bietet den Vorteil, dass man nicht nur äußerlich, sondern durch seinen Duft auch innerlich über das Einatmen reinigt. Man kann dazu den Rauch um seinen Körper herumfächeln oder den Raum mit Rauch füllen. Es ist nicht nötig, den Rauch dabei extra zu inhalieren, das geschieht ganz automatisch nebenbei.

Hat man eine Reinigungsräucherung beendet und sind die Pflanzen verglüht, so öffnet man das Fenster und lässt alles, was man loswerden wollte, mit dem Rauch hinauswehen.

Einen kleinen Tipp noch, bevor wir zum nächsten wichtigen Thema kommen: Wann immer du räucherst oder mit Düften arbeitest, tu das nicht nur an den fixen Stellen, die du dir dafür ausgesucht hast. Viel günstiger wirkt es sich auf das gesamte Klima deiner Wohnung aus, wenn du mal hier, mal da räucherst oder *beduftest,* denn alle Teile unserer Wohnung sollten über diesen Weg hin und wieder mit Energie aufgeladen werden.

FÜNF

Geldzauber – die Energie des Materiellen

Ich war schon unzählige Male pleite,
aber arm war ich nie.

Money, Money, Money ...

... must be funny! Geldzauber gehören neben Liebeszaubern zu den gefragtesten Anliegen der Menschen. Geld, Wohlstand, Armut, Schulden, Reichtum – keiner dieser Begriffe wird unsere Emotionen ungeweckt lassen. Wie unglaublich emotionsbeladen Geld ist, erfuhr ich an mir selbst, als ich für einen Geldzauber einen Schein in den Fluss warf. Es hatte mich vorher innerlich richtig aufgewühlt, und ich führte den Zauber erst aus, als ich wieder innere Ruhe verspürte und die Macht des Scheins über mich erloschen war. Und siehe da, es funktionierte!

In der Magie wie auch im Leben gibt es immer ein Problem, sobald du annimmst, keine Handlungsmöglichkeiten zu haben, und wenn dein Vertrauen in die feinen Netze des Schicksals so erschüttert ist, dass du die Hilfe aus der spirituellen Welt gar nicht mehr annehmen kannst, sie nicht mehr siehst, blind und gefangen in Sorgen bist. Das Schlimmste daran ist nicht einmal, dass du pleite bist, sondern es ist deine Angst, die dich lähmt und somit auch auf der spirituellen Ebene handlungsunfähig macht. Wenn du deinen Kopf zumindest für die Dauer eines Rituals nicht frei von den Sorgen machen kannst, wirst du nichts ausrichten. Du steckst zu tief im Gegenteil von dem, was du anstrebst, um seine Energie rufen zu können. Negatives zieht Negatives nach sich.

Wie aber die Panik und die Sorgen loswerden? Am besten hilft in vielen Fällen paradoxerweise, sich das Übel genau anzuschauen. Was passiert im schlimmsten Fall? Wie genau sähe das aus? Schau dem Dämon in die Augen, nur so kannst du deine Angst mildern! Such auch auf tiefer liegenden Ebenen. Wenn du generell ein Problem damit hast (dir selbst) zu vertrauen, ist dieses Muster sicher auch im finanziellen Bereich vorhanden. Für viele Menschen ist Geld ein unbewusstes Symbol für Sicherheit, die ihnen gefühlsmäßig auch in ganz anderen Bereichen abhanden kommt, wenn es finanziell einmal nicht ganz so rosig aussieht. Daher habe ich nicht nur rituelle, sondern auch kreative Techniken in die folgenden Tipps mit aufgenommen, damit die Seele entspannen kann, den Mangel kreativ bearbeiten kann und so Wandlung bewirkt wird. Denn das Kaninchen hat wenig Chancen, wenn es die Schlange nur gebannt anstarrt.

Für die magische Wandlung sind neben der seelischen, positiven Umpolung noch ein paar andere Dinge wichtig. Ich nenne sie die goldenen Regeln, das passt gut zum Thema Finanzen. Wenn du sie beachtest, hat dein Zauber erfahrungsgemäß große Chancen, wirklich etwas zu bewirken!

Du musst eine positive Grundhaltung einnehmen. Und

wenn du nur eine halbe Stunde gute Laune am Tag hast, dann warte genau diese halbe Stunde ab! Es schadet deinem magischen Vorgehen auf keinen Fall, auch all die negativen und diffusen Gefühle in Bezug auf die Finanzen zu untersuchen. Du kannst das sogar zum Thema eines eigenen Rituals machen, um den Kopf freizubekommen. Aber wenn du positiv aufbauend für deine Finanzen arbeiten möchtest, braucht es eine fröhliche Note dazu. Ich habe noch nicht gehört, dass Geistwesen auf eine essigsaure Anrufung erfreut reagiert hätten. Wenn du möchtest, dass man dir hilft, dann unterhalte die Geister gut und auf fröhliche Weise, und sie werden sehen, was sich für dich machen lässt.

Gleiches zieht Gleiches an oder *Von nichts kommt nichts!* – es ist wichtig, nicht nur nach magischen Korrespondenzen zu schauen, sondern auch danach, was für dich persönlich mit dem Thema Geld positiv verknüpft ist. Eine Bekannte von mir kauft sich in finanziellen Krisenzeiten jeden Tag eine Nelke und stellt sie daheim in eine Vase. Da sie Nelken sehr mag, *programmiert* sie sich damit unbewusst positiv *um,* und die Pechsträhne bleibt nicht lange. Der unerschöpfliche Fundus der Sprichwörter leistet ebenfalls gute Dienste, bei *Geld wie Heu, Schotter, Asche* oder *Kohle* liegen die Verbindungen auf der Hand. Du kannst auch mit Spielzeuggeld, Pyrit (Katzengold, ein goldener Stein), einem Dickblatt (auch als *Fette Henne* bekannt) und manch Kreativem mehr Geld anlocken. Oder du gehst es etwas leichter an …

… denn Geld ist abstrakt, Wünsche sind magisch-sinnlich. Im magischen Universum ist Geld ein herrliches Spielzeug, an sich nichts wert. Erst durch unsere Einschätzung wird es wertvoll. Wird es entwertet, z. B. in wirtschaftlichen Krisenzeiten, droht die Katastrophe. Da Geld so emotionsbeladen ist, narren uns die Wesen der geistigen Welt gerne damit. Jeder geldgierige Manager ist eine Marionette von Wesenheiten, von deren Existenz er vermutlich nicht mal etwas ahnt. In solchen Fällen macht der Besitz wie im Sprichwort besessen und ist alles andere als ein Segen. Man muss sich aber auch nicht fürchten, selbst wenn die Schreckgespenster in Form von Engpässen oder Unsicherheiten anklopfen. Lass das Geld außen vor, und konzentriere dich auf deine Wünsche! Rede im Ritual über die Reise, zu tilgende Schulden, über die Kleidung, Einrichtungsgegenstände, oder was auch immer es ist. Geh praktisch an das Thema heran! Damit lässt sich um einiges leichter der sprichwörtliche Blumentopf gewinnen, als wenn du der geistigen Welt nüchterne Zahlen präsentierst. Mit denen wirst du wenig Begeisterung für dein Anliegen wecken können. Aber wenn es um sinnlich greifbare oder erlebbare Dinge geht, dann verändert sich der magische Energiefluss schlagartig. Das Ziel sind nicht mehr diffuse Geldsummen, sondern konkrete Ziele. Das streut die Energie nicht unnötig, sondern klärt das Wesentliche am Geldwunsch und macht somit den Weg frei, was nicht unbedingt bedeutet, schlichtweg Geld in die Tasche zu bekommen. Vielleicht gewinnst du die Reise, oder jemand schenkt dir seine Küche fast unbenutzt, weil er umziehen muss – die magischen Hebel arbeiten nicht unbedingt menschlichen Erwartungen entsprechend.

Das ist auch der Grund, warum Magie nicht immer funktioniert. Denn die magische Ebene verhält sich nach völlig anderen Gesetzen als unsere gewohnte materielle Welt. Wenn die Kommunikation nicht stimmt und man es nicht schafft, sich in der Mitte zwischen den Welten zu treffen, ist es schwer, mit Hilfe der magischen Welt etwas zu verändern. Kein Wunder also, dass verspielte, fröhlich verrückte – *verrückt,* also ein Stückchen von der normalen Welt ins Zwischenreich getreten – und kreative Rituale so beliebt bei den Geistwesen sind, dass sie gerne deine Wünsche erfüllen. Wann gibt's das nächste Fest? Jetzt wird auch verständlich, dass lange Litaneien, heruntergebetete und auswendig gelernte Rituale und starre Abläufe vielleicht manchen Menschen erfreuen mögen, in der geistigen Welt jedoch ein herzliches Desinteresse auslösen und sich höchstens ein paar Spukgeister einen Spaß daraus machen, die so ernsthaften Personen ein bisschen zu necken. Was diese natürlich nicht als solches erkennen, sondern äußerst mystisch zu deuten versuchen.

Der Umgang mit Geld sollte ein liebevoller sein, und damit meine ich die ganz konkreten Scheine und Münzen. Ich habe einmal eine alte Dame getroffen, die im Brustton der Überzeugung zu mir meinte: Ich parfümiere meine Scheine immer ein, und sie sind bis jetzt immer wieder zu mir zurückgekommen. Kein schlechter Ansatz, denn wer sein Geld nur als Zahl auf dem Konto, Überweisungsbeleg und Kassenzettel nach bargeldlosen Zahlungen begreift, der hat natürlich ein Problem mit dem sinnlichen Zugang zu diesem Thema. Dann geht es allerdings um Zahlen, nicht um Geld, was sicherlich auch Spaß machen kann in der magischen Arbeit.

Bemerkenswert ist, dass diese ältere Dame ganz instinktiv etwas Magisches tat. Sie beduftete ihr Geld und versah es mit guten Wünschen. Auch wenn sie es im Traum nicht so bezeichnet hätte, sie hat damit schamanisch gehandelt und das Geld gleichzeitig von Negativität gereinigt. An kaum etwas kleben so viele Wünsche, Ängste, Hoffnungen, klebt so viel Neid, Gewalt, Betrug oder Umweltzerstörung, Verbrechen und Oberflächlichkeit wie am Geld. Und all diese Energien reisen mit den Scheinen und Münzen, die an sich natürlich völlig *unschuldige* Stücke buntes Papier und rundes Metall sind. Im Grunde reicht es für einen erfolgreichen Geldzauber manchmal schon, Münzen und Scheine zu rufen und ihnen zuzusichern, dass sie magisch gereinigt, liebevoll behandelt und fröhlich weitergegeben werden, also erfrischt weiterfließen dürfen. Eine solche Reinigung kann beispielsweise darin bestehen, dass du Münzen in lauwarmem Wasser mit frischem Duschbad wäschst, dem du etwas Zitronen- oder Lavendelöl beigegeben hast. Scheine hingegen kannst du über Nacht mit Salz bestreut im Mondlicht auf einer Fensterbank ausruhen lassen, oder mit Salbei- oder Rosmarinrauch *beräuchern* und am nächsten Tag, mit einem Hauch Duft versehen, wieder ins Portemonnaie stecken. Und tu ihnen einen Gefallen: Erwarte nicht, dass sie dir ständig zur Verfügung stehen. Diesen Wunsch teilen nämlich schon alle anderen Menschen. Bitte lieber darum, dass sie immer dann kommen, wenn du sie wirklich brauchst.

Finanzielles ist eine sehr feine, spirituelle Energie, und sie reagiert erfreut auf Menschen, die offen, leicht und liebevoll an das Thema herangehen – denn so viele Menschen gibt es gar nicht, die das tun! Du meinst, das wäre zu einfach? Nun, als Selbstständige in den freien, wilden Wellen der Marktwirtschaft kann ich dir zumindest eines verraten: Sobald man anfängt, sich an Geld zu klammern, verschwindet es auf geradezu magische Weise und kommt erst wieder, wenn man *normal* oder, besser gesagt, gerade das Gegenteil davon geworden ist: locker, verspielt, kreativ und besonnen im Herzen. Wer mit beiden Händen etwas festhält, kann sie nicht öffnen, um Neues zu empfangen.

Über Geld spricht man nicht. Auch wenn man in einer Partnerschaft mit diesem Satz eher den Grundstein für ernsthafte Krisen legt, magisch ist er absolut zutreffend. Dass man über einen Geldzauber kein Wort verliert, ist klar. Nicht nur dass es anderen Personen wenig nützt, davon zu wissen, Geldzauber auszuplaudern *zerredet* auch die gesamte magische Aktion. Wer viel Geld hat, spricht klugerweise nicht darüber, denn er will schließlich nicht zur Zielscheibe von Neid, Gehässigkeiten oder von etwas zu verspielten Geistwesen werden, die wissen möchten, wie man sich eigentlich ohne das ganze Geld bewähren würde. Doch auch negative, neidische Gedanken der *lieben* Mitmenschen können schaden. Früher hätte man sie als bösen Blick bezeichnet, der nicht zwangsläufig etwas mit den Augen zu tun hat.

Bescheidenheit ist also doch eine Zier. Wenn es allerdings tatsächlich etwas zu *bescheiden* bei dir läuft, ist der Grundsatz, über Geld den Mantel des Schweigens zu breiten, ebenfalls hoch aktuell. Wer gebetsmühlenartig wiederholt, dass er ja ohnehin nie auf einen grünen Zweig kommt, Angst vor der Zukunft hat und jammert, wie schlecht es ihm doch finanziell geht – die Schulden, der Kredit, der Dispo, die Raten! –, braucht sich nicht zu wundern, dass seine sich selbst erfüllenden Prophezeiungen so *freundlich sind,* dieser ewigen Aufforderung nachzukommen! Du rufst sie doch die ganze Zeit! Natürlich können ein, zwei traurig missmutige Tage deinem Geldzauber oder deinen Finanzen ganz allgemein nichts anhaben – die Verdrängung negativer Gefühle ist nicht das Thema, im Gegenteil, bewusst hinzuschauen ist heilsam. Aber wenn du dich dabei erwischst, ständig die negative Geldleier zu drehen, dann ändere etwas an dir. Und mach einen großen Bogen um Personen, die diesbezüglich negative Energien *ausstrahlen*. Das ist wirklich nicht böse gemeint, aber wenn dich jemand mit seinen Problemen *dauerbeschallt,* überträgt er sie schleichend auch auf dich und labt sich nebenbei an deiner Energie, wenn du brav zuhörst.

Meine Rezepte

Monstershow

Diesen Namen habe ich einer Technik gegeben, mit der ich für mich und für Klienten mit großem Erfolg arbeite. Sie ist ein guter Einstieg in die Geldarbeit und um das Bewusstsein positiv zu verändern; manches Mal reicht alleine dieser Bewusstseinswandel aus, um wieder Fluss in die Finanzen zu bringen.

Du brauchst eine Rolle Packpapier, vier gewichtige Steine, Stifte – besonders gut sind Ölkreiden, Wachsmalstifte oder dicke Filzstifte – und Ruhe. Sammle dich, und schneide zwei ca. 1 Meter lange Stücke vom Packpapier ab. Nimm das erste Stück, und beschwere es an den Ecken mit den Steinen. Zeichne ein Eurozeichen auf die Mitte des Blattes, und nun beginne mit Stiften in Grau, Schwarz, Braun oder kaltem Dunkelblau alle negativen Assoziationen zum Thema Geld rund um das Eurozeichen zu schreiben – beispielsweise: *Schulden, Ich hab nie genug, um mir endlich mal XY leisten zu können, Ich fühle mich so unsicher, Mein Dispo macht mir Angst, Ich weiß nicht, wie ich das bezahlen soll, Ich hätte es so gerne mal leichter, Ich wünschte, ich würde nicht immer so viel ausgeben, Ich schaff es einfach nicht, Wie soll ich das bloß hinbekommen?, Ich will doch nur einmal genug haben, um absolut beruhigt leben können* usw.

Schreibe all das nieder. Niemand wird es sehen, also nur keine falsche Scham. Auch und gerade die niedersten Ängste sollen auf dieses Blatt. Alle finanziellen *Monster* sollen darauf gebannt werden! Wenn du fertig bist und auch zwei, drei Tage später noch keine neuen Ängste, Befürchtungen oder negativen Gefühle dazu gekommen sind, verbrenne das Papier draußen, der Sicherheit wegen z. B. in einem Gartengrill! Warte, bis die Asche abgekühlt ist, und streue sie in ein Gewässer.

Jetzt kannst du mit dem zweiten Blatt arbeiten. Male diesmal Geldscheine und Münzen in die Mitte – du kannst dir auch Abbilder von ihnen aus dem Internet ausdrucken oder Spielgeld verwenden – und schreibe in leuchtenden Farben, z. B. in Grün, Gelb, Orange, Türkis oder Rot, positive Sätze rund um die Scheine und Münzen. Nimm ehrliche und aufrichtige Wünsche, denn es ist wichtig, dass sie wirklich deinem Herzen entspringen, sonst wird es nicht wirken. Wenn du dir nicht wirklich wünschst, dass deine Schulden verschwinden, weil sie dir eigentlich egal sind, wird auch nichts passieren. Wichtig ist auch, dass du die Worte positiv formulierst! Rede von schönen Dingen wie *Geldfluss, Wohlstand, Frieden, innere Ruhe, Entspannung, Geldpolster, reich, Schatz, Gold, Wunschverwirklichung, Gewinn* usw.

Wenn du dieses Blatt gestaltet hast, falte es sorgfältig zusammen – und zwar immer zu dir hin. Ist es etwa so groß wie ein Hefter, verstaue es bei deinem Computer, in deinem Schreibtisch oder zur Not zwischen Büchern im Regal, und denke nicht mehr groß daran – alles Weitere wird folgen.

Findest du das Blatt später, kannst du noch etwas dazuschreiben oder es, wenn du in finanziell ruhigeren Gewässern schwimmst, auch verbrennen und die Asche ebenfalls in ein Gewässer streuen.

Das magische Bild

Ich liebe diese Art, magisch zu wirken. Vielleicht ist sie auch etwas für dich? Der springende Punkt am Geld sind doch zumeist die Ängste und Sorgen, die damit verbunden sind. Mit der folgenden Technik arbeitest du aber nicht nur magisch, sondern auch seelisch. Sie gibt dir das gute Gefühl, etwas tun zu können, mit dem Thema aktiv zu arbeiten, anstatt dich passiv davon beherrschen zu lassen.

Besorge dir stabiles Papier – ich nehme meist Packpapier –, schneide ein Stück heraus, eckig oder rund, ganz wie du magst, und beginne es zu gestalten. Und zwar so, dass daraus ein Talisman wird, den du an die Wand heften oder diskreter z. B. in eine Schreibtischschublade legen kannst. Du kannst Eurozeichen zu Blüten malen und so Geldwachstum darstellen, du kannst Symbole verwenden oder mit Runen arbeiten. Geld anziehende und magische Gewürze wie Lorbeer, Nelken, Salbei, Mistel, Zimtrinde oder Galgant können zusätzlich angebracht werden, oder du arbeitest generell mit fantasievoll aufgeklebten Gewürzen. Farben wie ein leuchtendes Rot, Gold, Grün und Gelb unterstützen die Energie des Bildes. Du kannst ganze Collagen kleben oder sie nur in den Mittelpunkt stellen und rundherum zeichnen und malen.

Vergiss aber nicht, irgendwann, wenn der Zauber gewirkt hat, auch wieder loszulassen und das Bild zu verbrennen oder als Schiffchen gefaltet einem Fluss zu übergeben. Selbstverständlich ist bei weniger umweltfreundlichen Materialien die Mülltonne als Ort des Übergangs zu wählen. Was gebunden wurde, muss auch wieder losgelassen werden, sonst löst es sich unkontrolliert von selbst.

Gegen Pech

Dieser Zauber kann auch in anderen Lebensbereichen – nicht nur die Finanzen betreffend – angewendet werden.

Du brauchst lediglich eine alte Tasse oder einen Becher, einen Apfel, einen wasserfesten, schwarzen Marker ... und ein kleines bisschen Mut. Nimm nichts aus Glas, das bringt hier kein Glück! Bei abnehmendem Mond oder Neumond wartest du nun, bis die Nacht hereingebrochen ist, und zeichnest ein Pentagramm auf die Unterseite der Tasse. Schreib das, was du als Pech empfindest, auf die Tasse. Es geht darum, dieses Pech zu (unter)brechen.

Geh mit der Tasse und einem quer durchgeschnittenen Apfel zu einer Kreuzung, an der du normalerweise nicht oder nur sehr selten vorbeikommst. Der beste, weil ruhigste Zeitpunkt ist meiner Erfahrung nach werktags zwischen 2 und 4 Uhr und Sonntags zwischen 2 und 6 Uhr. An der Kreuzung entbiete – frei formuliert – der Herrin der Kreuzungen, Hekate, deinen Gruß. Lege den geteilten Apfel für die Göttin ab, doch Vorsicht, sie ist nicht bestechlich. Stell dir das Ganze also nicht so vor, du gibst ihr diesen Apfel, und sie hilft dir. So funktioniert das nicht. Der Apfel ist vielmehr ein Gastgeschenk für das Benutzen der Kreuzung. Viele Menschen denken nach dem Schema *do ut des* (lat. *Ich gebe, damit du gibst.*), wenn sie Gottheiten opfern. Dabei sind Opfer ein Geschenk, eine Höflichkeit bzw. etwas, was man gerne und von Herzen gibt, und keine Bestechung!

Nachdem du den Apfel abgelegt hast, drehst du dich von ihm weg und schmetterst die Tasse mit aller Kraft auf den Boden, sodass sie zerbricht. Wende dich von der Tasse und den Apfelhälften ab, und gehe fort, ohne dich umzudrehen. Schon beim Weg nach Hause überkommt einen bei diesem Zauber ein gutes, befreiendes Gefühl.

Gegen die Panik

Ich kenne viele selbstbewusste Menschen, die ihr Leben zu meistern wissen, aber wehe es läuft nicht mit dem Geld! Der *Kaninchen-Schlange-Effekt* schlägt zu, und sie werden panisch, was jedoch eine grundverkehrte Reaktion ist. Erst einmal sollte man sich vor Augen halten: Für all das ausgegebene Geld hat man auch etwas bekommen. Wenn Menschen über Rechnungen schimpfen, kann ich das nur teilweise nachvollziehen, denn sie bekamen doch im Gegenzug auch einen Telefonanschluss, eine warme Wohnung, Licht und Strom dafür. Sie verhalten sich ganz eigenartig, als hätten sie nie eingekauft, bestellt, verbraucht oder genutzt. Das liegt vielleicht unter anderem daran, dass Strom nicht so viel Spaß bereitet wie eine schöne Reise ...

Oft, wenn ich mit Klienten arbeite, ist die Panik das schlimmste Gefühl in Sachen Geld. Sie wird immer wieder unterdrückt, sodass sie zum niedrig dosierten Dauerzustand wird und alle Energie frisst. Jede Ruhe ist dahin, deshalb muss die Panik raus! Schau sie dir an, steigere dich einen Nachmittag lang so richtig in sie hinein, gehe raus in den Wald oder auf ein weites Feld, und schreie deine Ängste heraus. Mach ein wildes Ritual in der Natur für sie, rassle, tanze und fühle ihrer Energie nach. Wie sieht die Panik aus? Hat sie ein Gesicht, eine Farbe, einen Geruch?

Man kann auch mit dem Gefühl Panik kommunizieren. Auch sie reagiert positiv, wenn kreativ mit ihr umgegangen wird, weil sie dadurch erlöst wird. Wenn du allerdings noch nie wild auf einem Feld gestampft und gerasselt hast, ist es nicht nötig, künstlich eine *Show* abzuziehen, obwohl dir nicht danach ist.

Vielleicht weinst du dich frei, oder dich überkommt plötzlich ein warmes Glücksgefühl, und du bist positiv verwandelt? Bleib offen für das, was mit dir passiert und was dein Gefühl als das Richtige ansieht. Versuche nicht, die Panik nur zu unterdrücken, denn dann wird keines deiner Rituale klappen! Sie sitzt weiter im Hintergrund und braucht nur an einem Fädchen deines rituellen Musters zu ziehen, um es komplett aufzudröseln. *First things first!*, wie es so schön heißt. Erst musst du an ihr, der Hüterin der Schwelle zu einem neuen Geldbewusstsein vorbei, um deine Situation wandeln zu können.

Geldräucherungszutaten

Um sich eine Räuchermischung für finanzielle Belange zusammenzustellen, haben sich seit Langem folgende Kräuter und Harze bewährt:

- Benzoe
- Vetiverwurzel
- Eisenkraut
- Salbei
- Zimt
- Safran
- Patchouliblätter
- Rosmarin
- Basilikum
- Galgant
- Ingwer
- Muskat
- Vetiver
- Ysop

Zutaten für Geld anziehende Ölmischungen

- Sonnenblumenöl
- Olivenöl
- Patchouliöl
- Orangenöl
- Bergamottenöl
- Kiefernnadelöl
- Sandelholzöl
- Nelkenöl
- Zedernholzöl

Aus diesen Zutaten kannst du ganz nach Gefühl dein Öl herstellen. Gib etwas Chilipulver oder Kaffee hinzu – Chili jedoch niemals für Räucherungen verwenden! –, wenn es besonders schnell gehen soll. Und vergiss nicht, auch im realen Leben etwas zu ändern. Denn die Öle und Räucherungen wirken und helfen wohl, aber wenn man nichts an sich selbst ändert und sein Leben *bewegt*, werden sie niemals richtig greifen können. Kein Zauber der Welt macht einen, ohne dass man selbst etwas dafür tut, eben mal so zum Millionär.

Doch das ist auch gar nicht Ziel der Geldmagie. Das Ziel, reich zu sein, ist kein gutes magisches Ziel. So funktioniert es nicht. Besser ist es, sich Ziele zu setzen wie *Einen Betrag von x Euro, Meine Rechnungen abbezahlen können, Den Urlaub finanziert bekommen* oder *Dieses göttliche Paar Schuhe*. Das sind gute magische Ziele. Es gilt, möglichst einen konkreten Wunsch anzusprechen und nicht zu allgemein gefasste Bestrebungen. Möchtest du langfristig etwas erreichen wie z. B. *einen soliden Kundenstamm* oder *etwas Wohlstand,* dann solltest du dafür regelmäßige rituelle Handlungen in deinen Alltag integrieren und geduldig sein. Ich weiß es aus genügend Fällen in der Praxis: Wer sein Leben magisch unterstützt, hat plötzlich dieses gewisse Quäntchen mehr an Glück – irgendwie läuft alles wie geschmiert. Und das weiß ich auch von Skeptikern, die das Ganze eher unter dem Vorwand ausprobiert haben, mir zu beweisen, dass es nicht funktioniert. Sie waren anfangs etwas zweiflerisch, was die Erfolge betraf, doch dann schlichtweg begeistert. Und das hat mich gefreut, denn sie haben viel Gutes erreichen können und tun es immer noch.

Auf eine Sache zu diesem Thema möchte ich abschließend noch gesondert eingehen. Hänge dein Herz nicht mehr als nötig an materielle Dinge. Alles, was materiell, sichtbar und real ist, kann verloren gehen, zerstört werden, sich verflüchtigen, kaputt gemacht werden, sterben, egal ob Karrieren, Besitz, Steuervorteile, dicken Konten usw.

Es sind gute Gedanken und spirituelle Dinge, die unserem Leben Halt geben. Der Umkehrschluss tritt ungefragt den Beweis an: In unserer, nicht gerade vor spirituell gefestigten Menschen wimmelnden Zeit klammern sich die Menschen an das vermeintlich sichere Materielle wie selten zuvor. Es ist eine Ersatzdroge für wahre Zufriedenheit, für Verbundenheit, Selbstvertrauen und Liebe. Das ist sicher einer der Gründe, warum spirituell und damit auch seelisch glückliche Menschen selbst mit dickem Konto nicht den allgemein üblichen Statussymbolen hinterherrennen. Natürlich besitzen sie bestimmte Dinge, an denen sie Freude haben. Dagegen ist auch nichts einzuwenden, denn diese Dinge sind eine flüchtige, obwohl doch scheinbar so greifbar-materielle Basis des Lebens.

Das Leben ist oft paradox. Die Basis, der wirkliche Urgrund unseres Lebens liegt stets in den nicht physisch greifbaren Bereichen.

Kleine (rituelle) Handlungen, um die Finanzen in den Griff zu bekommen

- Schneide – vielleicht aus einer Fernsehzeitung – das Bild eines wirklich hässlichen Monsters aus, z. B. Godzilla. Solltest du jedoch wie meine Schwester und ich eine Schwäche für die alten scheußlich schönen Godzillafilme aus den 60ern haben, nimm lieber etwas anderes! Klebe es mit Klebestreifen auf dein Portemonnaie – das hilft ungemein als Erinnerungsstütze, dass man nicht so viel ausgeben wollte!
- Streue über Nacht etwas Kampfer auf deine EC- und Kreditkarten, und bitte die Pflanzenkraft dir zu helfen, nicht so viel auszugeben. Wie immer, wenn du magisch mit Karten, die magnetisch funktionieren, arbeitest, gilt: Lieber die Seite ohne den Magnetstreifen *behandeln!*
- Lerne, Verzicht öfter einmal als eine Stärke zu sehen, die Konsequenz und Willenskraft ausdrückt. Schlage stattdessen lieber bei den Dingen zu, die dir wirklich etwas bedeuten. Ignoriere, was deine (Frauen-)Zeitschrift oder der allgemeine Lifestyle-Rummel – oder wem auch immer du zugestehst, deine Meinung zu beeinflussen – diktieren! Was auch immer es sein mag, es sollte in Zukunft großzügig umgangen werden. Zumal all diese Medien, die unsere Konsumbereitschaft fördern sollen, naturgemäß eines niemals betonen werden, nämlich dass man die schönsten, glücklichsten und fröhlichsten Momente und Gefühle ohnehin nicht kaufen kann.
- Wickle neue Kontoauszüge in die langen Wurzelstränge der Vetiverwurzel, und bitte um finanzielle Ausgewogenheit. Lass die Wurzeln über Nacht so liegen.
- Reibe dich beim Duschen mit verdünntem Obstessig oder Zitronensaft ein – das hilft, negative Gedanken und Impulse loszuwerden.

- Lass dir von den Steinen helfen: Tigerauge = nicht so viel ausgeben; Aventurin = Geldfluss; Citrin = belebt Geschäfte; Bergkristall = klare Ideen, wie es weitergeht; Goldfluss, ein synthetisches Glas, das wieder Schwung in die Finanzen bringen kann ...

sechs

Liebe und Erotik

Liebe und Liebeszauber

Die Liebe ist ein wahrlich weites Feld. In der Magie ist sie das wohl beliebteste Thema, und kaum eines ist dort auch so umstritten. Denn schnell kommt man in Versuchung, eben doch etwas über den Willen der betreffenden Person hinwegzuzaubern. Viele der Bücher mit den rosafarbenen Umschlägen beinhalten bei Licht besehen schwarzmagische Praktiken. Auch der Umstand, dass man so traurig verliebt ist, hilft einem hier nicht weiter. Unwissenheit schützt vor Strafe nicht. Doch was tun, wenn einem das Herz schwer ist wie Blei? Hier gibt es einen alten magischen Trick, den ich gleich vorab loswerden möchte: Füge jedem Zauberspruch einen Nebensatz wie »... oder jemanden, der besser zu mir passt« hinzu. So lässt du dem Zauber den nötigen Freiraum. Das Schicksal kann optimal für dich wirken, und die Gefahr Schwarzer Magie ist gebannt.

Die Liebe wird heutzutage ohnehin sehr überstrapaziert. In guten wie in schlechten Zeiten bedeutet nämlich auch, dass es schlechte Zeiten gibt. Ja, es ist völlig normal, sich auch einmal anzuöden, den anderen langweilig zu finden oder die gesamte Beziehung in Frage zu stellen. Diese Zeiten wird es immer wieder geben, und sie erweisen sich oft genug im Nachhinein als Kostbarkeiten, denn man bringt alles auf den Tisch, räumt auf und um und hat zum Schluss wieder viel dazugelernt. Im Buch *Die Wolfsfrau* wird eine solche Zeit in einer Beziehung treffend als *der Besuch der Skelettfrau* beschrieben. Es ist wichtig, sich in solchen Krisenzeiten nicht zu sehr gehen zu lassen. Was raus muss, muss raus, aber man sollte den anderen dabei niemals beleidigen. Sogar wenn man sich anschreit vor lauter Wut, kann man diese Grundregel beherzigen. Und zu körperlicher Gewalt darf es schlicht und einfach gar nicht kommen. Dann ist Schluss. Sofort. Ein für alle Mal.

Doch was tun, wenn man eben mitten in einer solchen Krise steckt? Wer es schon ein paar Mal mit seinem Partner durchlebt hat, der kennt diese Zeiten und weiß, dass man vor allem eines braucht, nämlich das, was das mittlerweile schon fast vergessene Wort *Langmut* beschreibt. Man weiß, dass es nach dieser Krise wieder eine gute Zeit und ein durch die Krise gebessertes Zusammenleben geben wird – auch wenn man den anderen vielleicht einfach nur auf der Stelle verlassen will. Paare, die noch frisch zusammen sind, sollten sich also vor solchen Auseinandersetzungen nicht zu sehr fürchten, vor dem Besuch der Skelettfrau. Anfangs denkt man jedes Mal, die Welt geht unter, aber mit der Zeit weiß man mit solchen Phasen umzugehen.

Und wenn es doch nicht sein soll? Was, wenn du dich müde und ausgelaugt durch deine Beziehung fühlst? Dann sei ehrlich! Es gibt einen Unterschied zwischen Krise und Dauerkrise. Das Sprichwort *Lieber ein Ende mit Schrecken als ein Schrecken ohne Ende* hat sich schon mehr als einmal als befreiender Ratschlag erwiesen. Deine Gefühle, die spontanen Bilder vor Augen, wenn du an die Beziehung denkst, und deine Träume sind die besten Seismografen dafür, was es zu tun gilt. Scheue dich nie, ihnen zu trauen!

Und dann ist da noch ein anderes gefürchtetes Phänomen: die Langeweile. Ich glaube, sie ist einer der häufigsten Trennungsgründe. Doch in vielen Fällen haben sich die Paare umsonst getrennt, denn sie laufen neuen Partnern in die Arme, mit denen es auch irgendwann wieder langweilig wird. Also, auf zum nächsten! Man ahnt es schon, mit dem wird es ebenfalls langweilig, und nach spätestens einem halben Jahr ist mal wieder Schluss. Viele von uns kennen Leute, die auf diese Weise von einem Partner zum nächsten hüpfen, ständig ihrer besten Freundin oder dem besten Freund mit dem neuesten Liebeskummer in den Ohren liegend.

Vielleicht bist du auch selbst so ein Mensch, nie so recht glücklich, der bzw. die Richtige will einfach nicht kommen, die Kerle oder Frauen haben einfach zu viele Macken. Und dann immer diese Langeweile, die prompt der ersten Verliebtheit folgt. Müsste man nicht ewig verliebt sein, wenn es die wirkliche große Liebe ist? Nein, muss man nicht! In der Welt der Beziehungsratgeber vielleicht, aber im realen Leben gibt es keine Männer – und übrigens auch keine Frauen – ohne Ecken und Kanten. Es gibt keine Beziehung ohne Langeweile von Zeit zu Zeit. Viele Paare werden dann panisch – und genau das sollte man nicht werden. Rede offen mit deinem Partner! Dafür ist er schließlich da. Und wenn du dir selbst nicht erklären kannst, woher diese Langeweile kam, dann musst du auch keine Erklärung für deinen Partner finden. Du weißt es zum diesem Zeitpunkt einfach (noch) nicht.

Nachdem du das besprochen hast, lass einfach Ruhe in die Sache einkehren. Es ist jedenfalls erst einmal gesagt, und nun heißt es auf die Entwicklung besserer Zeiten warten. Keine Sorge, die kommen wieder. Es wird heute zu selten erwähnt, aber viele Dinge brauchen einfach Zeit, um zu reifen. Nicht alles ist immer und sofort verfügbar. Meine Mutter hat mir einen Spruch ins Poesiealbum geschrieben, als ich zwölf war: *Die Liebe hat zwei Töchter, die Güte und die Geduld.* Ich habe diesen Spruch damals nicht verstanden, aber mittlerweile weiß ich, dass er den Schlüssel zu einer dauerhaften, soliden Beziehung beschreibt. Und falls sie überhaupt nicht wiederkommen sollte, die wunderbare Dynamik einer lebendigen Beziehung, kannst du immer noch überlegen, ob du Schluss machen willst. Hetze nicht! Manchmal ist man vorschnell und wirft eine wunderschöne Liebe nur wegen einer kurzfristigen Flaute weg. So etwas ist sehr schade. Denn jede Beziehung bedeutet, ob man das mag oder nicht, auch die Arbeit daran.

Nun gibt es aber nicht nur Liebende, sondern auch solche, die sich nach einer Beziehung und Liebe sehnen. Auch hier kann dir die Magie wirksam unter die Arme greifen. Im Bereich Liebeszauber müssen wir aber immer genau auf unsere Absichten achten. Selbstsüchtige Gedanken und solche, die einem anderen die persönliche Freiheit der Entscheidung nehmen, genauso wie Vorstellungen vom *perfekten* Partner werden uns niemals hilfreich begleiten können auf diesem Gebiet. Wir müssen offen sein für das, was da kommt. Denn der Prinz mit dem dicken Konto, der auch noch liebevoll und romantisch ist, ist so unwahrscheinlich wie die ewig sanften und den Liebsten immerfort anhimmelnden Frauen, die ständig Lust auf Sex haben und gleichzeitig putzfreudig, adrett und kochbesessen sind. Das kann einfach nicht klappen. Vielleicht erwischst du einen Mann mit wenig Geld, einen mit krummen Beinen, einen mit einem kleinen Bauch oder einen, der ziemlich unordentlich ist, doch das sind keine Hindernisse für die Liebe!

Klar, die Hochglanzmagazine mischen sich sogar in unsere Partnerwahl ein ... und nicht nur die. Möglichst prestigeträchtig sollte er schon sein. Wenn wir uns darauf einlassen, brauchen wir uns jedoch nicht zu wundern, warum wir nie glücklich werden. Dann leben wir mit Menschen zusammen, die wir nicht aus Gründen des Herzens gewählt haben oder weil man sich so schön mit ihnen unterhalten kann, weil sie lustig sind und anziehend auf uns wirken, sondern nur mit solchen, mit denen wir uns selbst aufwerten wollen. Da ist es nur die gerechte Strafe, dass wir nicht glücklich werden. Diese Art von Partnerwahl ist dem anderen und uns selbst gegenüber keine gute Idee. Wobei es grundsätzlich natürlich nichts Schlechtes ist, jemanden zu lieben, der zum Beispiel viel Geld hat oder fantastisch aussieht, oder beides in sich vereint – solange wir ihn wirklich lieben, ist alles bestens!

Nach meiner kleinen *Predigt* nun aber zur praktischen Liebesmagie. Ich habe mich bewusst für einfache Rezepte entschieden, damit du auch Freude daran hast und nicht zu beschäftigt mit all den Anweisungen bist. Denn, ein einfaches Ritual ist nicht wirkungsloser als ein kompliziertes, im Gegenteil, *einfach* bedeutet vor allem konzentriert und somit äußerst wirkungsvoll! Alle wirklich guten Dinge sind einfach, egal ob es um Spaghetti mit Tomatensoße geht oder um unsere Magie, also nur keine Sorge. Ich arbeite selbst fast nur mit einfachen Ritualen. Wenn man es mit denen nicht kann, dann hilft ein kompliziertes Drumherum auch nicht weiter. Es ist nur *Füllmaterial*, hübsch, wenn man es mag – wogegen ich nichts sage –, aber nicht zwingend notwendig.

Hilfreiche Liebesrituale für jede Lebenslage

Liebe finden

Wir sehnen uns nach Liebe – dafür hat die Magie traditionellerweise mehr Rezepte als für jedem anderen Bereich. Um dir etwas Auswahl zu bieten, habe ich mich für drei schöne und wirkungsvolle Rezepte entschieden.

Der Iriswurzelzauber

Nimm eine Hand voll Iriswurzel, und lege sie auf deine Handflächen, die du nebeneinanderhältst, als würdest du damit Wasser schöpfen. Nun erzähle den Wurzelstückchen oder der ganzen Wurzel, je nachdem, was du bekommen hast, deine Liebeswünsche. Danach wird die Wurzel zusammen mit zwei Rosenquarzkristallen auf ein nicht zu kleines rundes Stück rosa Stoff gelegt, der Stoff zu einem Säckchen verschnürt und dieses an einem hübschen Platz in deiner Wohnung aufgehängt. Jetzt heißt es abwarten. Hast du dann einen netten Mann oder eine nette Frau kennengelernt, streue den Inhalt des Säckchens an einem Freitag oder Sonntag in den Wind, und lass das Säckchen selbst hinterherflattern. Bitte darum, dass die frische Liebe geschützt wachsen und gedeihen kann.

Step by Step

Heutzutage, gerade wenn man in der Stadt wohnt, muss man sehr raffiniert für einen solchen Zauber sein. Ich gehe davon aus, dass du das bist. Das Gute ist, dass er auch für Angebetete, deren Namen man (noch) nicht kennt, geeignet ist. Dazu musst du die betreffende Person – sagen wir, es ist ein Mann – nur auf einem erdigen bzw. sandigen Weg erwischen und aus seinem Fußabdruck etwas Erde mitnehmen. Trage Schuhe mit Schnürsenkeln, die du neben der Stelle, wo der Fußabdruck ist, ganz zufällig neu binden musst. So lässt sich relativ unauffällig etwas Erde, wenn es gar nicht anders geht, auch nur etwas Straßenstaub mitnehmen. Zauber, bei denen man etwas *riskiert,* sind gemeinhin die lustigsten und aufregendsten! Nun nehmen wir die Erde mit zu uns nach Hause und streuen sie in einen unserer Blumentöpfe. Dazu murmeln wir:

Venus, du süße Göttin der Liebe!
Ich wünsche mir, dass er zu mir geht.
Noch schöner wär's, wenn er auch bliebe.
Was auch immer geschieht,
ich nehme an,
was in meinem Schicksal steht!

Wer schöner dichten kann als ich, darf sich selbstverständlich auch ein eigenes Gedicht schreiben! Wichtig ist nur, dass du darin auch formulierst, niemanden zwingen zu wollen, und offen bleibst für das, was auf dich zukommt.

Schenke der Venus noch etwas Nettes. Was es ist, überlasse ich deiner Fantasie. Jetzt brauchen wir nur noch Geduld und im Vorübergehen stets ein freundliches Lächeln für ihn. Stell dir einfach vor, du wärst ein Kätzchen, das eine Schale mit Sahne (ihn) gefunden hat. Na also – absolut bezaubernd!

Rosenbad

Dieses Rosenbad nimmt man spät abends vor dem Schlafengehen. Geduscht wird vorher. Wir benötigen rosafarbene Rosenblüten, einen Liter Milch, rote Lebensmittelfarbe, durchgefärbte rosa- bzw. pinkfarbene Kerzen – oder solche in einer Farbe, die dir spontan noch besser dafür gefällt – und gute Rosenräucherstäbchen. Nachdem man das heiße Wasser in die Wanne gelassen hat, kommt die Milch und etwas der roten Lebensmittelfarbe hinzu. Schon hat man ein luxuriöses rosafarbenes Bad vor sich! Nun werden Räucherstäbchen und Kerzen angezündet und die Rosenblüten ins Wasser gegeben. Dann steigst du in die Wanne, um von deinem Liebsten zu träumen, so wie du ihn gerne hättest. Oder vielleicht träumst du ja auch von jemand Konkretem?

Nachdem du dieses Bad ausgiebig genossen hast, trockne dich ab und geh zu Bett, um weiter von ihm zu träumen. Wenn du so ein Bad etwa 1-2 Mal die Woche, vorzugsweise freitags oder sonntags, zelebrierst, sollte sich schon bald etwas tun!

Eine Beziehung schützen

Eine gute Beziehung ist von außen nur schwer zu erschüttern. Aber was, wenn eine Beziehung gerade nicht gut ist oder einer der Partner – eventuell auch beide – generell ein Mensch ist, der sich leicht verunsichern lässt? Meist kommt genau dann etwas Unruhe Stiftendes anmarschiert. Das kann ein potenzieller neuer Partner sein, eine scheinbar grundlose Verschlechterung der Stimmung, oder man redet nicht mehr richtig miteinander oder Ähnliches. Zum Schutz der Beziehung empfehle ich folgendes kleines Ritual.

Nimm Rosenblüten und Rosmarin für die Räucherung. Stelle eine rosafarbene und eine blaue Kerze dazu und zünde das Räucherwerk an. Der Wochentag ist egal, Probleme nehmen für gewöhnlich keine Rücksicht auf Wochentage. Wichtig ist nur, dass du ungestört bist. Wenn der Rauch aufsteigt, sprich deine Wünsche aus. Achte auf positive Formulierungen – also nicht *Ich möchte keinen Streit!,* sondern *Ich möchte Harmonie!* Formuliere generell alles so, wie du es gerne hättest. Erwähne nicht das, was jetzt negativ ist, sondern rede stattdessen den gewünschten Zustand der Beziehung herbei – wobei *herbeireden* durchaus im wörtlichen Sinne gemeint ist. Klar gibt es in der Esoterikszene zahlreiche schicke Worte wie *visualisieren* und *imaginieren,* wörtlich übersetzt heißen die aber auch nichts anderes als *einbilde(r)n,* d. h. ein Bild in sich hinein verinnerlichen. Wenn du gesprochen hast, lass das Räucherwerk ausglühen und die Kerzen herunterbrennen. Tu nun etwas völlig anderes, um den Zauber nicht in seiner Entwicklung zu stören.

Eine Beziehung beleben

Den folgenden Zauber habe ich selbst schon mit Erfolg ausprobiert. Denk aber stets daran: Eine Beziehung kann nicht immer auf rosaroten Wölkchen schweben.

Dieser Zauber ist mehr als *Quickie* gedacht, langfristig gesehen, müssen wir uns jedoch der ganz normalen Menschlichkeit einer Beziehung stellen. Aber es kann nicht schaden, von Zeit zu Zeit ein bisschen nachzuhelfen!

Du nimmst dafür Pfefferminzöl und eine weiße Kerze, in die du einen eigenen Spruch oder Reim ritzt, der umschreibt, wie du deine Beziehung am liebsten belebt sehen möchtest – zum Beispiel könnte sie etwas fröhlicher, kommunikativer, kuscheliger oder aktiver in der Freizeit werden. Danach ölst du die Kerzen von unten nach oben mit dem Minzöl ein und zündest sie an. Stell dir schöne Situationen vor. Sprich diesmal nichts dazu und lass die Kerze, nachdem du deine Vorstellungen gedanklich formuliert hast, herunterbrennen.

Das kann, wenn es die Zeit erfordert, natürlich auch in Etappen geschehen. Bewährt haben sich ungerade Zahlen – das heißt, du verteilst das Ritual über 3, 5, 7, 9 oder 13 Tage.

Bleib aber realistisch im Wünschen, wenn du mit Pfefferminzöl arbeitest, es sei denn, du möchtest einen kleinen Sturm entfachen. Was natürlich auch ein Ziel sein kann. Pfefferminzöl ist sehr wirkungsstark. Das ist kein Grund, etwa darauf zu verzichten, ich wollte es nur erwähnen, damit du weißt, woran du bist und entsprechend nach deiner Zielsetzung handeln kannst.

Liebe loswerden

... manchmal kann auch das sehr wichtig sein. Wir alle mögen weder aufdringliche Verflossene noch nervtötende Verehrer. Natürlich hilft uns hier erst einmal die Sprache weiter, um konsequent klarzumachen, wie man die Sache sieht. Bisweilen hilft das jedoch nur wenig. Wir können auf die Zeit vertrauen und darauf hoffen, dass die Gefühle der anderen Seite schon wieder abkühlen werden. Da aber nicht selten nicht Liebe, sondern Besitzansprüche und der Wille, Macht über jemanden zu haben, hinter solchen offensichtlich aussichtslosen Liebesattacken stecken, sollten wir uns nicht nur konsequent abweisend verhalten, sondern auch magisch handeln.

Nimm so viele der folgenden Zutaten, wie du bekommst:

Eukalyptusblätter, Kampfer, Wacholder, Drachenblutharz, Distel, Brennnessel, Knoblauch, Chilipulver, Beifuß, Salbei und Ysop. Schneide aus schwarzem Stoff ein Quadrat, und leg die Zutaten darauf. Füge einen Zettel mit dem Namen des aufdringlichen Mannes hinzu, geschrieben mit schwarzem Stift. Kennst du im Falle eines aufdringlichen Verehrers den Namen nicht, nimm einen etwas größeren Zettel und beschreibe die Situation, den Mann (oder umgekehrt die Frau) und was vorgefallen ist, darauf – ebenfalls mit schwarzem Stift. Nun nimm einen roten Faden, und schnüre den Stoff samt Inhalt zu einem Päckchen, das du an einem Platz, der dir spontan dafür einfällt, ablegst oder aufhängst. In den nächsten 2-3 Wochen dürfte Ruhe sein. Hebe das Päckchen aber ruhig noch eine Weile auf, bevor du es im Freien oder in einem großen Blumentopf daheim vergräbst.

Wichtig: Solltest du über einen längeren Zeitraum größere Probleme mit einem Mann bzw. einer Frau haben, scheue dich nicht davor, die Polizei zu verständigen. Hüte dich vor dem nicht angebrachten Mitleid mit einer solchen Person! Lerne Selbstverteidigung, um im Fall des Falles schnell und ohne überlegen zu müssen reagieren zu können und um dadurch automatisch eine sicherere Ausstrahlung zu bekommen. Manchmal reicht Letzteres schon, um jemanden wieder loszuwerden. Das Gegenüber spürt instinktiv, dass es besser ist, sich dir gegenüber zurückzuhalten, weil du im besten Sinne des Wortes eine (Großstadt-) Amazone geworden bist!

Sollte das wider Erwarten nicht anschlagen, oder möchtest du sicherheitshalber noch etwas *nachlegen,* weil du eine sehr schwere Zeit hinter dir hast, versuche zur Verstärkung den folgenden Zauber: Nimm eine schwarze Kerze – keine

Sorge, wie immer macht auch hier die Absicht die Wirkung aus! Doch damit wir nicht unbeabsichtigt etwas Negatives aufbauen, anstatt es zum Verschwinden zu bringen, ölen wir die Kerze mit Rosmarinöl ein. Dieses Öl schützt und bewahrt vor eventuellen Negativauswirkungen des Zaubers, allerdings nicht, wenn man wilde Verwünschungen ausstößt. Nicht vergessen: Ziel des Zaubers ist es, jemand dauerhaft loszuwerden, nicht, ihm zu schaden. Öle also diese Kerze ein und bete, dass der entsprechende Mensch auf für beide wohltuende Weise ein für alle Mal aus deinem Leben verschwindet. Gewiss wird es dir nicht unbedingt leichtfallen, auch dem anderen Glück zu wünschen, aber es ist wirklich besser so. Die meisten Menschen können nicht damit umgehen, wenn sie jemandem Schlechtes wünschen und es dann tatsächlich eintrifft, so sehr sie es ihm auch zuvor noch gewünscht haben. Sie fühlen instinktiv, dass etwas davon auch an ihnen selbst kleben bleibt.

Nachdem du gebetet hast, entzünde die Kerze, bitte noch einmal um Schutz und Segen, und lass sie in einem Zug herunterbrennen. Die Kerzenreste wirfst du in den Müll. Ersatzweise kannst du sie auch die Toilette hinunterspülen und anschließend in das nachfließende Wasser etwas Salz und Rosmarin geben.

Jemanden zurückbekommen

Wir sind uns von vornherein darüber im Klaren, dass dies eine heikle Angelegenheit ist. Denn den persönlichen Willen des anderen zu beschneiden, ist tabu! Da gibt es kein Wenn und kein Aber. Wir können jedoch versuchen, den anderen mit unserem Zauber zu erreichen, zu berühren und zu neuem Nachdenken über die vergangene Beziehung anzuregen.

Dazu nimm folgende Öle: Minze, Orange, Sandelholz und Mandel. Diese mischst du, sodass etwa 2 EL Ölmixtur entstehen. Nun baust du einen kleinen Liebesaltar auf, der mit verschieden großen rosa Kerzen, rosa und/oder weißen Tüchern und kleinen Herzchen – zum Beispiel aus dem Bastelladen – geschmückt wird. Die Kerzen reibst du nun alle mit der Ölmischung ein, von unten nach oben. Wenn du noch etwas von deinem Geliebten hast, leg es mit dazu. Nun zünde die Kerzen an, und sprich folgenden Spruch:

Große, gütige Isis!
Ich bitte dich, mich zu hören.
Meine Liebe brennt noch immer.
Mein Herz verzehrt sich nach … (Name des Begehrten).
Ich wünsche mir, dass er zu mir zurückkommt
oder mich für immer vergisst
und dann aus meinem Herzen verschwindet.
Wenn es das Schicksal so will, werden wir wieder vereint sein!

Danach lässt man die Kerzen herunterbrennen, bis sie von selbst verlöschen. Wählt man für diesen Zauber große, dicke Kerzen, kann man sie natürlich auch etappenweise abbrennen lassen. Was auch immer du in anderen Magiebüchern liest, vergiss alles, was sich nicht mit dem gesunden Gedanken an Brandschutz vereinbaren lässt! Kerzen dürfen nur dann brennen, wenn sie beaufsichtigt werden.

Ein Zauber für Beziehungskrisen

Wir alle kennen sie, diese Zeiten, in denen unsere Beziehung bröckelt. Es gibt Streit, die Atmosphäre ist geladen. Grundsätzlich ist es eine gute Idee, sich erst einmal aus dem Weg zu gehen, um sich wieder zu beruhigen und die Gründe für die Aufregung später sachlich besprechen zu können. Auch körperliche Betätigungen sich abzureagieren sind eine gute Idee. Damit beide schneller wieder *herunterkommen* und man die Sache in einem vernünftigen Gespräch angehen kann, kann man unterstützend jedoch in die magische Trickkiste greifen.

Du nimmst dafür einfach nur eine weiße Kerze und Kamilletinktur – gibt's in jeder Drogerie – und streichst die Kerze von oben nach unten mit der Tinktur ein. Dann zündest du sie an und sprichst ein Gebet, in dem du zum Ausdruck bringst, dass du dir eine friedliche Lösung der Probleme wünschst. Kamille macht Streitende sanftmütig.

Mein persönlicher Zauber gegen Gefühlsflauten

Wie ich schon erwähnte, sind gelegentliche Flauten nichts Ungewöhnliches. Manchmal hat man jedoch keine Lust geduldig zu warten, bis sie sich wieder verziehen. Dann wünscht man sich von ganzem Herzen wieder einen romantisch überschwänglichen Gefühlsschub.

Das Gute an der Liebesmagie ist, dass wir uns mit jedem Zauber auch immer ein Stück weit selbst mit verzaubern. Gerade bei einem solchen Zauber hilft das sehr, denn es sind ja beide Seiten, die es zu einer solchen Flaute kommen ließen, also auch du! Hört sich hart an? Dann sei mal ehrlich. Weil wir alle manchmal ein bisschen faul sind, möchte ich diesen Zauber für solche Situationen mit dir teilen: Nimm zwei durchgefärbte pink- oder rosafarbene Kerzen, Lavendelöl und einen ausreichend großen Kerzenteller, dazu noch ein paar Rosenblüten, mehr nicht. Ich liebe schlichte Rituale, bei ihnen konzentriert man sich am besten und entwickelt so die meiste Energie. Nun reibe die beiden Kerzen mit dem Lavendelöl ein, einmal von oben zur Mitte, dann umdrehen und wieder von oben zur Mitte. Verschmilz sie mit einem Feuerzeug – das rußt nicht –, sodass sie der Länge nach fest aneinanderkleben. Lass dir Zeit. Anschließend werden die Kerzen auf dem Kerzenteller befestigt und die Rosenblüten kreisförmig im Uhrzeigersinn um sie herum verteilt. Die Kerzen werden entzündet, und nun sprich frei und offen aus, was dich nervt, was du anders haben möchtest, wie du es haben möchtest und welchen Beitrag du bereit bist, dafür zu leisten. Bitte die Göttin Isis – Christen nehmen die Heilige Mutter Maria, weitere hilfreiche Göttinnen sind z. B. Isthar, Venus oder Freya – dir zu helfen, und erfreue dich noch ein Weilchen an den Kerzen, während du an die schönen Dinge, die du mit deinem Lebensgefährten erlebt hast, denkst. Lass den Zauber meditativ ausklingen.

Erotik und das Thema Sexualmagie

Spaß ist, was ihr daraus macht. Ich bin mir sicher, dass meine Leser wissen, was ihnen guttut, deshalb möchte ich mich nicht mit der Aufzählung von Praktiken aufhalten. Ich schreibe ja ein Hexenbuch, nicht für die BRAVO. Kommen wir also zur erotischen Magie und zur großen weiten Welt der Aphrodisiaka, falls die körperliche Liebe einmal nicht so will, wie man sich das wünscht.

Erotische Magie, nicht Sexualmagie, meine ich damit, wobei ein Paar es gerne einmal damit versuchen kann. Sexualmagie ist wohl eine der ältesten Formen der Magie und hört sich ja schon dem Namen nach irgendwie erfreulich an. Doch viele schrecken davor zurück, weil die *Schwarzen Kreise* gerne öffentlich damit protzen, wie viel Sexualmagie sie betreiben, und ihre Erzählungen mit allerlei Widerwärtigkeiten garnieren ... oder weil schrecklich komplizierte Anleitungen in Büchern alles, bloß keine Lust machen.

Die Sexualmagie der Hexen – wenn sie denn überhaupt welche betreiben – und anderer, wie beispielsweise die der Tantriker, hat damit jedoch nichts zu tun. Sie ist licht- und liebevoll und konzentriert sich meist auf gemeinsame Wünsche des Paares, die im Moment des Orgasmus mit eben dieser starken Energie gedanklich oder verbal ins Universum befördert werden oder z. B. einen Gegenstand damit *laden* wollen.

Gerade fällt mir auf, dass ich beginne, doch über dieses Thema zu schreiben. Also gut, dann bekommt ihr auch noch ein paar Tipps dazu. Eine gute Idee ist es beispielsweise, Kerzen, die farblich mit dem Wunsch harmonieren, anzuzünden, bevor man sich der süßen Liebe hingibt. Und wenn man eine neue, gemeinsame Wohnung sucht, könnte man eine blaue für eine gute Kommunikation auf dem Weg zum neuen Heim, eine grüne für Bezahlbarkeit, eine rosafarbene für harmonisches Zusammenleben dort und eine gelbe Kerze für allgemeinen Segen aufstellen. Man kann und sollte dabei mit Düften und Farben experimentieren. Auch das Dekorieren des Liebesnestes, Häppchen, die man vorbereitet, usw. wirken nicht nur magisch förderlich, sondern heben auch die Stimmung an sich. Wichtig ist nur, dass es beiden Partnern Spaß macht. Wenn einer der beiden einen bestimmten Duft nicht besonders mag, sollte man ihn auch nicht verwenden, selbst wenn er noch so gut zum angestrebten Ziel passt. Das würde die Sache nur behindern, anstatt hilfreich zu sein.

Dieser Zweig der Magie steht oft noch in einem viel zu schlechten Licht da, einfach weil die falschen Leute darüber reden und sich daran erfreuen, wie *verrucht* sie dadurch wirken. Eine Form der Magie, die schon seit Zehntausenden, vielleicht sogar Hunderttausenden von Jahren praktiziert wird und mit Liebe, Lust, Vertrauen und Spaß verbunden ist, kann jedoch nichts Schlechtes sein! Es fällt mir auf, dass Männer weit weniger Probleme mit diesem Thema haben, wohl auch, weil ihnen in Sachen Sexualität weniger Schuldgefühle oder sonstiges negatives Zeug eingeredet wird als den Frauen. Ja, auch noch im 21. Jahrhundert! Wer Sexualität ohnehin als schmutzig empfindet, wird sich wohl kaum für Sexualmagie erwärmen können. Wer dieses Denken jedoch mit der Zeit hinter sich lässt, kann – Interesse an Sexualmagie vorausgesetzt – damit sicherlich schöne und lichtvolle Erfahrungen sammeln.

Doch nun zurück zur erotischen Magie. Diese befasst sich naturgemäß damit, Lust und Liebe noch sinnlicher, freudvoller und genussreicher zu gestalten, wofür man sehr unterschiedliche Methoden nutzen kann. Da man sich schon immer auf der ganzen Welt mit diesem Thema befasst hat, gibt es einen reichen Fundus an Ideen, sich inspirieren zu lassen. Ich möchte hauptsächlich auf die europäischen Traditionen, die viel mit Düften, Kerzen, Edelsteinen und Pflanzen arbeiten, eingehen.

Grundsätzlich ist zwischen Aphrodisiaka und Magie zu unterscheiden. Aphrodisiaka werden traditionell angewendet, um die Lust zu steigern und wirken zumeist durchblutungsfördernd und leicht entspannend. Magie wirkt auf einer noch feinstofflicheren Ebene und - bitte nie vergessen! - sollte nicht ohne das Einverständnis des anderen angewendet werden. So mancher Partner wird sich freuen, wenn du ihm sagst, dass du für ein erfülltes Sexleben zaubern möchtest.

Es ist schon erstaunlich, wie viel Stress man sich bezüglich der schönsten Nebensache der Welt machen kann, Stress, der bestimmt nicht dafür sorgt, dass man in Stimmung kommt. Dies liegt zum Teil wieder einmal an unserer eigenartigen Gesellschaft: Sogar im Schlafzimmer, wo man nun wirklich ganz intim und für sich ist, wollen viele *funktionieren*. Dabei ist es doch ganz normal, dass man mal keine Lust hat und dass eine solche lustlose Phase manchmal auch eine Weile andauern kann. Wir sind Wesen aus Fleisch und Blut, mit Herz und Verstand - keine Roboter! Mach kein Drama aus ganz normalen Dingen. Überall in der Natur gibt es Zeiten der Fülle und Zeiten der Ruhe, und wir Menschen, selbst in der größten Großstadt, sind trotzdem noch ein Teil der Natur.

Zauber für eine heiße Nacht

Wenn du einen solchen Zauber *webst*, ist eine leichte und entspannte Vorfreude der beste Helfer.

Nimm Patchouliöl oder, wenn du das nicht so magst, Ylang-Ylang-Öl. Reibe eine rote, durchfärbte Kerze damit ein, und bitte Aphrodite, dir eine heiße Nacht zu bescheren. Stelle ein Gläschen Sekt – am besten roten – für die Göttin neben die Kerze, und zünde die Kerze an. Den restlichen Sekt wirst du vermutlich noch im Laufe des Abends aufbrauchen ... Für alle, die Alkohol aus bestimmten Gründen ablehnen: Nehmt statt des Sekts einfach roten Traubensaft!

Unterstützung, um eine Blockade zu lockern

Verzweifle nicht, wenn es einmal nicht so klappt, wie du es dir wünschst. Verzweiflung hilft dir nicht weiter, sie behindert dich nur. Versprich dir stattdessen als Erstes, Verständnis für dich selbst zu haben. Dann gehe liebevoll dem nach, was dich blockiert, und nimm dir dafür so viel Zeit, wie die Angelegenheit eben erfordert!

Nimm zur spirituellen Unterstützung eine weiße Kerze und Basilikumöl. Streich die Kerze damit von oben nach unten ein, zünde sie an und lass deinen ganzen Frust heraus. Sprich frei aus, was dir nicht gefällt, was dich traurig macht und verunsichert. Nun lass die Kerze herunterbrennen, und meditiere noch ein wenig über die Ursachen der Blockade. Nimm dir ausreichend Zeit für dich. Versprich dir selbst, gut für dich zu sorgen und verständnisvoll an deinem Problem zu arbeiten. Suche eine Beratungsstelle auf, wenn du Hilfe dabei haben möchtest. Wiederhole den Zauber zur Unterstützung ruhig bei Bedarf.

Rezepte für erotische Massageöle

Die angegebene Dosierung für Massageöle bezieht sich auf 100 ml Basisöl, dem jeweils 10–25 Tropfen ätherisches Öl zugegeben werden, z. B. Jojobaöl, Mandelöl, Sesamöl oder Macadamiaöl.

Möchtest du ein Parfüm herstellen, nimm insgesamt 10–15 Tropfen ätherisches Öl auf 10 ml Trägeröl. Für Gesichtsöle genügen 5–10 Tropfen auf 100 ml Basisöl, in ein Vollbad gibt man 5–15 Tropfen, und für ein Gesichtsdampfbad nimmt man auf 2 Liter Wasser 1–2 Tropfen ätherisches Öl. Wenn du, wie ich, empfindliche Haut hast, dosiere es bitte erst einmal geringer, und schau, wie du es verträgst! Du wirst feststellen, dass natürliche Parfüms viel weicher und einhüllender wirken als synthetische. Wenn ich ein selbst gemachtes Parfüm oder eines aus einem Naturkosmetikladen trage, höre ich erstaunlich oft Sätze wie: »Du riechst aber gut heute!« Trage ich synthetisches Parfüm, nimmt kaum jemand Notiz davon. Das ist richtig auffallend. Aber manchmal hat man an einem (halb-)synthetischen Duft halt einen Narren gefressen und möchte nicht auf ihn verzichten. Das sollst du auch nicht, aber probiere ruhig einmal Naturparfüms.

Ausgezeichnet duftet es auch, wenn man nur ein Öl zum Parfüm-Mischen benutzt, wie beispielsweise Orangenöl oder Sandelholzöl. Da kann man nicht viel falsch machen, es belebt und umhüllt einen den ganzen Tag. Du kannst die Mischungen natürlich ganz nach Belieben variieren. Vielleicht etwas mehr Orange und dafür weniger der etwas schwereren Öle? Mach das ganz, wie es dir beliebt!

Ich gebe im Folgenden ganz bewusst keine Rezepte für Naturparfüms auf Alkoholbasis an. Alle alten Traditionen der Schönheitspflege und der Magie benutzen Öle und Fette als Trägersubstanz für Düfte. Sie halten den Geruch länger, als in Alkohol gelöst und sind eindeutig hautverträglicher. Möchtest du eine duftende Parfümsalbe anstelle eines Parfümöles herstellen, empfehle ich mit Sheabutter zu experimentieren. Früher wurde auch Schweinefett o. Ä. dafür verwendet, doch der großen hautpflegenden Wirksamkeit und auch eines besseren Gefühls wegen, rate ich zur reinen Sheabutter. Wer mag, kann aber auch Ghee, also Butterschmalz, nach ayurvedischer Tradition als Basis verwenden. In Indien ist es beispielsweise ein Grundstoff für die berühmten ayurvedischen Kajalstifte. Man kann es ganz einfach selbst herstellen: 1 Stück ungesalzene Butter in einem Topf bei leichter Hitze eine halbe Stunde köcheln lassen. Danach die Butter durch ein Tuch seihen und so den Eiweißschaum entfernen oder ihn mit einem Schaumlöffel abschöpfen. Das so gewonnene Ghee ist sehr lange haltbar und hat eine wunderbar schmelzende Konsistenz. Ghee wird in Indien traditionell verwendet, um den Körper zu reinigen und zu entgiften, es ist also eine sehr gute Wahl. Wenn du Öle in eine Salbengrundlage einarbeiten willst und dies nicht durch einfaches Verkneten möglich sein sollte, achte darauf, die Basis nie zu sehr zu erhitzen. Die flüchtigen ätherischen Öle würden sonst im wahrsten Sinne des Wortes verduften …

Die Parfümmischungen im Einzelnen:

- *romantisch-aphrodisisch:* auf 100 ml Basisöl 10 Tropfen Ylang-Ylang, 8 Tropfen Sandelholz, 5 Tropfen Orange
- *maskulin:* auf 100 ml Basisöl 12 Tropfen Zeder, 8 Tropfen Patchouli – wem dieser Duft zu schwer ist, der kann auch folgende Dosierung wählen: 11 Tropfen Zeder, 4 Tropfen Patchouli & 4 Zitrone

- *sexy:* auf 100 ml Basisöl ganz schlicht 20 Tropfen Rose – ich weiß, es ist teuer, teuer, dafür aber sehr wirkungsvoll!
- *einhüllend-erotisch:* auf 100 ml Basisöl 10 Tropfen Orange, 4 Tropfen Patchouli, 1/2 Schote Vanillemark frisch ausgekratzt
- *anregend:* auf 100 ml Basisöl 10 Tropfen Basilikum, wahlweise auch Rosmarin, und 10 Tropfen Sandelholz
- *belebend:* auf 100 ml Basisöl 10 Tropfen Bergamotte und 12 Tropfen Orange – Achtung: Bergamotte macht sonnenempfindlich!
- *dezent-lieblich:* auf 100 ml Basisöl 10 Tropfen Rose und das ausgekratzte Mark einer ganzen Vanilleschote

Erotisches Räucherwerk

- *süße Liebe:* Styrax pur
- *Lust:* 1 Teil Moschuskörner, 1 Teil Zimt, 1 Teil Kardamom – im Mörser alles gut pulverisieren; gibt eine sehr orientalische Mischung, um die Sinne anzuregen
- *anregend:* 2 Teile Dammar, 1 Teil getrocknete Minzeblätter
- *balsamisch-umhüllend:* 2 Teile Benzoe, 1 Teil Rosenblütenblätter, 1 Teil Weihrauch
- *verführerisch:* 2 Teile Moschuskörner, 1 Teil Rosenblütenblätter, 1 Teil Sandelholz
- *sinnlich:* 2 Teile Patchouliblätter, 1 Teil Myrrhe, 1 Teil Weihrauch, ein paar Lavendelblüten
- *Meine persönliche Lieblingsmischung:* 2 Teile Weihrauch, 1 Teil Lavendelblüten, 1 Teil Patchouliblätter

Eines noch vorab, was Aphrodisiaka anbelangt: Manche Pflanzen sind essbar, bei anderen wiederum verwendet man nur ihr ätherisches Öl in der Duftlampe. Ätherische Öle niemals zum Verzehr verwenden und in der Schwangerschaft nur nach Absprache mit Fachleuten benutzen!

Die mit Stern * gekennzeichneten *Stoffe* sind nicht nur im Bereich Erotik, sondern auch allgemein zur Anregung gut geeignet.

Basilikum*

... beruhigt die Nerven, entspannt und belebt zugleich - ein sehr beliebtes Aphrodisiakum.

Beeren*

Rot und mineralstoffreich beleben Erdbeeren, Himbeeren & Co. die Libido und lassen sich so gut als Abschluss eines Liebesmenüs genießen.

Bergamotte* (äth. Öl)

... entspannt und gibt neue Kraft; ideal, wenn man sich nach einem Arbeitstag etwas abgeschlagen fühlt, aber eigentlich noch Lust hätte ...

Bohnenkraut

... galt im Mittelalter als Allheilmittel und ist ein Vertreter der würzigen Aphrodisiaka.

Damiana

... weckt die Lust, ist stimmungsaufhellend und wirkt schnell – als Tee getrunken merkt man die anregende Wirkung spätestens bei der dritten Tasse! Damiana kann auch geraucht werden.

Chilis

... beleben und *befeuern* die Libido. Warum sonst sind Spanier, Mexikaner, Kubaner, Ungarn usw. so heißblütig und leidenschaftlich? Tipp: Nicht allzu scharf anfangen und sich langsam steigern! Speziell auch für Männer!

Dill*

Einer der aphrodisischen Klassiker, nicht nur in der Küche unserer Großmütter – und die wussten schon, was gut ist.

Eisenkraut*

... beruhigt die Nerven, hilft bei Stress, mal abschalten zu können und macht so die Gedanken frei für die schönen Dinge im Leben.

Gewürznelke*

... ist sehr aromatisch, regt die Durchblutung an und belebt – daher zusammen mit Zimt und Ingwer sehr beliebt. Der gute, alte Yogitee hat also auch Wirkungen, von denen gar nichts auf der Packung steht ...

Ginseng*

... gibt neue Kraft und hilft einem wieder auf die Beine. Ausgezeichnet auch bei Lustlosigkeit, da es den ganzen Körper revitalisiert.

Ingwer*

... ist scharf und macht heiß – so könnte man es ausdrücken. Und keine Sorge, die Schärfe des Ingwers brennt nicht im Magen!

Jasmin

Diese süße Liebesblume ist als ätherisches Öl sehr teuer, daher vielleicht öfter einmal grünen Tee mit Jasminblüten trinken oder getrocknete Jasminblüten für Desserts o. Ä. verwenden.

Kakao

Dass Schokolade anregend ist, wissen wir alle. Warum sie nicht auch einmal bewusst für einen romantischen Abend nutzen? Solange man nicht zu viel davon nascht, gelten noch heute die Weisheiten des legendären Casanova, nach denen eine heiße Schokolade die Damen mehr beflügelt als ein Glas Champagner. Achte auf gute Qualität, die besten und leckersten Sorten stammen aus Bioanbau! Je höher der Kakaoanteil, desto besser die Wirkung – bitter macht also ganz besonders *lust(-ig)*.

Kardamom

Sinnlich, üppig, orientalisch – genauso wie Koriander ein wunderbares Gewürz, um die Liebe anzuheizen.

Koriander*

Hier gilt dasselbe: Schon im Altertum tat man Koriandersamen in den Wein, um danach der Liebe zu frönen.

Lavendel*

Entspannend und klärend wirkt er vor allem, wenn man einen kuschelig romantischen Abend geplant hat. Lavendel fördert auch die Kommunikation zwischen beiden Partnern.

Liebstöckel

Hier steckt die Wirkung ja schon im Namen! Tipp: Eher sparsam verwenden, weil er sonst zu stark herausschmeckt! Auch gering dosiert ist er sehr anregend.

Lindenblüte

... gibt uns ein wohlig einhüllendes Gefühl als Tee und beflügelt die romantischen Seiten und den ganz besonders liebevollen Sex.

Minze*

... macht munter und frisch und ist daher eine gute Wahl, wenn man sich nicht besonders fit fühlt, aber es gerne wäre.

Muskat*

Ein anregendes Gewürz, das ebenfalls nicht überdosiert werden sollte. Am besten nur einen Hauch verwenden, dieser wird seine Wirkung dann aber nicht verfehlen!

Muskatellersalbei* (äth. Öl)

Dieses Öl bewirkt Ausgleich in der Seele. Als eine der stärksten Seelenpflanzen überhaupt öffnet Muskatellersalbei den Blick für sexuelle Freuden, indem er die Seele wieder in Harmonie versetzt.

Myrrhe* (äth. Öl, Räucherharz)

... hüllt schützend ein und wirkt so auf ähnliche Weise wie der oben beschriebene Muskatellersalbei.

Neroli* (äth. Öl)

... ist Seelennahrung pur, entspannt wie nur wenige Pflanzen und regt durch die Süße im Duft die Libido an. Neroli ist leider nicht ganz billig, was sich aber sehr schnell erklärt, wenn man bedenkt, dass Neroli das pure Öl der zarten Orangenblüten ist.

Olive

Im alten Rom galten Oliven als *Stimmungsmacher*, sie gleichen innerlich aus und geben neue Kraft. Wer sie gerne isst und einen Partner hat, der Oliven ebenfalls mag, wird ihre Wirkung zu schätzen wissen. Man kann auch Olivenöl verwenden!

Orange*

... macht lustig und froh und belebt dadurch alles in uns. Der beliebte Duft regt natürlich auch die Liebe an und ist eine gute Wahl, wenn man zum ersten Mal mit Düften in Sachen Liebe experimentieren möchte.

Patchouli (äth. Öl, Räucherkraut)

... ist ein Aphrodisiakum, das in unseren Breiten am besten in geradezu homöopathischen Dosen benutzt wird, denn vielen Leuten ist dieser Duft einfach ein bisschen zu stark. Fügt man jedoch nur ein Tröpfchen davon – zusammen mit 3-4 Tropfen Orangenöl – einer Duftlampe hinzu, sieht das oft schon ganz anders aus.

Petersilie

Ein Klassiker! Wirkt ausgezeichnet und ist altbewährt.

Rose

Sündhaft teuer, aber ausgezeichnet in der Wirksamkeit! Rosenöl wirkt entspannend und anregend zugleich, leitet die Gedanken in positive Bahnen und macht außerordentlich verführerisch. Wer es sich nicht leisten kann, sollte vielleicht einmal über kandierte Rosen o. Ä. auf einem Dessert nachdenken.

Rosmarin*

Rosmarin ist stark durchblutungsfördernd und wirkt anregend – er muntert auf, und sein strenges Aroma weckt die

Sinne. Er ist deshalb nicht nur in Frankreich ein beliebtes Gewürz in der Liebesküche.

Safran*

Die Fäden der Safrankrokusse sind als Aphrodisiakum berühmt. Die intensiv gelbe Farbe ist belebend und das Aroma tut ein Übriges – absolut empfehlenswert!

Sandelholz* (äth. Öl, Räucherholz)

Erotisch, sinnlich und spirituell zugleich, daher nicht ohne Grund der Lieblingsduft der Tantriker. Sandelholz beruhigt augenblicklich, sein Duft klärt die Wahrnehmung, macht besonnen und regt unsere sinnliche Seite an.

Sellerie*

Schon Madame Pompadour schwor auf Selleriesuppe, erfuhr ich bei einer Führung durch den Garten von Versailles. Das blieb in meinem Gedächtnis hängen, und ich kann ihre Aussage nur bestätigen: Sellerie ist wirklich eine gute Wahl, wenn man etwas lustlos ist. Wer ihn als Suppe nicht so mag, sollte ihn einmal sauer eingelegt probieren.

Vanille

Vanille ist süß und scharf zugleich. Wenn du vor dem Preis der Schoten etwas zurückschreckst, bedenke, dass sie ihren Preis mehr als wert sind. Vanille regt die Libido sanft und nachhaltig an, und auch wenn man mal scheinbar grundlos traurig ist, kann allein der Duft einer solchen Schote beleben und erfreuen. Ausgeschabte Schoten nicht wegwerfen, sondern luftdicht verschlossen in Zucker einlegen – das gibt echten Vanillezucker. Du kannst sie aber auch in ein hautfreundliches Öl einlegen und erhältst so ein luxuriöses Massageöl.

Vetiver* (äth. Öl)

Diesen Duft gibt es z. B. in ayurvedischen Seifen zu kaufen, aber auch das Öl hat eine ganz eigene Sinnlichkeit. Wenn Patchouli oder Zeder zu herb bzw. zu stark sind, man aber trotzdem einen *erdigen*, sinnlichen Duft haben möchte, ist Vetiver ideal.

Wacholder*

Eher würzig hat auch Wacholder ein echtes Potenzial als aphrodisierendes Gewächs, denn wir alle kennen diesen leicht süßen Hauch, der in seinem Aroma liegt. Er belebt – auch ein Gläschen Gin (Tonic) kann also den Abend versüßen helfen.

Weihrauch*

Der Räucherduft schlechthin ist auch als Aphrodisiakum beliebt. Er entspannt und wirkt durch seinen üppigen Duft sehr anregend auf die Sinne. Man meint sich im Orient zu befinden, wenn man die Augen schließt …

Ylang-Ylang

Ein guter Duft, wenn man etwas depressiv ist und wenig Lust hat – ganz besonders für Frauen. Die unübertroffene Blumigkeit und das einhüllende Wesen dieses Duftes beflügeln vor allem die weibliche Sexualität, wirken aber auch auf Männer sehr anziehend.

Zeder*

Zeder wirkt beim ersten Schnuppern vielleicht ein bisschen zu herb für einen aphrodisischen Duft. Eine entsprechende Wirkung erwächst jedoch aus den beruhigenden, erdenden Eigenschaften der Zeder, die einem nach einem stressigen Tag erst die Augen für sinnliche Freuden öffnen.

Zimt*

... wärmt, durchblutet und macht sinnlich – von Zimt werden müde Geister wieder munter.

Erotisierende Düfte für Frauen sind insbesondere:

Ylang-Ylang, Jasmin, Lavendel, Rose, Orange, Vanille, Veilchen

Erotisierende Düfte für Männer sind insbesondere:

Vetiver, Moschus, Patchouli, Eichenmoos, Bergamotte (wer's frisch mag), Kardamom

SIEBEN

Divination

... irgendwie schließt sie sich auch im wahren Leben an die Liebe an – drei Viertel aller Menschen, die zu mir in die Beratung kommen oder anrufen, wollen etwas über die Liebe wissen.

Wir alle lächeln milde über die alte Zigeunerin mit ihrer Kristallkugel, doch genauso schnell vergeht uns das Lachen, wenn sie uns, die wir sie ja angeblich überhaupt nicht ernst nehmen, plötzlich etwas Negatives vorhersagt. Dabei ist das Wahrsagen so alt wie die Menschheit. Sollen rationale Menschen ruhig abwertend darüber reden: Etwas, was nicht funktioniert, hätte sich in der Menschheitsgeschichte niemals so lange gehalten, hätte nicht so viele Varianten gebildet und wäre auch nie mit der Leidenschaft betrieben worden wie die Deutung unterschiedlichster Omen.

Karten und Pendel, oder was auch immer wir benutzen, sind nur Hilfsmittel. Sie unterstützen uns, mit unserem Unterbewusstsein in Kontakt zu treten – und damit auch mit dem kollektiven Unterbewusstsein, wie wir es vom Psychologen C. G. Jung kennen: eine Art Matrix, die alle Informationen beinhaltet über das, was war, ist und noch kommt. Als Hexe würde ich es so ausdrücken: Wir befragen die drei Schicksalsgöttinnen über ihre Absichten. Und Fragen sind das Wesentliche beim Orakeln! Manchmal ist es an der Zeit, ganz präzise Fragen zu stellen. Hin und wieder fragt man einfach mal nach, wie es weitergeht, und erfährt vielleicht Ungeahntes.

Dabei kommt es natürlich auch immer auf das gewählte Hilfsmittel an. Während sich ein Pendel wunderbar für Ja-Nein-Entscheidungen anbietet, kann man mit den Tarotkarten in Zusammenhänge und Entwicklungen blicken. Die Kristallkugel offenbart erst nach längerer Übung ihre Geheimnisse, die man so manches Mal, wenn z. B. nur ein Symbol erscheint, erst eine ganze Weile später deuten kann. Wer mehrere Möglichkeiten der Divination beherrscht, kann also je nach Fragestellung konkret nach Antworten suchen oder sich auch einmal ohne vorher gestellte Frage überraschen lassen, was ihm mitgeteilt wird.

Viele Menschen interessieren sich beim Orakeln für die Zukunft, meiner Erfahrung als Hexe nach sind es die meisten. Man sollte aber nicht vergessen, dass auch eine Jetzt-Analyse und der Blick in die Vergangenheit wichtige neue Impulse geben können. Die Zukunft entwickelt sich schließlich aus ihnen, zum Beispiel wenn man unglücklich verliebt ist. Anstelle der Frage *Warum habe ich bloß keinen Liebsten?*, könnte man auch weitergehend hinterfragen: *Was habe ich noch an Aufgaben zu bewältigen, bevor ich für eine Beziehung reif bin? Welche Umstände aus der Vergangenheit blockieren im Jetzt mein Beziehungsleben? Soll ich etwas daran ändern? Soll ich die Dinge ruhen lassen?* – Gute Fragen sind die halbe Miete, wenn man Dinge klären möchte.

Man kann natürlich auch für andere ein Orakel befragen, wenn man sie gut kennt oder schon eine Weile Erfahrungen damit gesammelt hat. Bei entsprechender Konzentration sind solche Befragungen auch über größere Entfernungen möglich, da Distanzen im magischen Netz sowieso keine Rolle spielen. Für den Anfänger ist das sicher nichts, aber mit der Zeit kann man entsprechende Fähigkeiten entwickeln.

Da Magie kein Leistungssport ist, lass dir ruhig Zeit damit. Du musst nicht hetzen. Die anderen haben natürlich alle schon mindestens fünf persönliche Hilfsgeister, die Tarotkarten in zwei Wochen auswendig gelernt haben, und brauchen dich nur genau anzuschauen, um zu wissen, dass dir heute früh die Kaffeetasse vom Tisch gehüpft ist. Ja, ja, schon klar! Lass dich nie von solchem Gerede beeindrucken. Es geht um deinen Weg. Keinen sonst. Du gehst, so schnell du willst und kannst, und bestimmst die Richtung. Für deine Entwicklung ist es unwichtig, ob deine Bekannte das Kaffeesatzlesen in der fünfundzwanzigsten Generation beherrscht. Immer wieder gibt es Frauen (und Männer!), die nur zu gerne *herumdozieren* auf diesem Gebiet. Als Profi kann man sie schnell aus der Reserve locken, während sich ein Anfänger vielleicht noch von ihnen beeindrucken lässt. Entspanne dich also und höre auf deine innere Stimme!

Wichtig im Zusammenhang mit dem Thema Orakel ist die Frage nach dem Zeitpunkt, wann gewisse Dinge eintreten. Hier gibt es wieder das Problem, dass der magische Bereich, aus dem wir unsere Informationen beziehen, nach völlig anderen Regeln abläuft, als unser rationales tägliches Leben. Und auch die Schicksalsgöttinnen spinnen unsere Fäden mal schneller, mal langsamer. Wenn man damit leben kann, sollte man den Zeitraum nicht allzu fest umreißen. Es reicht zu fragen, was sich in Sachen Beruf im Herbst ergeben wird. Man kann natürlich auch nach den einzelnen Monaten fragen, um noch genauer zu werden. Was man hingegen vermeiden sollte, ist, jeden Tag zu fragen. Es gibt tatsächlich Menschen, die jeden Einkauf mit dem Pendel vorbereiten. Nun sollen Orakel uns aber unterstützen, wenn wir Hilfe brauchen – und nicht zum Lebenszweck werden! Ich verstehe es gut, wenn man morgens eine Tageskarte zieht. Es ist nicht nur eine gute Übung, um die Bedeutungen der Karten zu erlernen, sondern kann auch einen meditativen Anstoß für den ganzen Tag geben. Als neugieriger Anfänger *orakelt* man natürlich alles *durch,* was einem in die Finger kommt. Das ist ganz normal und beruhigt sich von selbst wieder!

Tarot

Das Tarot war mein Einstieg in die faszinierende Welt des Magischen. Daher möchte ich versuchen, dieses Thema im Folgenden auch so verständlich wie möglich darzustellen.

Ich weiß, dass sich viele Leute von dem großen Berg Karten etwas einschüchtern lassen, doch lass dir gesagt sein: Ich habe ungefähr fünf Jahre gebraucht, bis ich richtig sattelfest in Sachen Tarot war! Und das Ganze nur, um dann ein neues Tarot zu finden, das mir viel besser gefiel. Da war dann *Umlernen* angesagt!

Welches Tarotspiel soll man überhaupt nehmen? Soweit ich weiß, gibt es mittlerweile über zweihundert verschiedene Spiele. Am beliebtesten sind immer noch das Waite Tarot und das Crowley Tarot, gemalt von Pamela Coleman Smith und Lady Frieda Harris – ja, es waren Frauen, die diese beiden Tarotdecks schufen und deren Namen eigentlich auf den Verpackungen stehen müssten. Man braucht vor den manchmal als schwarzmagisch verschrienen Crowleykarten allerdings keine Angst zu haben. Natürlich war Crowley nicht gerade das, was man einen Chorknaben nennt, und man kann ihn berechtigt ablehnen. Sein magisches Wissen war jedoch fundiert. Und so begann er – zusammen mit Lady Harris – in den letzten, schon deutlich ruhigeren Jahren seines Lebens diese Karten zu entwerfen. In den Jahren ihrer Entstehung war er dabei nur hin und wieder, zum Tee sozusagen, bei Lady Harris zu Besuch, um die Motive zu besprechen. Sie, die britische Künstlerin, ist die wahre Schöpferin der Karten. Ich habe beide Tarotdecks und ihre Deutungen mit in dieses Buch aufgenommen.

Wie lernt man die Bedeutungen der ganzen Karten auswendig?

Vor allem mit Geduld! Es geht hier nicht um Rekorde, und es ist keine Schande, seine Bücher um Rat zu fragen, wenn man einmal nicht genau weiß, wie man das vor sich Liegende deuten soll. Das machen auch erfahrene Kartendeuter im Zweifelsfall nicht anders. Sehr bewährt hat sich, wie bereits erwähnt, das Ziehen einer Tageskarte, um Übung beim Deuten zu bekommen.

Richtig oder falsch herum?

Bezüglich dieser Frage gibt es einen kleinen Glaubenskrieg! Doch natürlich entscheidest du das letztendlich selbst. Ich – und mit mir übrigens viele Tarotfachleute – empfehle, verkehrt herum liegende Karten einfach umzudrehen. Dies wird bei der intuitiven Deutung ohnehin nötig, da nur ein richtig herum liegendes Bild den Gefühlen und der Intuition zugänglich gemacht werden kann. Manchmal werde ich das Gefühl nicht los, die *Mode* mit den verkehrt herum liegenden Karten kam nur auf, um gewissen Kartenlegern Profite zu verschaffen, weil es damit für Laien deutlich erschwert wurde, die Deutung selbst zu erlernen.

Zu welchen Themen legt man und wie oft?

Ich versichere dir, du wirst anfangs zu jedem (un-)möglichen Thema die Karten legen wollen. Gib diesem Eifer ruhig nach – die gesunde Neugierde fördert schließlich auch das Auswendiglernen der Karten! Mit der Zeit beruhigt sich das ganz von selbst, und man entwickelt ein natürliches Gefühl dafür, wann und wie oft man die Karten befragen möchte. Das ist jedoch in der Tat bei jedem Menschen unterschiedlich.

Thematisch wirst du bald sehen, dass die Wahrsagerei nur ein sehr kleiner Bereich des Tarot ist. Wichtige Erkenntnisse zur eigenen Person und die Fähigkeit, bestimmte Tendenzen in seinem Leben ans Licht zu bringen, nehmen mit der Zeit immer mehr Raum ein.

Ja- und Nein-Fragen

... gehen nicht, leider, doch es ist so. Man kann nur geschickt formulieren und z. B. nachfragen, wie etwas verläuft, wenn man sich A dafür oder B dagegen entscheidet, und entsprechend zwei Karten dazu ziehen.

In welcher Stimmung, mit welcher inneren Haltung legt man die Karten?

Man kann die innere Haltung nicht genug betonen. Zum Tarot-Legen braucht man prinzipiell eine entspannte, gelassene und ruhig auch ein bisschen fröhliche Stimmung. Als *Accessoires,* um meditativ und doch inspiriert die Karten zu legen, sind Räucherstäbchen, Kerzen, Teelichte oder Steine, die auf den Tisch gelegt werden, zu Recht beliebt. Sie fördern den Kontakt mit dem Unterbewusstsein.

Folgende ätherische Öle für die Duftlampe empfehle ich gerne: Rosmarin (belebt und fördert eine positive Einstellung), Zitrusdüfte wie Orange oder Lemongrass (sorgen für Konzentration), Sandelholz (der spirituelle Duft schlechthin), Lavendel (entspannt und baut Stress ab), Zedernholz (fördert die Konzentration und wehrt negative Einflüsse ab) und Minze (macht munter und schärft die Sinne).

Wann sollte man Karten grundsätzlich nicht legen?

- wenn man schlechte Laune hat oder traurig ist
- wenn man Alkohol oder andere die Wahrnehmung verändernde Substanzen zu sich genommen hat; zu viel Kaffee ist auch tabu, sonst ist man einfach zu quirlig
- wenn man aufgedreht oder müde ist
- wenn man z. B. nur eine Stunde später noch einen Termin hat

Wie behandelt man seine Karten?

Karten sind so etwas wie Werkzeuge, also kommen sie wie Werkzeug auch in eine gute Verpackung, z. B. in ein Samtsäckchen, ein Kästchen oder ein schönes Tuch. Man muss es nicht übertreiben, aber die Karten einfach so in ihrer Verpackung zu belassen, ist allgemein nicht üblich. Wer seine Fähigkeiten zusätzlich fördern möchte, kann den Karten auch noch etwas Beifuß beilegen oder die Ränder der Karten mit ein wenig Eisenkraut- oder Lavendelöl einstreichen. Ein kleiner Amethyst hilft ebenfalls. Wer mit Anna Riva Ölen arbeitet, verwendet *Saffron* oder *Cypress,* um die Wahrsagefähigkeiten zu verbessern.

Mit welcher Hand zieht man die Karten und warum?

Mit links werden Karten gezogen, das gilt für Links- und Rechtshänder gleichermaßen. Die linke Hand ist wie die gesamte linke Körperseite mit der rechten Hirnhälfte verbunden, die u. a. für Fantasie und Bilder zuständig ist.

Dürfen andere Menschen meine Karten anfassen?

Grundsätzlich ja, wenn es für dich in Ordnung ist – allerdings gibt es Ausnahmen. Wir alle kennen Personen, die wir nicht wirklich mögen. Und natürlich landen die Karten irgendwann einmal genau in den Händen von Fräulein X, das wir überhaupt nicht ausstehen können! Nachdem Fräulein X wieder von dannen gerauscht ist, haben wir das Gefühl, sie klebe förmlich noch an den Karten. Und dieses Gefühl reicht aus, die Karten doch lieber einmal spirituell zu reinigen. Methoden dafür gibt es viele, bewährt sind jedenfalls die folgenden. Ein Taschentuch mit Kölnischwasser einsprühen und die Karten einige Stunden darin eingewickelt lassen. Auch Salbei reinigt die Karten, wenn sie durch seinen Rauch gezogen werden. Wer mag, kann sie auch über Nacht in ein Taschentuch schlagen und dieses kleine Päckchen in

Salz *einlegen*. Nach Belieben können dem Salz auch Wacholderbeeren zugegeben werden. Und wenn es schnell gehen soll, einfach dreimal über den Kartenstapel pusten und sich dabei vorstellen, wie die negative Energie fortgeblasen wird.

Ist es möglich, für nicht anwesende Personen die Karten zu legen?

Das ist ein heikles Thema. Erst einmal möchte ich festhalten, dass man es nur auf Wunsch der betreffenden Person machen sollte. Es ist indiskret, anderen auf diese Weise hinterherspionieren zu wollen. Bittet einen hingegen jemand, die Karten für ihn zu legen, während er abwesend ist, ist es wichtig, sich von seiner Situation ein genaues Bild zu machen. Es könnte sonst zu Fehldeutungen kommen. Je besser man denjenigen kennt, desto präziser werden auch die Ergebnisse ausfallen.

Aus persönlicher Erfahrung möchte ich dazu sagen, dass der Deutung zumindest ein ausführliches Telefongespräch oder ein intensiver schriftlicher Austausch vorausgehen sollte.

Andere seine Karten ziehen lassen, geht das?

Ist man besonders aufgeregt oder zu sehr mit dem Thema verflochten, über das man Näheres wissen möchte, empfiehlt es sich, die Karten entweder von einer vertrauten Person ziehen zu lassen und selbst zu deuten oder zu einer Tarotlegerin des Vertrauens zu gehen. Wichtig ist, dass man einen guten Draht zueinander entwickelt oder dieser – besser noch – schon besteht. Überhaupt ist gemeinsames Kartenlegen oft vergnüglicher und inspirierender, als wenn man es alleine tut. Wenn man sich gut kennt und keine Geheimnisse voreinander zu haben braucht, ist ein mystischer Kaffeeklatsch mit Tarotlegen eine wunderbare Sache!

Wie mischt man die Karten, und wie hebt man ab?

Man mischt die Karten in den Händen oder breit über einen Tisch gefächert. Das kann man ganz nach Gefühl oder Gewohnheit machen. Man mischt so lange, bis sich die Karten *gut* anfühlen. Ich persönlich spüre während des Mischens das Energieniveau in ihnen steigen und fallen und stoppe immer an einem Punkt, an dem die Karten ein sehr hohes Energieniveau erreicht haben. Dann hebt man traditionell dreimal ab und legt sie wieder zu einem – dadurch noch einmal gemischten – Stapel zusammen. Das tut man aus zweierlei Gründen. Zum einen, weil es Menschen gibt, die so willensstark sind, dass sie ihre Wünsche mit in die Karten mischen – das verfälscht das Ergebnis. Und zum zweiten, um den drei Schicksalsschwestern die Ehre zu erweisen.

Um die Karten zu ziehen, nimmt man den Stapel in die rechte Hand und zieht mit der linken die Karten heraus. Man kann sie auch vor sich auffächern und dann auswählen, oder sie in eine große Schüssel geben, vermengen und mit abgewendetem Blick ziehen. Wer etwas anderes mag, wird etwas anderes tun. Wenn man seine Lieblingsvariante gefunden hat, bleibt man meist dabei. Lass dich nicht durch irgendetwas abschrecken, deinen eigenen Weg zu finden!

Ich selbst ziehe die Karten aus dem geschlossenen Stapel, fische sie sozusagen mit den Fingernägeln heraus. Hin und wieder hebe ich aber auch einfach ab und nehme die jeweils oberste Karte. Bei sehr schwierigen Fragen, die mich gefühlsmäßig belasten, nehme ich jedoch eine große Schüssel, mische darin die Karten durch ohne hinzusehen und ziehe dann aus dem Wirrwarr meine Karten. Die Antworten fallen bei dieser Methode oft überraschend aus und sorgen für frischen Wind!

Woher weiß ich, ob die Karten mir die Wahrheit sagen?

Mit der Zeit kommt das Vertrauen in die Karten. Du wirst intuitiv wissen, wann du legen kannst – Stimmung und Zeitpunkt – und vielleicht auch eines der folgenden Anzeichen entwickeln. Bei mir ist es so, dass sich die richtigen Karten wärmer als die anderen anfühlen. Manche Menschen empfinden sie als schwerer. Hab Vertrauen, je länger du mit den Karten arbeitest, desto mehr schwinden die Unsicherheiten, die unser rationaler Verstand uns so gerne einredet, wenn wir uns in die Regionen der Intuition begeben!

Ist das, was die Karten sagen, unabwendbar?

Nein, nein und nochmals nein! Oft genug sind sie vielmehr als Warnung zu verstehen, die uns zum Umdenken veranlasst. Bei negativen Karten ist es wichtig, sie anzunehmen und nicht schönreden zu wollen. Man überlegt, was man tun kann, damit das Negative nicht eintritt. Oder inwieweit sollte ich an meiner Einstellung, an meinen Lebensumständen usw. arbeiten, damit ich es zumindest abmildere. Denn auch der klügsten Kartenlegerin bleiben Fehlschläge im Leben nicht erspart. Das ist normal und nichts Beunruhigendes. So ist das Leben halt.

Daher ist es auch so wichtig, die Karten in guter Stimmung zu legen! Ist man deprimiert und legt dann auch noch ein negatives Deck, dann zieht einen das umso mehr runter. Bei guter Stimmung hingegen überlegt man sachlich, stellt sich darauf ein und ist somit gewappnet.

Legemuster und Deutungen

Das Kreuz, der einfache Einstieg – keineswegs nur für Anfänger, sondern eine gute Methode, präzise und klare Antworten zu erhalten

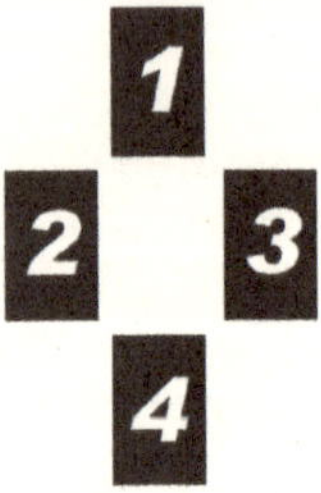

1 = das Thema, worum es geht
2 = Herausforderungen, Hindernisse, Irrwege
3 = der richtige Weg; das gilt es zu tun
4 = Ausblick darauf, was kommen wird bzw. was sich aus unserem Handeln ergibt

Der Verlauf – So einfach wie bewährt!

1 = die Vergangenheit
2 = das Jetzt
3 = die nähere Zukunft
4 = die fernere Zukunft

Das Liebesspiel – ein Klassiker!

Widerstehe jedoch der Versuchung, mehrmals zu legen, um das Ergebnis damit zu verbessern!

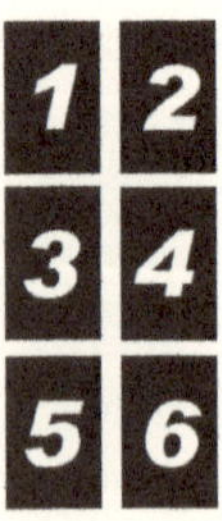

1 = so denkt der Fragende über die ersehnte Person
2 = so denkt die ersehnte Person über den Fragenden
3 = so denkt der Fragende über sich selbst (z. B. Hoffnungen, Ängste ...)
4 = so denkt die ersehnte Person

5 = so denkt der Fragende über eine Zweierbeziehung
6 = so denkt die ersehnte Person über die Zweierbeziehung

Das Zigeunerspiel der Selbsterkenntnis – ein gutes Wahrsagespiel!

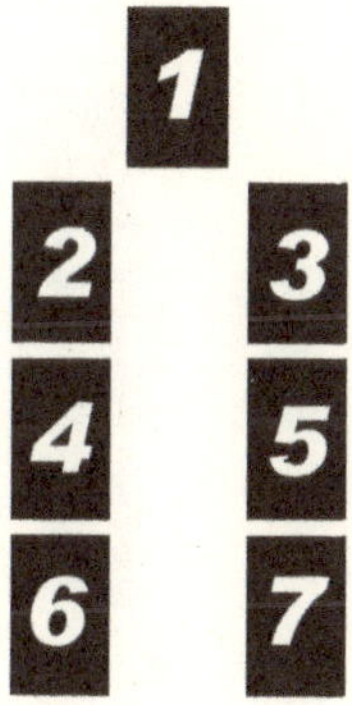

1 = das Jetzt bzw. so geht es dem Fragenden in der Gegenwart
2 = wie gibt man sich bzw. welches Image versucht man aufrechtzuerhalten
3 = zeigt, was *dahintersteckt,* die wahren Gefühle, das wahre Ich
4 = Ziele bzw. was möchte man erreichen
5 = wie verläuft es ab jetzt, was passiert einem als Nächstes und was erreicht man
6 = was bringt die nähere Zukunft
7 = der Grundtenor der gezogenen Karten bzw. was bedeuten sie in ihrer Gesamtheit

Das Entscheidungsspiel

So kann man sich, ohne Ja-Nein-Fragen zu bemühen, einen Überblick vor einer Entscheidung verschaffen

1 = Ausgangssituation bzw. Problem oder Grundhaltung des Fragenden
2+3+4 = Gründe, die für die Entscheidung sprechen; wobei alle drei Karten zusammen eine Aussage bilden
5+6+7 = Gründe, die dagegen sprechen

Das *unschlagbare* keltische Kreuz

Ideal, um sich bei komplexen Situationen einen Überblick zu verschaffen; der *Check-up,* um mit Hilfe der Karten mal wieder zu schauen, was sich so ergibt und was es zu beachten gilt

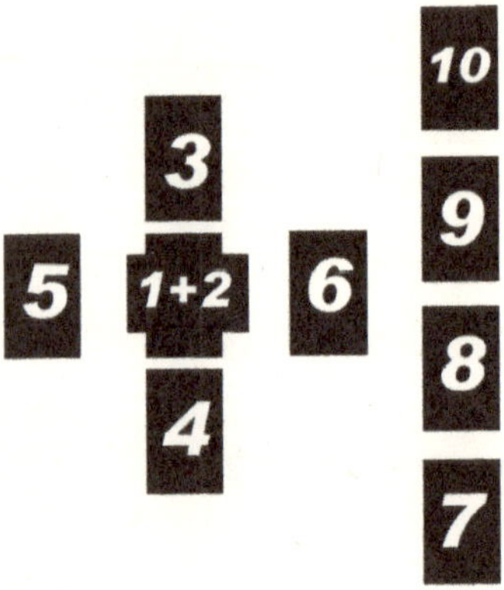

1 = Ausgangssituation des Fragenden
2 = was kommt auf ihn zu; ein neuer Impuls
3 = was wird vom Fragenden bewusst gesehen und angestrebt
4 = was möchte das Unterbewusste
5 = die jüngste Vergangenheit
6 = die nahe Zukunft
7 = der Fragende und seine innere Einstellung zum Thema der Legung
8 = das Umfeld des Fragenden (Orte, Personen ...)
9 = Hoffnungen und Ängste des Fragenden
10 = langfristiger Ausblick

Gründliche Selbsterforschung mit dem Planetenspiel

Ein Spiel, für das man sich ruhig einen ganzen Nachmittag freihalten sollte; es ist etwas Besonderes und kommt daher nur selten zum Einsatz, dann aber mit umso schöneren Ergebnissen!

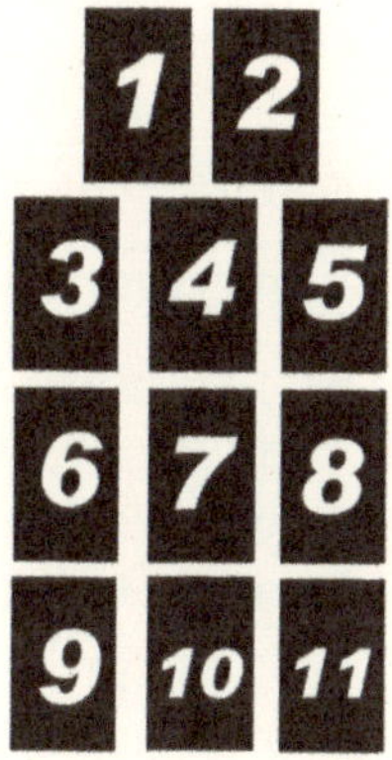

1 = Auftreten und Aussehen des Fragenden, seine Verfassung und Stimmung (= AC)

2 = Bewusstsein, Lebensziel, Vitalität, Kraft, Wille und Verwirklichung (= Sonne)

3 = Intelligenz, Cleverness, Neugierde, Gewandtheit, Gedanken, Kommunikation (= Merkur)

4 = Seele, Intuition, seelische Bedürfnisse, Gefühle, Stimmungen, Wünsche (= Mond)

5 = Liebe, Harmonie, Sinn für Schönes und Kunst, Erotik, Feinsinn, Liebesideale (= Venus)

6 = Mut, Durchsetzungskraft, Power, Wille, Aggressivität, Lust, Wut, Begierden (= Mars)

7 = Moral, Glauben, Werte, Erfolg, Rechtsempfinden, Reichtum, Großzügigkeit (= Jupiter)

8 = Pflichten, Ausdauer, Zwänge, Hemmungen, Misstrauen, Beschränkungen (= Saturn)

9 = Exzentrik, Originalität, Besonderes, Verrücktheiten, Spontanes, Kreatives (= Uranus)

10 = Ahnungen, Verwirrungen, Süchte, Mediales, übersinnliches Empfinden (= Neptun)

11 = Urkräfte der Heilung und der Zerstörung, das Wilde und Ursprüngliche in einem (= Pluto)

Wichtiges zur Grundhaltung beim Kartenlegen

Die wichtigsten Punkte habe ich schon erwähnt: Entspannung und ein offener Geist. Um diesen Zustand leichter herzustellen, kann man auch verschiedene Techniken erlernen wie beispielsweise Meditation oder Tai-Chi. Für viele reicht auch schon der Anblick des Tisches, mit Kerze und glimmendem Räucherstäbchen, und des Kartenstapels, und die richtige Stimmung stellt sich ganz von selbst ein.

Wichtig ist vor allem die innere Offenheit! Nimm die Bilder der Karten in dich auf, und frage dich ehrlich, welche Gefühle sie in dir auslösen: ein gutes oder eher maues Bauchgefühl? Fühlst du Konflikte oder große Kräfte, kleinere Einflüsse oder eine ganz besonders wichtige Karte? Was lösen die Farben der Karte in dir aus, was die Figuren oder Symbole darauf? Insbesondere die Farbgebung der Tarotkarten lädt zu intuitiven Erkenntnissen ein.

Dem Gefühl trauen lernen – Botschaften aus dem Bauch heraus

Vielleicht misstraust du noch etwas dem intuitiven Deuten und willst dir die Ratschläge lieber ganz *korrekt,* also nach Buch gedeutet, aus deinen Karten holen. Das ist allein deine Sache! Vielleicht entschließt du dich, so wie ich, zu einer Mischform aus konventioneller und intuitiver Deutungsmethode, vielleicht auch nicht. Lass dir jedenfalls von niemandem hineinreden, zumal sich der Geschmack diesbezüglich auch immer wieder ändern kann. Panta rhei – alles fließt!

Anfangs wirst du noch etwas unsicher sein – das ist ganz normal und einfach nur der Fluch unserer verkopften Gesellschaft. Doch mit der Zeit und entsprechender Übung wirst du sehen und fühlen, was dir eine bestimmte Karte bedeutet, was sie neben dieser oder jener Karte zum Ausdruck bringt. Ich kann dir dazu nur raten: Hab Geduld! Eventuelle Fehler sind völlig normal, du erlernst schließlich etwas! Das bedeutet automatisch, dass man es am Anfang noch nicht so gut kann, schließlich jedoch immer besser wird. Wenn du ungeduldig wirst, verscheuchst du nur deine hilfreichen Bauchgefühle. Bedenke auch, dass du deine Bauchgefühle eventuell schon eine Weile vernachlässigt haben könntest. Dann dauert es etwas länger, sie aus ihrem Dornröschenschlaf zu wecken. Das macht aber nichts! Du stehst weder unter Zeit- noch unter Leistungsdruck! Kartenlegen soll dir schließlich Freude bereiten.

Neue, individuelle Bedeutungen der Karten erforschen

Das ist der spannendste Teil! Ich kann dir in diesem Bereich auch nur eine Einführung geben, denn entdecken musst du ihn selbst. Mit der Zeit werden bestimmte Karten neue Bedeutungen bekommen. Bei mir ist das z. B. der Tod. Viele fürchten sich ein bisschen vor dieser Karte. Das ging mir früher nicht anders, bis ich irgendwann entdeckte, dass er bei mir jedes Mal das Ende einer unangenehmen, einschränkenden Situation ankündigte.

Eine für die meisten ähnlich gruselige Karte ist der Teufel. Doch auch er wurde mir zu einer wertvollen, warnenden Hilfe, die ankündigt, wann gewisse Dinge nur mit viel Mühe, umständlich oder nur schleppend vorankommen. So kann ich mich darauf einstellen und bin vorgewarnt.

Intuitive Legemuster

Man kann natürlich ganz einfach Fragen stellen und dazu jeweils eine Karte ziehen. Ergeben sich weitere Fragen aus der Antwort, zieht man weitere Karten zu diesen Fragen. Eine andere Methode ist es, sich selbst Legemuster für ein Thema auszudenken und zu notieren. Nimm am besten ein eigenes Heft dafür. Mit der Zeit wirst du eine schöne Sammlung beisammen haben. Mach es einfach so, wie du es magst. Es geht hier einzig und allein um deine Intuition und nicht um die Komplexität o. Ä. des Legemusters. Diese Dinge wachsen mit der Zeit von ganz alleine – wenn man sie denn braucht.

Kartenlegen als Bestandteil des Alltags

Mit der Zeit wirst du sehen, wie das Kartenlegen ein ganz normaler Bestandteil deines Lebens wird, bei kleinen oder großen Fragen, um einer lieben Bekannten zu helfen oder auch um wichtige Prozesse des Lebens zu erkennen. Ich lege – außer für Klienten – eher selten die Karten, das kann aber in einem Jahr schon wieder ganz anders aussehen. Mach einfach, was deinem Gefühl entspricht. Klebe nicht an festen Zeitpunkten oder dergleichen. Du weißt schon, wann es mal wieder Zeit wird, einen Blick in die Karten zu werfen. Bei mir sind es immer die Zeiten der Stagnation, in denen ich wissen will, warum nichts weitergeht. Bei anderen sind es vielleicht genau umgekehrte Gründe, die Karten zu legen.

Es ist immer eine persönliche Erfahrung und sollte daher auch immer nur vorgenommen werden, wenn es dem persönlichen Empfinden angemessen erscheint.

Die traditionelle Deutung der Karten im Waite Tarot bzw. im Crowley Tarot

Natürlich gibt es, wie schon erwähnt, noch unzählige weitere Tarotdecks. Es würde jedes Buch sprengen, sie alle zu beschreiben. Ich habe mich also für die beiden beliebtesten Decks entschieden. Zwischen ihnen gibt es viele Übereinstimmungen, und wo es Abweichungen gibt, habe ich diese angegeben. Die Stichwörter, die ich in diesem Zusammenhang anführe, sollen dir als erste Inspiration dienen. Du wirst lernen, selbst aus dem Bauch heraus zu interpretieren, wenn du lange genug mit den Karten arbeitest.

Die großen Arkana

0 – Der Narr

Offenheit, Unbeschwertheit, neuerliches Nachdenken, kreative Gedanken, Fantasie, Idealismus, Veränderungswille, die Fähigkeit, unbekümmert etwas Neues zu beginnen; für sehr bodenständige Menschen eher unvorteilhaft, denn bei ihnen kann es zu Extravaganzen und unrealistischen Ideen kommen, aber alle, die Neues kreativ angehen wollen, erfahren ungeahnten Auftrieb mit dieser Karte

I – Der Magier

Geschicklichkeit, Lebensart, Selbstvertrauen, mitreißende Energie und der Wille, Herausforderungen zu meistern, gutes Omen; man weiß, was man will, und kann es auch umsetzen; man ist kommunikativ, flexibel und hat starke Einflusskräfte; alles geht einem leicht von der Hand

II – Die Hohepriesterin

spirituelle Weisheit, unbewusste Kräfte, mächtige Seelenkräfte, Vorahnung, Weisheit an sich, Hartnäckigkeit, Geduld, Gespür, innere Klarheit, Einklang von Seele und Geist, Vertrauen sich selbst gegenüber; auch weibliche Unabhängigkeit – diese Karte führt zu unseren inneren Quellen, die mit der spirituellen Dimension in Einklang stehen

III – Die Herrscherin (Waite) / Die Kaiserin (Crowley)

Fruchtbarkeit, weiblich weltliche Macht, Mütterlichkeit, Wachstum, Entwicklung, Gedeihen neuer Ideen, Wohlbefinden, Sinnlichkeit, neue Impulse, Sicherheit; man ist fähig, zu lieben und zu heilen bzw. Dinge heilen zu lassen

IV – Der Herrscher

Realismus, Macht, Verantwortungsbewusstein, Stabilität, Kraft, Hilfe, Vernunft, neue berufliche Perspektiven, Geradlinigkeit, Kontinuität, Macht

V – Der Hierophant (Waite) / Der Hohepriester (Crowley)

Wahrheitssuche, Glaube, Gnade, Güte, Inspiration, ein(e) weise(r) Berater(in), Beseitigung von Zweifeln, innere Gewissheit, Vertrauen; alte Ansichten werden neu überprüft und Fragen nach dem Sinn gestellt

VI – Die Liebenden

Anziehung, Liebe, Schönheit, freie und beherzte Entscheidungen, Sympathie, Harmonie, Überwindung von Hindernissen, Liebe zwischen Gleichgestellten, Unvollständiges wird vollständig; man vereinigt Gegensätze – nicht nur auf die Liebe bezogen

VII – Der Wagen

Neuanfang, Energie, Tatendrang, Zuversicht, Wechsel zu einer neuen Position, Siegesgewissheit, zielgerichtete Aktivitäten, ein Aufbruch nach vorne, Selbstüberwindung, bewusstes Handeln und Leben; jetzt keine Ungeduld aufkommen lassen, sondern entspannt weitergehen

VIII – Die Kraft (Waite) / Die Ausgleichung (Crowley)

Kraft (Waite): Energie, Mut, Edelmut, Aktion, Probleme lösen, objektive Einstellung, Einfluss; man beherrscht eine Situation; Erfolg, auch wenn man sich mal durchsetzen muss

Ausgleichung (Crowley): Selbstverantwortung, Struktur, Fairness, klare Entscheidungen, ausgewogenes Handeln; man lebt in der Realität und kommt gut mit ihr klar

IX – Der Eremit

Klugheit, Vertiefung in die eigene Persönlichkeit, Selbstfindung, Veränderungsphasen vorbereiten, Lebensernst, aber auch Kreativität, der inneren Kraft folgen; man sollte sich Zeit für sich nehmen; tiefe Erkenntnisse, die nur in der Einsamkeit gewonnen werden können

X – Das Rad des Schicksals (Waite) / Das Glück (Crowley)

Trotz unterschiedlicher Namen gleiche Auslegung: unerwartete Wendungen, Glück und Erfolg, Zufriedenheit, Wandel, Lebendigkeit; neue Sichtweisen werden gefordert; starke Bewegung kommt ins Leben; die Richtung ändert sich

XI – Die Gerechtigkeit (Waite) / Die Lust (Crowley)

Gerechtigkeit (Waite): Fähigkeit, gut abzuwägen, Regelmäßigkeit, Leidenschaft, Vitalität, Freude; wichtige Dinge werden gelöst; ein Kampf geht zu Ende; schlechte Gewohnheiten werden abgelegt

Lust (Crowley): Lebenskraft, Leidenschaft; man nimmt seine wilden, ungezügelten Seiten an und integriert sie zum eigenen Vorteil in sein Leben, anstatt sie widernatürlich zu bekämpfen

XII – Der Gehenkte

Weisheit durch Prüfungen, Hemmungen, Engpässe, eine (schmerzhafte) nötige Wandlung, neue Sichtweisen, Wendungen; Dinge müssen neu betrachtet werden; es geht einem ein Licht auf; eine Krise, die mit neuem Denken bewältigt wird

XIII – Der Tod

Loslassen, Platz für Neues schaffen, Abschied, Lösung von alten Gewohnheiten, ein altes Ich aufgeben, ein natürliches Ende; das Ende eines Entwicklungsprozesses ist erreicht, und etwas Neues wird kommen

XIV – Die Mäßigkeit (Waite) / Die Kunst (Crowley)

Gleiche Bedeutung: gekonnte Handhabung, Harmonie, Gelassenheit, Leistungsfähigkeit, kreative Kräfte, das rechte Maß finden, Seelenfriede, haushaltender Umgang mit den Kräften, ins Reine kommen; Gegensätze bringen Neues voran

XV – Der Teufel

Machtgier, Begegnung mit dem Schatten von Dingen, Personen oder dem eigenen, z. B. durch Versuchung, Sucht, unbewusstes Handeln, (freiwillige) Gefangenschaft; Dinge, die einem Energie rauben und nichts bringen, Eifersucht, Aggression, Furcht, Neid usw. – diese Begegnungen sind wichtig und wertvoll, um sich neu zu sortieren!

XVI – Der Turm

Aufbrechen von Verkrustungen, plötzliche Veränderungen, starke Erschütterungen, Zusammenbruch als Durchbruch zum Selbst; Vorstellungen geraten ins Wanken; vermeintliche Sicherheiten erweisen sich als unsicher; Zerstörung des Alten, damit Neues seinen Platz findet

XVII – Der Stern

Unbeschwertheit, Hoffnung, Zuversicht, Lebenswille, gute Aussichten, innere Gewissheit, Kreativität, innere Einsichten, Leichtigkeit, Vertrauen; Zusammenhänge werden verständlich

XVIII – Der Mond

Tiefe Selbsterkenntnisse, Sehnsüchte; Seelenarbeit ist zu tun; das Unbewusste sendet wichtige Botschaften; man muss auch Unangenehmes hervorholen, akzeptieren und liebevoll heilen; man verändert sich langsam, aber lang anhaltend; Tipp: Diese Phase ruhig angehen und sich nicht täuschen lassen, sondern warten und schauen, was wirklich wichtig ist!

XIX – Die Sonne

Irdisches Glück, berufliche und geschäftliche Erfolge, schöne Liebesbeziehung, Optimismus, Anerkennung, Klarheit, Vitalität, Frische, Lebenslust, Selbstsicherheit; Einengendes kann überwunden werden

XX – Das Gericht (Waite) / Das Aeon (Crowley)

Unterschiedliche Bezeichnungen, gleiche Bedeutung: Erneuerung, Befreiung, Erweckung, offene Selbstkritik und sich daraus ergebende Konsequenzen; alte Teile des Selbst drängen an die Oberfläche, wollen verarbeitet und überwunden werden; daraus resultieren Wachstum, tiefere Einsichten, Neuanfang – eine sehr positive Karte, die darauf hindeutet, dass man viel verwirklichen kann

XXI – Die Welt (Waite) / Das Universum (Crowley)

Gleiche Bedeutung bei Waite und Crowley: Ganzheit, Reise, kreative Potenziale, sichere Erfolge; man erreicht ein Lebensziel bzw. einen Platz, an den man hingehört; man vollendet etwas; man wechselt seinen Aufenthaltsort; man ist zur richtigen Zeit am richtigen Ort und tut auch das, was man machen soll

Die Kleinen Arkana

Stäbe – Element Feuer

As: Initiative, Schöpfung, Erfindungsgabe, Anfang, Mut, Durchsetzungskraft, neue Ziele, Pioniergeist, Entfaltung, Zukunftspotenziale, Lebenslust

2: Durchsetzungskraft, Wille, Ungeduld, Streitlust, Aktivität, Entscheidungen treffen, Farbe bekennen, Einfluss, Stärke, Beschäftigung mit irdischen Dingen, große Pläne

3: Unternehmergeist, Stärke, Handeln, festen Boden haben, Bemühen, Geschäft, Neuanfang, Ideen verwirklichen, Aufblühen, Erfolg, Einklang

4: Konzentration, Gleichgewicht, Freude, Zuversicht, eine abgeschlossene Arbeit, evtl. Landleben, Zeit für Erholung, Gedeihen, Glück; alles läuft rund

5: Spannung, Herausforderung, Wettkampf, Streit (auch konstruktiv), Erneuerung, Konfrontation, Ehrgeiz, Kräftemessen, Anstrengung, Konkurrenz – diese Auseinandersetzung geht für den Fragenden tendenziell gut aus

6: Sieg, Erfolg, Anerkennung, Vollendung eines Projekts, Ernte der gesäten Früchte, Freude, Optimismus, seelische Wärme, Begeisterung, neuer Aufschwung, Lebensmut, Stärke, schöpferische Kraft

7: Angriff, Mut, Auseinandersetzung, Diskussionen, geschäftliche Konkurrenz, Druck; man wächst über sich hinaus, gibt das Beste; man schlägt sich besser, als gedacht

8: Aktivität, Unternehmungsgeist, Fröhlichkeit, viele Ziele, Belebung, Fluss, Dynamik, Ideen, Kommunikation, Geistesblitze, Wissensdrang, Zielstrebigkeit, unerwartete Impulse; alles entwickelt sich schnell; neue Wege werden entwickelt

9: Stärke und Willenskraft; Vorsicht bei Unsicherheiten, die eigentlich nicht sein müssten; Übereinstimmung zwischen dem, was man sich wünscht, und dem, was machbar ist

10: zu viel Verantwortung, blockierte Prozesse, Einschränkung, Druck, Bedrängnis; man unterdrückt etwas oder lässt sich unterdrücken

Deutung bei Waite

Bube: neue Impulse, Denkanstöße, Neuigkeiten, ein vertrauenswürdiger junger Mann, ein Botschafter, ein Liebender

Ritter: Abreise, Flucht, Wohnortwechsel, Unternehmungslust, Ungeduld, Abschied

Königin: mutige und durchsetzungsfähige Frau, Erfolg in Geschäftsangelegenheiten, eine energiegeladene Frau

König: ein feuriger, leidenschaftlicher Mensch, ein temperamentvoller Mann, oder Eigenschaften des Fragestellers wie *lebhaft, hingebungsvoll, freundlich, dynamisch, strebsam*

Deutung bei Crowley

Prinzessin: Begeisterung, ungestümer Neubeginn, spannungsvolle Erwartung; der Wille weiß noch nicht genau, wohin es gehen soll

Prinz: Sturm und Drang, Lebenslust, Abenteuerlust, Erlebnishunger; man hat viele Wünsche, vergisst aber die Realität im Auge zu behalten

Königin: starke Willenskraft, tiefe Liebe, intensive Leidenschaft, Stärke, Unabhängigkeit, Würde, Mitgefühl, freudige Sexualität

Ritter: großes inneres Potenzial, Selbstbewusstsein, innere Reife, überlegtes Handeln, Mut; viel Power und Energie, in die richtigen Bahnen gelenkt

Schwerter – Element Luft

As: zielstrebiges Denken, Offenheit, Entschlusskraft, Triumph, Überwindung von Gegnern, Entschiedenheit, Eroberung; neues Denken beginnt

2: Balance, Gerechtigkeit; noch fehlende Entschlossenheit, jedoch bald schon Erkenntnisfindung; Lösungen werden gefunden

3: Enttäuschung, Ernüchterung, Schmerz, Jammer, gebrochenes Herz, Verzögerung, Bruch, Kummer, Trauer, Teilung

4: Ruhe nach dem Kampf, Wachsamkeit, Stillstand, Zurückgezogenheit, Kampfpause, Genesung, Erkenntnis nach Schmerz, Kräfte bzw. sich selbst sammeln

5: Demütigung, Schmach, Ängste, Verleumdung, harte Auseinandersetzung, Kämpfe, Erniedrigung, Verlust, Niederlage

6: Reise, Weg, Aufbruch zu neuen Ufern, ganzheitliches Denken, Objektivität, Einsichten, innere Prozesse kommen in Gang

7: List, Entlarvung, Scheinlösung, Pläne, Versuche, Unaufrichtigkeit, sich etwas vormachen; man siegt am Ende, wenn man sich nicht täuschen lässt

8: Krise, Unentschlossenheit, Kummer, Bremsklötze, Einschränkung, Konflikt, Unruhe, Zerstreutheit, Unrast; man kommt nicht recht voran

9: Schuldgefühle, Angst, quälende Sorgen, Ohnmachtsgefühle, Tränen, Verlust, Scheitern, seelischer Druck, Depression, schlaflose Nächte; negative Gedankenmuster werden gepflegt

10: Abruptes Ende, Schmerz, Verlassenheit, Trennung, Abbruch, Abschied, Schlussstrich, Ernüchterung, Tiefpunkt; Illusionen werden zerstört

Deutung bei Waite

Bube: Überblick, Beobachtung, Konflikt von außen; es gibt einen aufdringlichen Menschen, jemand, der einem hinterherspioniert; Wachsamkeit ist angebracht

Ritter: Angriff, Rache, Wehrhaftigkeit, Zorn, Gewandtheit, kühle Atmosphäre, Feindseligkeit, Opposition, Widerstand

Königin: Witwe, Geschiedene oder getrennt Lebende, gute Kämpferin, emanzipierte, kluge Frau; inspirierende Frau, die anderen Frauen Mut macht

König: autoritärer Mann, verstandesbetont, kühl und taktisch, nicht unbedingt die beste Gesellschaft

Deutung bei Crowley

Prinzessin: Rebellion, gedankliche Erneuerung, Provokation, Verteidigung, Mut, Einsicht, Selbstverwirklichung, Lebendigkeit

Prinz: sprudelnde Ideen; man befreit sich und überwindet Hindernisse; man sollte nicht unstet werden und die Inspirationen genießen

Königin: Freiheitsdrang, Einfallsreichtum, Selbsterkenntnis; Probleme werden gelöst

Ritter: Gedankenschärfe, Geisteskraft, Aktivität, Einfallsreichtum; man *ist ganz nah am Leben* und sollte diese Phase gut nutzen

Kelche – Element Wasser

As: Zuneigung und Sehnsucht, Vertrauen und Glauben, Grenzenlosigkeit, emotionaler Neubeginn, Fruchtbarkeit, Glück, Freude, Fülle, Zufriedenheit

2: Liebe, Zuneigung, Freundschaft, Leidenschaft, Begegnung, Harmonie, Partnerschaft, Eintracht, Sympathie; auch Sex kann gemeint sein

3: Sieg, Erfüllung, Erfolg, Spaß, Feiern, Trost, Heilung, Freude, Dankbarkeit

4: *bei Waite:* Verdruss, eingebildete Sorgen, Langeweile, Abneigung, Unschlüssigkeit; *bei Crowley:* Stabilität der Gefühle, häusliche Ideale, Fürsorge, Zuwendung, Sättigung

5: Enttäuschung, Stillstand, Abschied, Niedergeschlagenheit, Tränen, Depression, Schmerz; Verlust, bei dem doch ein Funken Hoffnung bleibt, daher auch eine Erbschaft möglich

6: Freude, Kraft aus der Vergangenheit, Erinnerung, tiefe und enge Gefühlsbindung, Erfüllung, Wünsche, seelische Erneuerung; die innere Mitte schenkt Kraft

7: Täuschung, vergängliche Freude, Lügen, Luftschlösser, falsche Versprechungen; erfolgreiches Handeln in der Magie, jedoch für das reale Leben sind eher Illusionen bezeichnend

8: Abschied, Aufbruch, sonst Resignation, Schicksalsergebenheit, Stau, Übermacht, Quälerei, Trübsinn; Loslassen ist erforderlich, um nach Neuem zu suchen

9: Zufriedenheit, Sattheit, große Lebensfreude, hoch stehende Liebe, Glück, Erfüllung, Genuss, Spaß; alles ist in Ordnung

10: Zufriedenheit, glückliches Zuhause, Harmonie, Herzenswärme; in die Seele kommt Ruhe – dieser Zustand hat seinen Höhepunkt bald erreicht, man sollte ihn deshalb genießen, aber dann auch wieder loslassen, denn alles im Leben fließt

Deutung bei Waite

Bube: Vergnügen, eine wichtige Neuigkeit bzw. Botschaft, hilfreiche Impulse und fruchtbares Nachdenken

Ritter: Annäherung, Fortschritt, Pläne, Ankunft, gute Nachrichten, evtl. ein neuer Liebhaber, Besuch oder Einladung einer netten Person

Königin: mediale, fröhliche Frau, künstlerische Begabung, Erfolg, visionäre Gaben, Freude, Lebensklugheit

König: ruhige Person, Mann mit künstlerischer bzw. kreativer Ader, schöpferische Klugheit, Interesse für Kunst und Wissenschaft, Vergnügen

Deutung bei Crowley

Prinzessin: romantische Träume, innere Welten werden erschlossen, tiefe Gefühle; man bleibt noch bei Träumereien, was aber nicht unbedingt negativ ist

Prinz: Herzlichkeit, Hingabe; Gefühl und Geist arbeiten zusammen; man kann seine Wünsche gut ausdrücken

Königin: tiefe Gefühle, inneres Wissen, Instinktsicherheit, Feingespür, Hilfsbereitschaft, Einfühlungsvermögen

Ritter: seelisches Wachstum; Gefühle wollen ausgedrückt werden; man erreicht durch Verzicht mehr als durch Beharren auf Althergebrachtem

Münzen – Element Erde

As: Wohlstand und Macht, Erfolg, Libido, Lebenskraft, Realitätssinn, Ausdauer, Sicherheit, vollkommene Zufriedenheit; etwas Gedankliches beginnt sich zu manifestieren

2: Leichtigkeit, langsamer Wechsel, spielerische Herangehensweise, Abwechslung, neue Ziele und Richtungen; man hat gut zu tun

3: Entfaltung, Verwirklichung, Wachstum, Zuwachs an Materiellem, Anerkennung, Beruf(ung), Lernen, neue Erfahrungen

4: Materieller Erfolg, Geschenk, Status, Stabilität; man sollte aufpassen, dass man nicht verbohrt oder klammernd ist, sondern das Leben mal wieder nach Ungereimtheiten abklopfen

5: Entbehrung, Engpässe, Anpassung an schlechtere Umstände, materielle Probleme; man lernt, dass alles endlich ist; steht auch für eine starke Liebe, die das alles übersteht

6: Glück, Geschenke, Geldsegen, Wohlstand, Harmonie, Verständnis, Optimismus

7: bei Waite: Geld, Warten, Wachstum, vorübergehende Verzögerung in Sachen Geld; bei Crowley: innere Leere, Resignation, Einöde, Verfall, Wüste; man muss abwarten

8: Geld, Arbeit, Beschäftigung, Gewissenhaftigkeit, Differenzierung, konstruktive Selbstkritik, Geschicklichkeit

9: Klugheit, Entspannung, Erfolg, Lebensfreude, Genuss, Spaß, Belohnung, Wohlergehen, Zufriedenheit, Sicherheit, Bereicherung, Erfüllung, Glück, Liebe

10: Glück, Besitz, Fülle, Pracht, Genüsse, Reichtum, Gewinn, Freude; familiäre Angelegenheiten verlaufen harmonisch

Deutung bei Waite

Bube: fleißige Arbeit, Wissen, Bote, Reflexion

Ritter: Verantwortlichkeit, Anteilnahme, geregeltes Einkommen, Entdeckungen, ein nützlicher Mann, Aufrichtigkeit, solide Grundstimmung

Königin: Fülle, Großzügigkeit, eine mondäne, sinnliche, praktische Frau, Sicherheit, Freiheit

König: Tapferkeit, praktische Intelligenz, ein geldorientierter, zuverlässiger, genussfähiger Mann, Geschäfte

Deutung bei Crowley

Prinzessin: Suche nach Geborgenheit; ein wesentlicher Impuls, der langfristig Früchte tragen wird

Prinz: Fleiß, Konzentration, Ausdauer, Wirklichkeitsnähe, Zielgerichtetheit, sinnliche Ausstrahlung

Königin: Beharrlichkeit, fruchtbare Entwicklungen, emotionale Stabilität; neue Talente wollen genutzt werden

König: Beständigkeit, Ruhe, Sicherheit, Dauerhaftigkeit; *Nägel mit Köpfen machen*

Ein paar Stichwörter zu den Energien der vier Elemente

Luft – Geist, Lernen, Denken, Wissen, Freiheit, Osten, Morgengrauen, Frühling, Weiß, Gelb, Hellblau, Schwert, Topas, Galbanum, Espe, Schafgarbe, Vögel, Geruch, Düfte, Myrrhe, Weihrauch, Zwillinge, Waage, Wassermann

Feuer – Ausdehnung, Energie, Hitze, Wille, Lebenskraft, Reinigung, Sonne, Wüsten, Vulkane, Explosionen, Macht, Mittag, Süden, Sommer, Rot, Gold, Orange, Stab, Sehen, Jaspis, Carneol, Knoblauch, Zwiebeln, Chili, Hibiskus, Widder, Löwe, Schütze

Wasser – Emotionen, Gefühle, Stärke, Trauer, Intuition, Liebe, Westen, Teiche, Seen, Flüsse, Brunnen, Quellen, Fruchtbarkeit, Abenddämmerung, Herbst, Blau, Grün, Türkis, Grau, Kelch, Geschmack, Aquamarin, Lotus, Weide, Fische, Krebs, Skorpion

Erde – Körper, Wachstum, Natur, Ernährung, Geld, Materielles, Geburt, Tod, Felder, Friedhöfe, Steine, Kristalle, Berge,

Metall, Mitternacht, Winter, Schwarz, Braun, Grün, Pentagramm, Salz, Bergkristall, Fühlen, Getreide, Efeu, Eichen, Kühe, Hirsche, Waldtiere, Wurzeln, Stier, Jungfrau, Steinbock

Pendeln

Bis ich mich ans Pendel wagte, vergingen Jahre. Ich war schon längere Zeit als Hexe tätig gewesen, als ich schließlich erfolgreich pendeln lernte. Der Grund? Ich hatte ein Metallpendel, und offenbar liegen die mir nicht. Ich zitterte nicht mal leise mit der Hand – es kam einfach gar nichts, keine Bewegung, nur totale Ruhe. Also gab ich es erst einmal auf. Als ich eines Tages – nur so zum Spaß – ein Bergkristallpendel ausprobierte, klappte es unverhofft von der ersten Frage an. Und es sagte mir sogar sehr präzise, was ich wissen wollte. Nachdem ich damit selbst mein verschollenes Portemonnaie wiederfand, war mein Vertrauen in meine Pendelfähigkeiten geboren.

Lass dich also nicht gleich entmutigen! Pendel gibt es aus Holz, Metall, Edelstein, Knochen – eigentlich aus allem, was man bequem an eine Schnur hängen kann. Probier einfach aus, was bei dir am besten funktioniert. Diesbezüglich kann ich leider wirklich keine Tipps geben. Dein Gefühl entscheidet – und das ist wichtig! –, nicht die Augen. Die hatten mich damals auch zu meiner vergoldeten Messingschönheit geführt, die sich leider kein bisschen regte.

Wie gehst du die Sache nun in der Praxis an?

Zunächst stellst du Kontakt zu deinem Pendel her. Es *kennt* dich noch nicht, und vielleicht wird etwas Zeit verstreichen, bis ihr beide ein Team geworden seid. Wahrscheinlich hing es bislang in einem Laden oder befand sich in einem Lager. Begrüße dein Pendel deshalb erst einmal, und wähle die Worte dabei frei und nicht zu abgehoben. Dann nimm die Pendelhaltung ein: die Beine nebeneinander, nicht übereinander geschlagen – das würde deinen Energiefluss behindern. Die linke bzw. bei Linkshändern rechte Hand wird flach auf den Tisch gelegt, der andere Arm wird aufgestützt und hält das Pendel. Dein Handgelenk sollte dabei ganz locker sein und das Pendel schön frei schwingen lassen.

Frage dein Pendel nun, was *Ja*, dann, was *Nein* bedeutet und schließlich, welches Zeichen es dir geben wird, wenn es sich unschlüssig ist. Oft ergibt sich, dass das Pendel für *Ja* eine Linie zum Körper hin bzw. von ihm weg beschreibt oder einen Kreis im Uhrzeigersinn. Für *Nein* hingegen schlägt es gerne seitlich aus bzw. kreist es entgegen dem Uhrzeigersinn. Bei Unschlüssigkeit bleibt es ganz stehen oder vollführt schräge, nicht eindeutige Bewegungen. Das sind allgemeine Erfahrungswerte.

Vielleicht *verhält* sich dein Pendel anders, lass dich dadurch jedoch nicht verunsichern, sondern vertraue ihm einfach. Wenn du später mit Pendelkarten wie denen hier im Buch arbeitest, wird sich dein Pendel automatisch auf diese *einschwingen*. Um ihm magische Energie zuzuführen, kannst du es auf alte Hexenart behandeln – Wacholder, Beifuß oder Wermut sind die erste Wahl, wenn es ums Wahrsagen geht.

Dabei gibt es verschiedene Möglichkeiten. Du kannst einen Absud einer oder mehrerer der genannten Pflanzen herstellen und dein Pendel über Nacht darin baden. Du kannst es aber auch in ein Säckchen legen und die Pflanzen dazugeben. Edelsteine wie Amethyst oder Aquamarin sind in diesem Zusammenhang ebenfalls hilfreich. Wenn du zu deinem Pendel eine gute Beziehung aufgebaut hast, wirst du es kaum noch verleihen wollen – das kann ich aus eigener Erfahrung nur bestätigen. Es gibt vielleicht drei Leute, bei denen ich es tun würde. Allen anderen sage ich, sie sollen sich selbst eines kaufen oder anfertigen. Das ist nicht böse gemeint, aber wenn meine Energien und die der anderen Person nicht zusammenpassen, würde das auch mein Pendel stören, und ich hätte wahrscheinlich eine Weile nicht mehr so genaue Ergebnisse, wie ich es eigentlich gewohnt bin. Ist dein Pendel dennoch mal in die Hände von jemandem geraten, bei dem dich das im Nachhinein stört, räuchere es mit Salbeirauch oder lege es über Nacht in Salz und spüle es am nächsten Morgen gut mit eiskaltem Wasser ab.

Natürlich musst du nicht zwangsläufig Pendel aus dem Handel verwenden. Die sind schön, aber jede echte Hexe vertraut nie nur auf gekaufte, fertige Sachen. Sie bereichern unsere Praxis, aber wir stehen in der Tradition der weisen Frauen und nutzen daher vertrauensvoll in erster Linie unsere eigenen Kräfte! Um ein eigenes Pendel anzufertigen, brauchst du eine Schur aus natürlichem Material, z. B. Wolle oder Hanfgarn. Sie sollte etwa 20 cm lang sein. Als Pendel kannst du dir ein gefundenes Stück Holz zurechtschnitzen, was Spaß macht und deiner Kreativität freien Lauf lässt. Dabei kannst du auch persönliche Symbole einarbeiten. Je origineller und individueller, desto besser! Du kannst einen Stein mit Loch verwenden oder ein Pendel aus

Bienenwachs anfertigen – klar, dass man damit sehr vorsichtig umgehen muss. Dem Wachs darfst du ruhig auch ein pulverisiertes Harz, das die Intuition fördert, hinzufügen, Myrrhe beispielsweise. Auch Ringe werden oft als Pendel verwendet – achte nur darauf, dass sie schwer genug sind! Anfänger verwenden ohnehin am besten Pendel, die etwas schwerer sind. Die schlagen nicht ganz so leicht an und liefern dadurch eindeutigere Ergebnisse.

In Sachen Auspendeln sind dir dann keine Grenzen gesetzt: ob zum Thema Gemüse, Energien in deinem Wohnumfeld, ob dir jemand guttut oder wie du dich am besten entscheidest – das Pendel weiß immer Rat! Da es beim Pendeln um Entscheidungen geht, kannst du in besonders wichtigen Fällen auch die weise alte Hexengöttin Hekate um Unterstützung für dein Orakel anrufen und ihr etwas Styrax, Beifuß oder Wacholder als Rauch opfern, bevor du dein Pendel befragst.

Doch wie kriegst du den Kopf frei, wie verhinderst du, dass du das Pendelergebnis mit deinen Wünschen beeinflusst? Zuerst such dir einen Zeitpunkt, an dem du wirklich weder fröhlich überschwänglich noch traurig oder wütend bist. Und dann gebe ich dir noch einen Geheimtipp, den du bei allen Orakeln anwenden kannst – einigen meiner Tarot- und Hexenschüler war er hilfreich. Mache das Radio und den Fernseher an bzw. öffne die Fenster, und *betäube* dein Bewusstsein damit. Dadurch bist du abgelenkt und dein Unbewusstes kann leichter zu dir sprechen. Mit *betäuben* meine ich aber keinen Alkohol oder ähnlich berauschende Stoffe! Auch wenn ein Gläschen Wein in einer lustigen Frauen-Orakelrunde durchaus etwas Feines ist, alles, was darüber hinausgeht, ist der falsche Weg! Schieb den Gedanken, du bräuchtest zum Orakeln immer vorab etwas, was dich *locker* macht, schnell beiseite!

Wenn du länger mit dem Pendel arbeitest, wirst du ohnehin dieses ganz untrügliche Gefühl bekommen, dass das, was es dir gerade sagt, die Wahrheit ist. Bei manchen Fragen spürst du fast überhaupt keinen Energiefluss, bei anderen wiederum schlägt das Pendel sofort an. Damit gibt dir dein Pendel auch Hinweise bezüglich der Wichtigkeit eines Themas, zum Beispiel wenn man sich zwischen ein paar Figurenkerzen nicht entscheiden kann. Ich pendele das aus und sehe, aha, die Katzenkerze schlägt kaum auf *Ja* aus, die Triple Action hingegen mehr als deutlich. So sehe ich sofort, meine Energie für das entsprechende Ritual wäre zwar auch grundsätzlich mit der Katze auf einer Linie, aber es wird um einiges kraftvoller, wenn ich die andere Kerze benutze. Wenn du diesen Energiefluss beim Pendeln nicht oder nur ganz schwach spürst, probiere es später noch einmal. Möglicherweise bist du gerade blockiert.

Und noch ein guter Tipp: Versuch es doch einmal ohne Schmuck mit dem Pendeln, wenn deine Ergebnisse zu wünschen übrig lassen. Denk dabei an jegliches Metall an deinem Körper, z. B. Reißverschlüsse, BH-Bügel usw. – das mag sich komisch anhören, kann aber viel ausmachen! Mit Ruhe und dem Gedanken der guten Zusammenarbeit zwischen dir und dem Pendel wirst du sicher gute Ergebnisse erzielen. Vielleicht nicht von heute auf morgen, denn vergiss nicht, wie es mir ergangen ist: Ich hab Jahre gebraucht!

Liebe:

1 – Das wird nichts.
2 – Willst du das wirklich?
3 – Es gibt reelle Chancen.
4 – Jemand anderes wird dir begegnen.
5 – Du brauchst für deine persönliche Entwicklung eine Auszeit von Beziehungen.

Entscheidung:

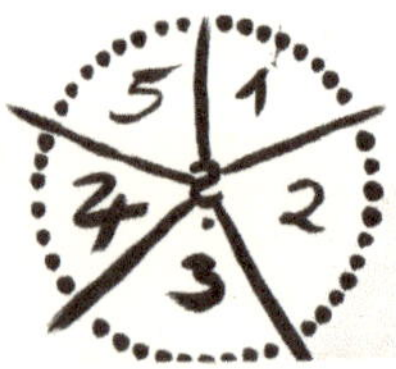

1 – Ja
2 – Nein
3 – Vielleicht
4 – Überdenke es noch einmal.
5 – Such dir Verbündete und Helfer dafür!

Persönliche Entwicklung:

1 – Achte & pflege bzw. trainiere deinen Körper mehr!
2 – Suche in deiner Seele und schau dir deine Gefühle und deren Wurzeln an!
3 – Begib dich auf spirituelle Suche und erkunde deinen Pfad!

Lebensbereiche – welcher braucht jetzt am dringendsten meine Aufmerksamkeit?

1 – Widme dich deinen *Kindern* körperliche, wie geistige!
2 – Widme dich deiner spirituellen Entwicklung!
3 – Beruf und Finanzen sind jetzt wichtig.

4 – Achte auf deinen Körper!
5 – Betreibe Seelenarbeit!
6 – Der Bereich Freundschaft erfordert deine Zuwendung.
7 – Kümmere dich um die Liebe in deinem Leben!
8 – Kümmere dich um nichts und sorge stattdessen für mehr Ruhe!
9 – Gestalte dein Umfeld, dein Zuhause neu!
10 – Nimm mehr Kontakt mit der Natur auf!
11 – Sei kreativ, male, singe, tanze, schreibe ...!

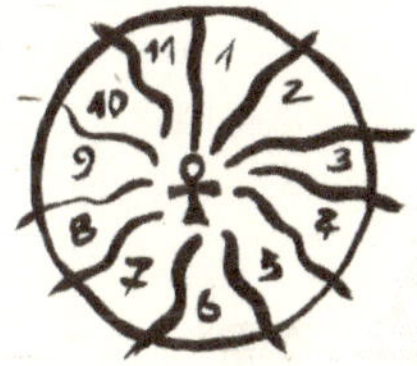

Gesundheit und Körper:

1 – Achte auf die Ernährung!
2 – Bewege dich mehr!
3 – Dein Problem ist seelisch, suche dort!
4 – Nimm Kontakt zu Steinen auf!
5 – Suche Unterstützung bei den Pflanzengeistern!
6 – Arbeite mit den Elementen!

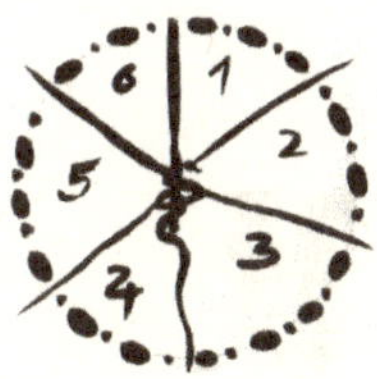

Spirituell:

1 – Nimm Kontakt zu deinen Helferwesen auf!
2 – Meditiere!
3 – Suche in der Natur deinen Weg!
4 – Arbeite an deinem Altar und gestalte ihn!
5 – Schaffe dir mehr Raum für deine Spiritualität!
6 – Arbeite mit den positiven Geistwesen, räuchere für sie und erfreue sie!

7 – Wende dich Gottheiten, die dir Kraft geben, zu!
8 – Schaffe spirituelle Kunst!
9 – Übe dich im Wahrsagen!
10 – Suche dir Menschen mit ähnlichen Interessen!

Orakel

Manchmal möchte man mit dem Pendel auch das geeignete Orakel für weitergehende Fragen erfahren, hier also eine Auswahl:

1 – Tarotkarten
2 – Kristallkugel oder eine dunkle Schüssel mit Wasser
3 – Kaffeesatz
4 – Rauch
5 – Wolken
6 – Buchstechen
7 – Weiter Pendeln
8 – Hör auf zu orakeln, und lass es eine Weile auf sich beruhen!

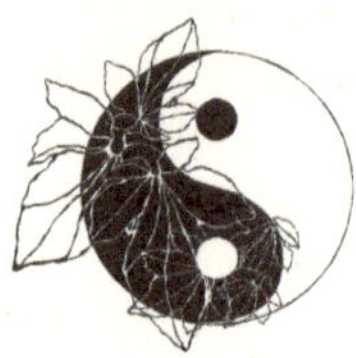

Kristallkugel

Du musst keine Zigeunerin sein, um das Sehen in der Kristallkugel zu erlernen. Du brauchst nur zwei Zutaten: Geduld und liebevolle Zuwendung. Falls du keine Kristallkugel hast, kannst du auch eine dunkle Schüssel mit Wasser füllen und auf das Wasser sehen. Meine eigene Kristallkugel ist mir zur liebsten Meditationshilfe geworden. Ich nutze sie nicht nur zum Orakeln. Manchmal stelle ich sie auch in den Mittelpunkt von Ritualen und verwende sie, um magische Energien durch sie zu schicken oder in ihr zu verwahren, sodass sie langsam wie der Duft eines Potpourris an die Umgebung abgegeben werden. Genauso wie man im Ritual mit Tarotkarten die Kräfte, die man anziehen möchte, symbolisieren oder den magischen Kreis mit ihnen legen kann, lässt sich auch die Kristallkugel als magischer Gegenstand verwenden.

Wie auch das Pendel mag sie liebevolle Zuwendung, ein wenig Räucherwerk, ein Bad in Beifußtee oder eine freundliche Ansprache, bevor man anfängt mit ihr zu arbeiten. Aber bitte um Himmels willen kein Fensterspray zum Saubermachen verwenden! Nur klares Wasser und Zitronensaft zum Reinigen und Beifußtee zum Aufladen der Kugel! Ich bevorzuge Limettensaft, was daran liegt, dass Limetten für mich Glück symbolisieren. Du kannst da ruhig selbst experimentieren, dein Gefühl wird dir sagen, was richtig ist. Es ist gut, die Kugel bei regelmäßigem Gebrauch öfter zu reinigen. Du kannst neben Beifuß und Zitronensaft auch die traditionellen Zutaten wie Meersalz (reinigt), Kamillentee (verbessert die Wahrsagefähigkeiten), Wacholderöl (Verbindung zu den weisen Göttinnen und Ahnen) oder, wenn du gerne mit Anna Riva Ölen arbeitest, die Öle *Cypress* oder *Saffron* verwenden. Beide Öle werden benutzt, um die Intuition zu stärken und die Wahrsagefähigkeiten zu verbessern.

Es wird vielfach empfohlen, die Kugel nicht offen stehen zu lassen, sondern mit einem dunklen Seidentuch zu verhüllen. Dem kann ich nur bedingt beipflichten. Bei Kugeln aus Glas ist es sicherlich wichtig, an ihre Brennglaswirkung zu denken. Stelle eine Glaskugel niemals unverhüllt in die Nähe eines Fensters, ansonsten mach, wie es dir beliebt! Ich fand die Kugel einfach zu schön, um sie unter einem Tuch zu verstecken. Manche Hexen verdecken sie nur dann, wenn Besuch kommt. Zur magischen Abschirmung wird immer wieder Seidenstoff empfohlen, aber du kannst auch jeden anderen dunklen, gedeckten Stoff verwenden. Und noch ein schöner Tipp, um der Kugel magische Kraft zu verleihen: Geh am Nachmittag vor einer Vollmondnacht nach draußen, und lege die blanke Kugel an einen geschützten, sicheren Ort. Bedenke dabei wiederum die Brennglaswirkung, wenn du eine Glaskugel benutzt! Nun lass die Kugel ungestört dort liegen, und geh sie erst am nächsten Vormittag bzw. Mittag wieder holen. Du wirst eine deutliche Intensivierung der Energie spüren!

Noch ein Wort zum Material. Hier scheiden sich bekanntlich die Geister. Alles, was als Kristallglas angeboten wird, um es von Glaskugeln abzuheben, sind trotzdem einfache Kugeln aus Glas. Das ist ein Werbetrick, sonst nichts. Wer außer Glaskugeln einmal Edelsteinkugeln – es muss kein Bergkristall sein, auch Tigerauge, Rosenquarz und viele weitere Steine bringen gute Ergebnisse – probiert hat, bleibt meist dabei. Auch das ist kein Gesetz, aber die Kraft eines in der Natur gewachsenen und geformten Kristalls kann in der vergleichsweise kurzen Zeit, in der eine Glaskugel gefertigt wird, natürlich nicht entstehen. Der Kristall hat eine Geschichte, das Glas nur seine Herstellung. Die Kristallkugel muss auch nicht immer klar oder riesig sein. Ich persönlich bevorzuge nicht zu große Kugeln mit Einschlüssen, da ich mich so besser konzentrieren kann und nicht von Lupeneffekten der Kugel abgelenkt werde. Außerdem kennt man mit der Zeit jede seiner Kugeln und ihre innere Musterung. Wer gerne Muster und Gebilde als Orakel benutzt, wird begeistert sein. Dann man weiß schnell, was einem angezeigt wird, anhand des Bereiches bzw. Musters der Kugel, das gerade *oben* liegt.

Wenn du mit der Kugel arbeitest, sorge generell für eine nicht zu grelle Beleuchtung. Das ist nicht nur hilfreich, weil dich sonst die Reflexionen auf der Kugel ablenken, sondern auch, weil die Erfahrung zeigt, dass man sich im Halbdunkel viel besser auf die Bilder, die kommen, einlassen kann. Sorge ggf. mit Kerzen und Räucherwerk dafür, dass du in die richtige Stimmung kommst. Nun blicke in die Kugel, lass dir Zeit, und erwarte nichts Bestimmtes. Viele Autoren schreiben von Wolken, die man als Erstes erblickt, bei mir war es ein gelbes Herz. Wenn du nach einer Viertelstunde immer noch nichts gesehen hast, schone bitte deine Augen, und mach an einem anderen Tag weiter. Ich halte ein halbes bis ein Jahr für realistisch, um sich mit der Kristallkugel vertraut zu machen, freilich abhängig davon, wie viel Zeit man dafür aufbringen kann. Sie ist etwas für die ernsthaften und gelassenen spirituellen Sucher, nichts für *Orakeljunkies*. Manche Menschen sehen Symbole darin, manche sehen nicht in der Kugel, sondern vor ihrem geistigen Auge, wieder andere erblicken ganze Szenen. Es ist ein bisschen wie bewusstes Träumen.

Wie du persönlich deine Symbole und das, was du siehst, deuten sollst, kann ich dir nicht vorschreiben. Es ist daher sehr hilfreich, wenn du dir ein Heft anlegst, in dem du sämtliche deiner Orakel und deren Ergebnisse notierst. Ein paar Hinweise für den Anfang will ich dir aber geben.

Dunkle Motive

... stehen eher für tiefgründige Erfahrungen. Das muss nichts Negatives bedeuten, ist im Allgemeinen aber nicht ganz so leicht zu schultern wie anderes im Leben. Trotzdem sind es gerade diese Erfahrungen, die uns reifen lassen und voranbringen. Schau genau hin! Siehst du eine spezielle Form? Woran erinnert sie dich? Halt sie in einer Skizze fest, wenn dir zu diesem Zeitpunkt dazu noch nichts einfällt. Hast du ein mulmiges Gefühl dabei oder eher so etwas wie eine gespannt fröhliche Erwartung, dieses Dunkel zu erkunden? Steht es vielleicht für positive Erfahrungen, für die schönen Dinge, die du vernachlässigt hast und jetzt – noch ganz nebulös – an die Oberfläche drängen? Ja, auch dafür können dunkle Motive stehen. Höre also ganz genau auf das erste(!) Gefühl, das du dazu hast.

Hellere Motive

... beziehen sich eher auf Dinge des alltäglichen Lebens. Sie sind das, was im Vordergrund steht. Je nach Farbe werden sie dir als sehr energetisch oder eher ruhig erscheinen. Entscheide wieder nach dem ersten Gefühl, und zeichne auch diese ruhig auf, um später noch einmal darüber meditieren zu können.

Symbole

Wenn du beispielsweise Federn, Kreise, magische Symbole usw. in der Kugel erblickst, versuche etwas über ihre Bedeutung herauszufinden – und such immer in mehreren Quellen. Verlass dich auf dein Gefühl: Hat dir dieses Symbol schon einmal etwas bedeutet oder tut es das noch immer?

Was verbindest du damit? Nichts? Vielleicht will es dir auch hilfreich sein, bei dem, was auf dich zukommt. Eine Kristallkugel ist ein bisschen wie der magische Brunnen im Märchen. Nicht nur Weissagung kannst du damit betreiben, manchmal schicken dir auch hilfreiche Mächte ihre Unterstützung durch sie. Mit Hilfe deiner Intuition kannst du das genau entschlüsseln. Bitte gräme dich nicht, falls das noch nicht so gut klappen sollte! Du bist eine wundervolle Hexe und wirst deinen Weg gehen. Lass dich nicht in deiner Magie von den sonst üblichen Zeitlimits, Wettkampfgedanken und solcherlei Faktoren beeinflussen. Es ist deine ganz private Sache!

Gesichter

Schreck lass nach, ein Gesicht! Meistens erblickst du in der Kugel unbekannte Gesichter oder Umrisse, die einem Gesicht ähneln. Fühle in dich hinein: Ist es ein hilfreiches Geistwesen? Eine Göttin, die dich unterstützen möchte? Ist es etwas, was du als unangenehm empfindest? Steht es symbolisch für eine Person in deinem Umfeld? Gehe den Linien nach und höre auf deinen Bauch. Wenn alles noch ganz unklar ist, notiere und male es dir auf. Oft braucht es eine Zeit der Meditation, bis sich ein Bild aus der Kristallkugel erschließt. Das ist völlig normal. Nimm dir die Zeit, und du wirst sehen, dass es gar nicht so schwer ist, wenn man locker und offen bleibt. Sobald man beginnt, etwas zu wollen, ist man verkrampft und kommt nicht vorwärts. Innerlich loslassen zu können, bringt einem sehr viel in der Beschäftigung mit der Kristallkugel. Wer damit seine Probleme hat, dem kann sie eine gute Lehrerin sein.

Licht – farbig oder weiß

Licht ist immer als ein positives Anzeichen zu deuten. Je nach Farbe kann es z. B. für Heilung (blau), Spiritualität (violett), Energie (rot) oder frische Kräfte und Gewinne (grün) stehen. Genieße es, wenn du es siehst, und spüre deinen Impulsen dabei nach. Licht, das von dunklen Flecken oder Wolkenschleiern getrübt wird, steht für (unerkannte) Konflikte, für negative Einflüsse oder schlicht dafür, dass es nicht ganz so kommt, wie man es sich erträumt hat.

Tiere

Falls die Tiere, die du erblickst, nicht bedrohlich auf dich wirken, handelt es sich mit großer Wahrscheinlichkeit um Tiergeister, die dir hilfreich zur Seite stehen wollen. Wenn du in einer solchen Situation bist, frage den Tiergeist laut oder in Gedanken, was er dir mitteilen möchte. Sprich mit ihm durch die Kugel und nutze sie als Kommunikationsinstrument. Du kannst später über die Kugel auch Kontakt mit deinen Krafttieren bzw. Pflanzendevas (die *Seelen* oder *Geister* der Pflanzen) und anderen Energiewesen aufnehmen.

Solltest du aber keine dich freundlich und aufmerksam anblickende Schlange, sondern irgendetwas, was dich ängstigt, in der Kugel erblicken, rede auch mit diesem Tier, und frage, was es dir sagen möchte. Es verkörpert wahrscheinlich einen Aspekt deiner eigenen Seele, der wahrgenommen werden möchte. Nur in ganz seltenen Fällen handelt es sich dabei um negative Personen, die symbolisch als Tier erscheinen.

Pflanzen

Pflanzengeister, auch Devas genannt, besuchen auch ganz gerne einmal die Kugel, um sich zu zeigen. Sicher hast auch du ein paar Lieblingspflanzen. Bei mir sind darunter Minze, Verbene, Ringelblume und Chilis. Wenn ich eine dieser Pflanzen in der Kugel erblicke, weiß ich, es wird Zeit, einmal wieder mit dem Deva der Pflanze Kontakt aufzunehmen … oder sie ganz real zu mir zu nehmen. Manchmal spreche ich durch die Kugel mit der Pflanze, manchmal ist es mir lieber, später mit einer *richtigen* Pflanze dieser Gattung Kontakt aufzunehmen. Nur wenn du verschlungene, unheimlich wirkende Pflanzen erblickst, dann deutet dies auf Negatives hin. Oft sind es Verstrickungen mit anderen Personen, die dir nicht guttun. Achte genau auf alles, was du siehst!

Landschaften

Landschaften hat man ziemlich häufig in der Kugel. Hier zählt der Gesamteindruck! Was löst das Bild in dir aus? Bringt es dir neue Impulse? Welche? Landschaften erweisen sich oft als ein Überblick deines aktuellen Lebens. Nimm also auch wahr, was nicht so schön ist! Erst einmal geht es nur darum wahrzunehmen – welche Schlüsse du daraus später ziehst, ist jetzt noch nicht an der Reihe. Mach dir Notizen, damit wichtige Einzelheiten nicht verloren gehen!

In diesem Teil möchte ich den vielen Möglichkeiten, intuitiv zu orakeln, auf den Grund gehen. Sie werden in der Volksmagie immer noch sehr gerne eingesetzt und sind für viele Hexen ein unverzichtbarer Bestandteil ihres Alltags.

Rauch

Als ich mit dem Lesen von Rauch begann, wusste ich nicht mehr, als dass es bei urtümlichen Völkern eine beliebte Orakelmethode darstellt. Mit der Zeit stellte ich fest, es ist eine intuitive Methode, die Gefühl erfordert und Kreativität belohnt. Um euch bei den ersten Versuchen zu unterstützen, werde ich euch - wie beim Blick in die Kristallkugel - ein paar Anhaltspunkte geben. Auch hierbei kommt niemand umhin, seinem eigenen Gefühl zu folgen, den spontanen Gedanken zu lauschen, die Impulse im Körper wahrzunehmen, der uns durch seine Reaktionen die Botschaften der Seele übermittelt: z. B. ein flaues Gefühl im Magen, spontane Leichtigkeit, ein Gefühl des Verkrampfens in der Herzgegend, generell Gefühle in verschiedenen Körperregionen, die *zusammenziehend* - steht für Vorsicht und Auf-sich-selbst-Zurückkommen - oder *warm verströmend,* d. h. positiv, extrovertiert sind, und viele Gefühle mehr, die auch in zahlreichen Sprichwörtern thematisiert werden.

Du kannst mit einem Räucherstäbchen oder einer Räuchermischung arbeiten. Für den Anfang würde ich dir Räucherstäbchen empfehlen, später könnte vielleicht der üppige Rauch einer Räuchermischung eher das Richtige für dich sein.

Meistens stellt man den Geistern der Luft, die man mit

dem Rauch ja befragt, zuerst laut seine Frage. Klar und präzise sollte hier formuliert werden! Und danach beobachtet man für eine bereits vorher festgesetzte Zeit, etwa eine halbe bis eine Minute, was mit dem Rauch passiert.

Der Rauch trennt sich

Mehrere Aspekte kommen zum Tragen. – Frag (an mehreren Stellen) um Rat! – Du wirst deinen Weg machen. – Am Ende wird alles gut.

Der Rauch geht nach oben

Aufsteigende Kräfte – Gutes Omen für Unternehmungen – Das Glück ist dir hold. – Du wirst Unterstützung haben.

Der Rauch geht nach unten

Kräfte sind noch gedämpft. – Sehr gute Zeit, in sich zu gehen – Meditiere! – Du musst erst noch etwas ver-, be- bzw. abarbeiten, bevor es weitergeht. – Steige kurz aus, soweit es dir möglich ist, und geh in dich, dort wartet noch ein Schatz darauf, geborgen zu werden.

Der Rauch bildet viele Kringel

Kreative Impulse – Fruchtbare Kommunikation mit anderen – Unterstützung aus unsichtbaren Bereichen, manchmal auch auf unverhofften Wegen – Du bist nicht allein, alles wird sich auf fröhlichen Wegen entwickeln.

Der Rauch kommt zu dir

Verschiedene Dinge kommen auf dich zu. Achte besonders auf dein erstes, spontanes Gefühl! – Wenn du auf etwas wartest, sei unbesorgt, es geht voran.

Der Rauch geht von dir weg

Du wirst etwas los. Achte auch hier auf dein erstes Gefühl: Ist es eine Befreiung, etwas, was von dir abfällt ... oder ein eher schmerzhafter Abschied? – Du kommst weiter, wenn du dich geradewegs und konzentriert auf ein Ziel zubewegst. – Wenn du schon eine Weile nach einem (Aus-)Weg gesucht hast, wirst du ihn jetzt finden.

Der Rauch geht nach links weg

Die Intuition ist auf deiner Seite. – Arbeite jetzt mit Geistwesen, und sie werden dir hold sein. – Kümmere dich um deine spirituelle Seite, und dein restliches Leben wird sich auch positiv verändern. – Nimm Kontakt zu deinen liebsten Helfern (Steine, Pflanzen, ...) auf, und lass dich unterstützen.

Der Rauch zieht nach rechts weg

Rational löst du jetzt am besten Probleme. – Es ist Zeit nachzudenken, zu überdenken und dir frisches *Brainfood* zu besorgen. – Durch Bücher und Medien wirst du dein Anliegen lösen können. – Setze dich noch einmal intensiv mit dem Thema deiner Frage auseinander, und du wirst die Lösung selbst finden. Mach dich auf den Weg!

Der Rauch ist erst kerzengerade, dann ab einer bestimmten Höhe wellig

Alles sieht erst gut aus, dann plötzlich scheinen dir die Fäden zu entgleiten. – Veränderungen – Neue Impulse kommen ungefragt in dein Leben. – Bleib locker, und du kannst das alles zu deinen Gunsten nutzen.

Der Rauch ist generell wellig

Dein Vorhaben oder Anliegen steckt noch in der Gedankenwelt. – Die Realisierung dauert noch etwas. – Hab Geduld und nutze die Zwischenzeit anderweitig.

Buchstechen

Das Buchstechen ist kein Orakel für diejenigen, die schnelle Antworten suchen. Oft genug gibt es einem ein Rätsel auf.

Du nimmst dafür einfach ein Messer oder deinen Zeigefinger und ein Buch deiner Wahl – traditionell christlich wurde gern die Bibel verwendet. Ich selbst folge dabei immer spontanen Gedanken und nehme das erste Buch, das mit einfällt, egal welches! Dann sprichst du deine Frage laut aus und *stichst* mit einem Messer in das Buch hinein, wählst eine Seite und schaust, auf welchem Satz das Messer ein Loch hinterlassen hat. Schreib ihn dir am besten auf und trage ihn noch ein paar Tage bei dir. Beachte auch das Kapitel insgesamt. Kaum ein Wahrsagebuch erwähnt das, aber meine Erfahrung zeigt, dass manchmal auch das Thema des Kapitels die gewünschte Auskunft sein kann, nicht unbedingt der Satz, den man erwischt hat. Das Buchstechen ist wohl eine der geheimnisvollsten Wahrsagemethoden. Obwohl man die Antwort ganz klar lesen kann, stellt sie oft ein Rätsel dar, das es noch zu lösen gilt. Wer auf diese Weise gerne mit den guten Geistern pokert und sich von ihren Antworten auch einmal überraschen lässt, wird das Buchstechen lieben.

Kaffeesatz

Es gibt mittlerweile Tassen im Esoterikhandel, die innen mit verschiedenen Feldern bemalt sind und so zum perfekten Kaffeesatz-Lesen verhelfen sollen. Nicht nur, dass sie teuer sind – ich würde keine Tasse für über 40 Euro kaufen! –, sie bringen dich auch nicht wirklich weiter, wenn es darum geht, dich deiner Intuition zu öffnen. Das Kaffeesatz-Lesen beginnt nämlich schon mit dem Brühen des Kaffees, außerdem bevorzuge ich eindeutig das Lesen von der Untertasse. Also, was musst du tun? Du gibst einen Teelöffel Kaffee in die Tasse und gießt mit kochendem Wasser auf. Der Kaffee schwimmt anfangs noch oben, sinkt jedoch nach und nach auf den Grund der Tasse. Während du den Kaffee trinkst, musst du nicht die ganze Zeit über deine Frage nachdenken, schließlich möchtest du ja dein Unbewusstes und nicht dein *Wachbewusstsein* befragen.

Wenn du nur noch ganz wenig Flüssigkeit in der Tasse hast, kippst du den Inhalt der Tasse mit Schwung auf die Untertasse. Dazu legst du am besten die Untertasse zuvor umgedreht oben auf den Tassenrand. Anschließend *lüftest* du die Tasse und betrachtest das, was sich vor dir ausbreitet. Lösen die Formen etwas in dir aus? Erinnern sie dich an etwas? Lass es auf dich wirken, achte aber dabei vor allem auf den ersten Gedanken! Runde Formen kündigen oft eine harmonische Zeit an, ausgefranste Konturen hingegen, dass es nicht ganz so leicht vorangehen wird, wie gedacht.

Kaffeesatz-Lesen ist eine gute Methode für fantasiebegabte Personen, die sich nicht verkrampfen beim Orakeln, sondern aufgeschlossen deuten und intuitiv erahnen, worum es geht – Eigenschaften, die man sich mit der Zeit durchaus aneignen kann! Mit vorgefertigten Deutungen kann ich leider nicht dienen, zumal der eine sehnsüchtig auf ein belebendes Chaos in seinem Leben wartet, der andere jedoch allein ein chaotisches Bild schon als beunruhigend empfindet. Denken wir nur einmal an diese hinlänglich bekannten psychologischen Tintenfleckbilder – jeder meint etwas anderes darin zu erkennen. Deshalb kann auch niemand für dich Kaffeesatz lesen, zumindest nicht, ohne dich wirklich mit in die Deutung einzubeziehen. Natürlich kann man sich gegenseitig inspirieren, aber im Endeffekt zählt nur, was du selbst gegenüber dem vor dir liegenden Bild empfindest. Solltest du erst mal gar nichts spüren bzw. erkennen, lass die Untertasse ein wenig stehen, und betrachte sie später am Tag noch einmal. Oft findet man auch im zweiten Anlauf die gewünschte Antwort. Das Wichtigste ist, dass du dich im Kopf ganz frei machst und einfach *drauflosassoziierst!*

Wolken

Es gibt wohl kaum eine romantischere Art des Orakels als das Deuten von Wolken(formen). Allerdings muss freilich das Wetter mitspielen! Am besten funktioniert dieses intuitive Orakel an Tagen mit blauem Himmel und schönen weißen Wolken dazwischen.

Im Allgemeinen gibt es zwei Arten, Wolken zu deuten. Die erste ist spontan. Du denkst an deine Frage und schaust ungefähr fünf Minuten später zum Himmel, dann versuchst du, Symbole in den Wolken zu erkennen, die du siehst, und deutest sie. Repräsentieren die Symbole etwas Positives für die Angelegenheit, um die es sich dreht? Weisen sie vielleicht sogar einen neuen Weg? Lass alle spontanen Gedanken zu, und lache nicht darüber. Gerade scheinbar absurde Gedanken enthalten oft ein bestimmtes Wort, das dir weiterhilft und den Weg zeigt.

Die zweite Methode ist eher ein Wetterorakel. Dabei suchst du dir einen Termin in den kommenden Tagen aus, an dem du den Himmel bezüglich deines Anliegens konsultieren willst. Achte dann am gewählten Tag auf das Wetter: Scheint die Sonne? Gibt es nur kleine Schäfchenwolken? Oder gewittert es? Für manche Angelegenheiten mag selbst ein Gewitter ein positives Omen sein – deute also immer im Kontext deiner Frage und notiere dir, was dabei herausgekommen ist.

Auffälliges ...

Manchmal begegnet uns ein bestimmter Satz mehrfach am Tag an den unterschiedlichsten Stellen. Oder man sieht einen Film und entdeckt darin genau die Botschaft, die man jetzt braucht. Selbst Werbephrasen können einen Tipp enthalten, genauso wie das, was jemand, der an der Straßenbahnhaltestelle neben uns steht, seiner Tochter erzählt. Da in der spirituellen Welt alles mit allem verbunden ist, bekommen wir genau die Botschaften, die uns fehlen.

acht
Die Welt der Geister

Ein paar Worte vorab

Ganz ehrlich, ich finde es fürchterlich, welcher Unsinn den Menschen in diesem Bereich eingeredet wird, egal ob von spiritistischer Seite oder aus dem allzu lichtvollen Lager! Eine Klientin empfahl mir einmal ein Buch, in dem man eine Art Kurs verpasst bekam, um mit Naturgeistern in Kontakt treten zu können. Nach etwa drei bis vier Jahren harten Übens sollte man angeblich dazu fähig sein. Mein energisches Kopfschütteln konnte sie nicht davon abbringen, dass es ein großartiges Buch sei.

Dabei hatten wir alle schon Erlebnisse mit Naturgeistern, ohne ein Buch darüber gelesen zu haben. Vielleicht haben wir sie nicht gesehen, gespürt aber sehr wohl! Wer kennt es nicht, dieses ganz besondere Gefühl, das ein Fluss in einem auslöst, Regentropfen, die in eine Pfütze fallen, Pflanzen oder Bäume, die einen förmlich anzublicken scheinen, der Stein, der als Anhalter beim Spaziergang mitgenommen werden wollte, oder die Ecke da oben, in der die Luft, die Energie dichter als anderswo im Zimmer zu sein scheint.

Oder in meiner Familie typisch: ein Katze, die plötzlich vor der Tür stand, sich nicht mehr abwimmeln ließ und so zum Familienmitglied wurde. Warum das so ist, weiß ich nicht, jedenfalls zieht meine Familie Katzen geradezu magisch an. Dabei mochten wir sie früher nicht einmal. Sie haben offenbar einen inneren Sensor dafür, bei wem sie ein Schälchen Wasser und Futter bekommen könnten. Man kann ja auch nicht wirklich nein sagen, wenn sie vor der Tür stehen, denn als meisterhafte Mimen spielen sie die Rolle des schwachen, ausgemergelten Kätzchens sogar als fette Brocken noch mit Bravour. Und was kann man im Falle des Falles schon tun gegen einen eisernen Willen und umwerfenden Charme, gegen Mondaugen und wohliges Schnurren?

Kein Wunder, dass Katzen jahrhundertelang verteufelt wurden - und dies gerade in einer Zeit, in der der westliche Mensch fälschlicherweise zu denken begann, er wäre allmächtig. Da musste ein Wesen, gegen das man nur schwer ankommt, das einem seine Freiheit, Unabhängigkeit und unbezähmbare Lebenslust zeigt, ja geradezu unheimlich wirken. Wie sehr erinnert mich das an die Geschichte der Frauen ...

Als Kinder war unser Blick zumeist offener für solche zauberhaften Dinge, und wir können ihn auch wieder schärfen, indem wir unseren nüchternen Verstand, der nicht so recht an Geister oder beseelte Dinge glauben mag, ein bisschen *zurechtrücken,* um den Erfahrungen aus dem Zwischenreich ihren Platz zu lassen. Ganz besonders wichtig ist es, keine Fragen nach dem Wie und Warum zu stellen. Das ist, wie wenn im Märchen etwas Falsches ausgesprochen wird und der Held nun eine weitere Reise vor sich hat, die er durch wissendes Schweigen hätte vermeiden können.

Dass die Wesen aus dem Zwischenreich, die Geister, Nixen, Trolle, Engel und wie sie alle genannt werden, etwas Reales haben müssen, sagt uns schon die einfache Logik. Denn früher, als unsere Vorfahren sie bemerkten und mit ihnen zu kommunizieren begannen, waren die Zeiten um einiges härter. Man konnte sich keine ineffizienten Dinge leisten und hatte – mangels Fernseher und anderer Ablenkungen – einen offenen Blick für das, was einen umgab. Die Menschen lebten natürlicher, ihrer Natur gemäßer und kamen so ganz ungezwungen mit den Wesen der Natur in Kontakt – nicht nur mit denen aus Fleisch und Blut!

Was sind Geister eigentlich? Eine für alle Anschauungen allgemein gültige Definition zu finden, wird schwer. Man kann sie sich als Energien vorstellen, das fällt vielen leichter, als mit dem Wort *Geist* umzugehen. Im angelsächsischen Raum hat man es da schon leichter – mit dem Wort *spirit* bezeichnet man diese Phänomene zutreffender. Sie werden dort auch *little people* genannt, wobei man lieber nicht von ihnen spricht. Geister müssen keineswegs immer entweder böse oder wohlgesinnt sein, sie können sich auch gar nicht für einen interessieren. In vielen religiösen Traditionen wird von ihnen übereinstimmend berichtet, dass sie für das menschliche Auge nur in besonderen Zuständen, z. B. in Trance, sichtbar sind und verschiedene Wohnorte, wie beispielsweise Pflanzen, Steine, Knochen bevorzugen.

Beim Blick auf die deutsche Sprache sehen wir auch, dass sie sich durchaus in unseren Gedanken befinden können, nämlich wenn wir *begeistert* sind. Viele Kulturen, die oftmals als primitiv bezeichnet und damit mehr als unterschätzt werden, wissen um diese Geheimnisse. Man hat seine Geistführer, wird in Zeremonien von bestimmten Geistern *geritten* und achtet die Geister bestimmter Orte, Lebewesen oder Gegenstände.

Im unserem Wortschatz findet man sie auch an anderen Stellen: Was hat dich denn da geritten? Wenn jemand nicht nachvollziehbar handelt, beschreiben wir ihn als *von allen guten Geistern verlassen*. Manchmal sind wir *entgeistert*, ein Zustand, in dem man keine wohlgesinnten, fröhlichen Geister zusammen mit seinem persönlichen Geiste wohnen lässt. Es gibt Zeiten, da fehlen einem die *Lebensgeister*, und manch einer hat den *Schalk* im Nacken. Was der wohl ist? Oder *etwas ist in einen gefahren*. Wer oder was denn eigentlich? Wir stehen in permanentem Austausch mit den *spirits*, oft natürlich unbewusst.

Ganz vorsichtig bin ich allerdings, wenn es darum geht, schlechte Geister in sich zu tragen und sie wieder loswerden zu wollen. Denn dann ist der Schritt zu Austreibungen oder ähnlichen Ritualen oft nicht mehr weit. Seelische Erkrankungen lassen sich zwar auf der Ebene der Geister darstellen, aber sie benötigen immer einen guten Therapeuten, um sich zu bessern. Gerade auf diesem Gebiet wird unendlich viel Schindluder getrieben, und ich möchte meine Leser davor warnen. Wer unter Depressionen oder anderen seelischen Erkrankungen leidet, kann sich natürlich unterstützend mit wohlgesinnten Geistern, z. B. dem Lieblingsstein bzw. schönen Pflanzen umgeben oder regelmäßig *gute Orte* aufsuchen. Ich rate jedoch dringend von irgendwelchen Experimenten ab. Ein erfahrener Therapeut weiß unendlich mehr über Seelen, ihre dunklen und lichten Stellen, dass es gefährlicher Leichtsinn wäre, daran selbst herumdoktern zu wollen. Oft genug hört man von mehr oder minder guten Schamanen, die durch die westliche Welt geistern – schon wieder etwas *Geistiges!* –, um für horrende Honorare unsere Probleme zu heilen. Das mag anfangs auch sehr gut funktionieren, doch ihre Heilmethoden sind auf ganz andere Kulturkreise zugeschnitten, oftmals Kulturen, in denen man in der Pubertät Initiationen erfahren hat, nach ganz anderen Maximen lebt, ganz anderen Alltagserfahrungen ausgeliefert ist. Bedenke das immer, wenn du allzu verlockenden Möglichkeiten, dir das Leben zu erleichtern, gegenüberstehst. Man kann kulturell geprägtes Wissen nicht einfach in eine andere Kultur übernehmen, ohne sich Gedanken über die Rahmenbedingungen zu machen.

Geisternahrung, Altäre und Schreine

Viele Menschen wünschen sich nichts sehnlicher als einen guten Kontakt zu den Geistern, der vielleicht sogar sichtbar und somit beweisbar wird. So verständlich der Gedanke ist, den anderen zu beweisen, dass man doch kein *Esoterikspinner* ist, unsere Geister müssen dieses Bemühen nicht unbedingt gutheißen. Nicht jede Energie möchte sich zeigen. Und nicht alle Mitmenschen möchten von uns wissen, dass in jeder Wohnung, die wir beziehen, in der Spüle eine *Spül-Spinne* wohnt, die dort als guter Schutzgeist der Wohnung ihre Netze webt. Manch einer verdreht die Augen, wenn wir erzählen, gestern habe sich mal wieder der Mauszeiger am Computer bewegt, ohne dass wir die Maus auch nur berührt haben, oder es habe sich, wie es einem Freund passiert ist, nachts der Computer von selbst angeschaltet. Ich weiß auch von Leuten, denen dasselbe mit dem Fernseher passiert ist – offenbar führen technische Geräte ein Eigenleben, von dem wir nur wenig ahnen.

Was diesen Bereich anbelangt, ist oft Reden Silber und Schweigen Gold. Jedenfalls solltest du nach Möglichkeit nur mit Menschen darüber reden, die ähnliche Erfahrungen gemacht haben. Keine Sorge, von denen gibt es zum Glück genügend!

Auch wenn sie nicht hervorgezerrt werden wollen, mögen die Geister weltweit doch auffallend ähnliche Nahrungsmittel. Man füttert und lockt sie mit süßem Obst, kleinen Getreideopfern, Milch und Sahne, dem Duft von Ölen und Räucherstäbchen, mit Honig, (bunten) Kerzen, mit Gesang (am besten selbst singen, auch wenn es noch so schief und textlich anfangs gewöhnungsbedürftig ist, das macht gar nichts), Musik, Farben, Rasseln, Trommeln, Tanz, aber auch mit Champagner, Rum und Schnäpsen – kurz: mit den schönen Dingen des Lebens. Was für Alkohol jedoch nur in Maßen gilt, jedenfalls für Sterbliche.

Alkoholika als Opfer habe ich zum ersten Mal in Verbindung mit Voodoo gesehen. Voodoo ist wohl die am meisten verschriene Religion, was sehr schade ist und von unwissendem Kolonialdenken zeugt. Später sah ich bei Andenvölkern, dass eine Priesterin Rum mit ihrem Mund über die Tempelbesucher versprühte, um sie zu reinigen. Geister und Götter – gerade Letztere wissen ein Gläschen zwischendurch sehr zu schätzen – mögen Alkoholisches. Warum es wohl Weingeist heißt? Wer weiß ... ich habe dir jedenfalls die passenden Getränke dazugeschrieben. Und nimm etwas Gutes, nicht das billigste Zeug! Du kannst die Getränke draußen in der Luft versprengen – mit ein bisschen Übung klappt das Versprühen mit dem Mund auch ganz gut –, eine Kerze damit salben oder einfach ein Glas damit hinstellen. Vielleicht fallen dir noch weitere Möglichkeiten ein? Nur zu! Aber bitte für die Geister und Götter, nicht an sich selbst verwenden – da nützt es gar nichts.

Für das gezielte Anlocken bestimmter Energien ist es wichtig, dass man die Korrespondenzen beachtet. Dazu gibt es verschiedene Systeme. Manche unterteilen die Geistwesen nach ihren Eigenschaften in Anlehnung an die sieben Planeten oder die vier Elemente. Ich finde die Unterteilung in Lebensbereiche jedoch praktischer im Alltag und habe dafür eine Liste zusammengestellt, welche Dinge die Energien, die wir in unser Leben holen wollen, besonders mögen. Man kann z. B. mit den angegebenen Kräutern räuchern oder die Luft mit den Ölen der Pflanzen beduften, man kann auch kleine Schreine entsprechend der Farben und Gegenstände dekorieren und die so gerufenen Geister zu sich einladen und erfreuen.

Liebe

Rosafarbene oder hellgrüne Dinge (z. B. Bänder, Deckchen, Gefäße, Kerzen, Blumen, Figuren), Herzen, Tauben, niedliche und kitschige Dinge, Schleifchen, Sekt, Champagner, Himbeergeist, Kirschwasser, Pfefferminzschnaps, Apfelkorn, kleine verzierte Kästchen, Rosenblüten, Jasmin, Lavendel, Limone, Lotus, Eisenkraut, Kopal, Iris, Koriander, Melisse, Usambaraveilchen, Veilchen an sich, Orange, Thymian, Zimt, Tonka, Vanille, Schafgarbe, Pfefferminz, Vetiver, Wacholder, Zitrone, Basilikum, Rosmarin, Gegenstände aus Kupfer, Abbildungen bzw. Darstellungen von Tauben, Hasen, Liebesgöttinnen, kleinen Putten oder Amorfiguren, romantische Liebesmusik oder – je nachdem – auch etwas Dramatisch-Feuriges wie beispielsweise Tangomusik

Finanzen

Kräftig grüne oder goldfarbene Dinge, Symbole für Geld oder kleine Häufchen aus Münzen, Schecks, Steine, Krötensymbole (auch Begriffe wie Mäuse, Heu, Schotter, Moos usw.

lassen sich gut versinnbildlichen), Salz, Whiskey, Kräuterschnaps, herbe Biersorten, Basilikum, Eisenkraut, Gewürznelke, Zimt, Holunder, Ingwer, Kamille, Muskat, Dill, Galgant, Fingerkraut, Kiefer, Patchouli, Salbei, Pfefferminz, Tonka, Zedernholz, Vetiver; das Geräusch von klingenden Münzen soll auch schon ganz erstaunliche Ergebnisse hervorgebracht haben

Schutz

Weiße, schwarze oder blaue Dinge, Figuren oder Abbildungen von Kriegern o. Ä., Abbildungen von Engeln, Pentagramme, klarer Korn, Gin, Schwarzbier, Aloe, Angelika, Basilikum, Anis, Drachenblut (ein Pflanzenharz), Eisenkraut, Galgant, Eukalyptus, Gewürznelke, Erika/Heidekraut, Kalmus, Kümmel, Kiefer, Patchouli, Zimt, Ringelblume, Lorbeer, Klee, Salbei, Wacholder, Sandelholz, Rose, Ysop, Pfingstrose, Petitgrain, Weihrauch, Zeder, sanfte, sphärische Musik, möglichst instrumental, oder aber Kriegsgesänge u. Ä., wenn man wütend ist und viel Energie heraufbeschwören möchte

Kreativität

Gelbe, blaue, weiße oder ganz einfach bunte Dinge, Darstellungen der Musen, Rum, Absinth, bunte Bändchen, Zimt, Lorbeer, Muskat, Lavendel, Myrte, Helmkraut, Baldrian, Storax, Heidekraut/Erika, Piment, Tonka, Vetiver, Sternanis, Rose, Musik, die man selbst mag

Beruf

Blaue, grüne und gelbe Dinge, Rum, Whiskey, klarer Korn, Darstellungen, Bilder und Symbole (auch ausgeschnittene) der jeweiligen Tätigkeit, Lorbeer, Zimt, Muskat, Zeder, Storax, Melisse, Borretsch, Baldrian, Lavendel, Johanniskraut, Salbei, Safran, Eichenmoos, Kamille, Geißblatt, Kiefer, Piment, Ysop, Tonka, musikalisch alles, was dich glücklich macht und dir Kraft gibt

Heilung und Gesundheit

Zur Unterstützung: grüne, weiße und gelbe Dinge, Abbildungen (die man auch bei vermeintlich mäßiger Kunstbegabung selbst malen kann!) der persönlichen Helfergeister (z. B. Götter, Engel, Heilige, Elfen, Tiere usw.), Kräuterschnaps, Enzian, Rotwein, Gin, Beifuß, Cayenne, Eukalyptus, Lorbeer, Kiefer, Geißblatt, Nelke, Rose, Thymian, Rosmarin, Silberweide, Wacholder, Pfefferminz, Melisse, Safran, Zeder, Zimt, sanfte Musik, harmonisch und ruhig etwas monoton

Magisches Arbeiten und Spiritualität

Je nach Zweck weiße oder bunte Dinge, Abbildungen und Symbole, die dem persönlichen Weg entsprechen (z. B. Pentagramme, Steine, Kreuze, Wurzeln, Bänder, Triskele, Runen, Tarotkarten usw.), Gin, Rum, klarer Korn, Aloe, Kiefer, Gummi arabicum, Kopal, Weihrauch, Myrrhe, Zimt, Jasmin, Lotus, Salbei, Beifuß, Rosmarin, Sandelholz, je nach Geschmack musikalisch untermalen, am besten selbst für Geräusche sorgen, ansonsten das, was man mag. Es müssen nicht immer New-Age-Klänge sein, warum nicht einmal Soul oder etwas Elektronisches? Wähle ganz nach dem Ziel des Rituals!

Glück

Symbole für Glück – Achtung, wer Glücksschweine verwenden möchte, sollte sich vom Schweinefleisch auf dem Teller verabschieden! – wie z. B. Klee, Fotos oder Bilder von glücklichen Situationen, Wunschzettel, persönliche Symbole für Glück oder Glück Bringendes, Rum, Sekt, Weißwein, Haselnuss, Kalmus, Heidekraut/Erika, Muskat, Tonka, Veilchen, Vetiver, Orange, Narde, Rose, Sternanis, Salbei, Zimt, Eisenkraut, beschwingte, klassische Musik

Lust

Rote Dinge, evtl. kleine Symbole der Geschlechtsorgane oder Abwandlungen wie z. B. die Raute fürs weibliche Geschlecht, Sheela-na-Gig-Abbildungen – du wirst schon sehen warum, sie ist aber auch sonst äußerst Glück bringend –, kleine Stofffetzen von Laken, Nachthemden oder Dessous, alle Dinge, die man selbst als sexy empfindet, Sekt, Champagner, Rum, Rotwein, Kirschwasser, Muscheln, Brennnessel, Ingwer, Gewürznelke, Ginseng, Patchouli, Kümmel, Rose, Vanille, Oliven, Petersilie, Safran, Mohn, Zimt, Rosmarin, Basilikum, Ylang-Ylang, Orange, musikalisch alles, was irgendwie verschmust, verrucht oder erotisch ist

Reinigung

Weiße Dinge, Gin, klarer Korn, ins Putzwasser oder als Räucherung; in der Duftlampe: Salbei, Rosmarin, Basilikum, Engelwurz, Kopal, Flieder, Distel, Malve, Myrrhe, Vetiver, Mistel, Kiefer, Beifuß, Wacholder, Weihrauch, Sandelholz, Drachenblut, Schafgarbe, Heliotrop, einfache, klare Musik – asiatische Klänge sind gut

All dies sind nur Beispiele oder erste Inspirationen. Verfahre ganz nach deinem persönlichen Gefühl! Das sage ich nicht nur so, das ist ernst gemeint. Vielleicht findest du z. B. für einen Schrein, der die Lust beflügeln soll, ein Tuch mit Raubtierdruck ganz wunderbar, also füge es hinzu! Vielleicht findest du die Kombination von weinrotem und schwarzem Stoff besonders sexy, dann nimm sie einfach.

Schreingestaltung – der Unterschied zum Altar

Um es kurz zu erklären, ein Schrein wird einer bestimmten Wesenheit, einem Thema oder z. B. den Ahnen geweiht, eingerichtet – wenn man mag, auch gerne mal umdekoriert – und regelmäßig mit Räucherstäbchen, frischen Blumen, Kerzen, Früchten o. Ä. versorgt. Er wird nicht abgebaut. Ein Altar hingegen dient einem bestimmten Ritual und wird anschließend wieder abgebaut. Heutzutage ist eine Mischform daraus am gebräuchlichsten.

Ich persönlich habe ganz verschiedene Schreine. Meine Rituale baue ich separat auf, sie werden dann hinterher wieder abgebaut. Die Mehrzahl der Leute hat einen festen Altar, auf dem Geisterverehrung, Rituale, Verehrung von Gottheiten usw. gemeinsam vonstatten gehen. Der eine Weg ist so gut wie der andere, das muss jeder für sich selbst entscheiden. Nicht zuletzt spielt auch der Platz in der Wohnung oder ein eventuelles ruhiges Ritualplätzchen in freier Natur eine Rolle. Man kann aber auch ganz einfach bestimmte Plätze in der Wohnung mit einem Deckchen versehen und zum Altar bzw. Schrein erklären.

Schreine gestaltet man im Großen und Ganzen, wie man es selbst mag. Ich möchte dir, wie schon an verschiedenen Stellen zuvor, keine Vorschriften machen, denn das persönliche Empfinden ist dabei entscheidend, und wenn ich hier mit Anweisungen komme, die man so und nur so befolgen soll, dann ist das deiner persönlichen Entwicklung nicht gerade zuträglich. Handelst du mit einem liebevollen Gefühl, wirst du intuitiv das Richtige tun. Das ist wirklich so einfach, wie es sich anhört. Nicht wenige Hexen tun in der Öffentlichkeit so, als gäbe es für alles ein Schema F in der Magie. Da dies auch in anderen Lebensbereichen selten der Fall ist, ist anzunehmen, dass es innerhalb der Magie ebenfalls verschiedene Wege zum Ziel gibt. Hier wie dort ist ein gesundes Bauchgefühl die beste Basis, um Dinge anzupacken, und jeder kann nur auf seine persönliche Weise glücklich werden.

Ich kenne das aus meinen Beratungen: Frau XY hat ein Problem und fragt mich nach einer geeigneten Maßnahme, es loszuwerden. Nun könnten ich aus dem Stegreif mindestens zehn verschiedene magische Methoden *runterbeten*, und wenn ich erst einmal darüber nachdenke, kommen wir bestimmt auf an die fünfzig verschiedenen Sachen – alle für denselben einen Zweck. Nur das Bauchgefühl kann jetzt sagen, was die richtige Methode ist. Die uns innewohnende Hexe weiß es ganz genau. Die weise Alte – man kann es auch Intuition oder eine gefühlsmäßige Wahrnehmung im Körper nennen – wartet nur darauf, dass wir uns die Zeit nehmen, ihrem Rat zu lauschen und ihn zu befolgen. So ist es übrigens mit allen rituellen Handlungen.

Bei Altären gibt es jedoch eine Grundregel: An den beiden hinteren Ecken stehen immer zwei weiße Kerzen, zur Not gehen auch Teelichte. Nur diese eine Grundregel muss eingehalten werden und die – du ahnst es schon – auch nur, wenn du willst! Ich gestalte von Zeit zu Zeit meine Rituale um, das macht fast jede Hexe so. Da kann es auch einmal vorkommen, dass ich die weißen *Eckpfeiler* hinten weglasse, meinen kleinen Altar aufbaue, Steine, Tücher, Kerzen und Blumen so arrangiere, wie es mir gefällt, und auf diese Weise – ganz undogmatisch – mein Ritual abhalte.

Du bist frei! Und wenn es sonst nirgends in deinem Leben der Fall sein sollte, deine Magie sollte frei sein.

Wie ich schon erwähnte, ist es wichtig, dass du alles liebevoll tust. Richte diese Plätze mit dem Herzen ein, mit dem, was dir (spontan) passend erscheint. Nicht nachdenken, fühlen! Habe den Mut zu lernen, dich zu entwickeln. Nur zu gerne wird in der Esoterik von Möchtegern-Gurus ein Weg vorgekaut. Müßig zu erwähnen, dass du natürlich lieber selbst denken, handeln, lernen und Erfahrungen sammeln willst. Das heißt ja nicht, dass man sich keine Inspirationen oder Rat beschafft, sondern nur, dass man erkennt, dass Selbstständigkeit der einzige Weg zu Wachstum ist. Und wollen wir wachsen? Ja, natürlich wollen wir das!

Exkurs: Dem Glück eine Wohnung bauen

Wir alle wollen ein bisschen Glück haben, am liebsten mehr als nur ein bisschen. Irgendwann kam mir der Gedanke: Wenn das Glück bei mir einziehen soll, wohin soll es dann ziehen? Es hat ja noch gar keine Wohnung! Also wäre es sicher keine schlechte Idee, ihm eine zu bauen. Gedacht, getan, und ich kann nicht sagen, dass es nichts gebracht hätte. Du kannst es auch einmal probieren.

Material:

- eine Dose, Schachtel o. Ä. – möglichst rund
- kleine Glückssymbole wie Kleeblätter, Schweinchen (aus nachvollziehbaren Gründen nicht für Menschen, die Schweinefleisch essen, geeignet), Füllhörner ...
- Steine, die man mag
- Rosenblüten, Eisenkraut, Gänsefingerkraut, Zimt, Galgant, Safran, Beifuß, Weihrauch, Salbei, Gewürznelken, eine Tonkabohne, Lorbeerblatt; wenn man eine Zutat nicht bekommen sollte, nimmt man ein anderes Kraut, das man mag, oder lässt es weg – das ist kein Beinbruch
- Papier und Stifte nach Bedarf
- etwas Stoff, ein Bändchen, Watte
- dazu noch nach Wunsch: schöne ausgeschnittene Bilder, die etwas Glückliches für einen persönlich symbolisieren, wie kleine Bändchen, Perlen, Murmeln, Pailletten, Federn, Flitter usw. – deiner Fantasie sind keine Grenzen gesetzt!

Vorgehensweise:

Du hast gute Laune und spürst, jetzt ist der richtige Zeitpunkt, dem Glück eine Wohnung zu bauen. Zunächst – falls das nötig sein sollte – säuberst du das Gefäß, das ihm als Wohnung dienen wird. Dann schneidest du den bereitgelegten Stoff kreisförmig aus, füllst etwas Watte hinein und bindest das so entstandene Duftsäckchen mit einem Faden zu. Du kannst damit das Glücksdomizil angenehm mit ätherischen Ölen wie Orange, Sandelholz oder Lavendel beduften, was dein Glück sehr schätzen wird. Nimm keinen zu hellen Stoff, da farbige ätherische Öle darauf Flecken hinterlassen! Schwarz ist allerdings tabu. Wenn du magst, male mit Stiften Glückssymbole auf das Papier. Du kannst sie auch ausschneiden, bevor du sie in die Glückswohnung legst. Und los geht's!

Mit den gewählten Kräutern wird der Boden des Gefäßes bedeckt. Darauf wiederum legst du die Bildchen, die gemalten Symbole, die Muscheln, Perlen, Murmeln, Federn, Schweinchen, Kleeblätter usw. – was du dir halt ausgesucht hast. Anschließend lässt du das Gefäß mit geöffnetem Deckel in der Wohnung stehen und gehst eine Weile spazieren oder Besorgungen machen, damit das Glück in Ruhe hineinschauen und es sich gemütlich machen kann. Wenn du wieder zurück bist, begrüßt du das Glück freundlich in seinem *Nest*. Vielleicht kommst du dir etwas komisch dabei vor, denn unser rationaler Verstand wird schließlich darauf getrimmt, nichts Magisches, Intuitives bzw. *Unbeweisbares* anzunehmen. Das macht aber nichts. Hab Geduld mit dir, und grüße trotzdem freundlich in das Behältnis, mag es auch ein bisschen an *Aladin und die Wunderlampe* erinnern.

Nun wohnt das Glück bei dir. Es soll aber nicht eingesperrt werden! Man lässt den Deckel die meiste Zeit einen Spalt geöffnet, damit es *umherfliegen* und auch außer Haus Dinge für dich regeln kann. Nur wenn negative Einflüsse drohen, beispielsweise sehr unangenehmer Besuch, ist es ratsam, den Deckel zu schließen. Hin und wieder bekommt dein Glück ein bisschen frischen Duft auf das Stoffsäckchen. Und solltest du etwas Schönes sehen, was du dem Gefäß noch hinzufügen willst, nur zu! Grüße es mindestens einmal am Tag freundlich ... und erwarte nichts. Das Glück ist etwas, was uns Geschenke macht, und Geschenke sollte man weder erwarten noch einfordern, sondern ganz einfach empfangen, wenn sie zu einem kommen.

Pflanzengeister und Planetenpflanzen

Wenn du eine Frau bist, redest du vermutlich schon seit Längerem mit deinen Pflanzen. Ich selbst tue das meist in Gedanken, aber sie scheinen es trotzdem wahrzunehmen und zu mögen. Übrigens: Den wissenschaftlichen Beweis für die telepathische Verbundenheit von Pflanzen gegenüber den sie umgebenden Menschen entdeckte ich unlängst in Wolf Dieter Storls Buch *Pflanzendevas,* das ich dem geneigten Leser nur ans Herz legen kann.

Wenn sie dich mögen – und nur aus diesem Grund! –, helfen dir die Geister der Pflanzen. Manche Geister sind einem einfach so zugetan, andere, weil man dieses wunderbare Räucherwerk benutzt oder man der erste Mensch war, der sie wahrgenommen hat und nun freundlichen Kontakt zu ihnen pflegt.

Bevor ich tiefer in das Thema einsteige, muss ich konstatieren, dass viele Menschen im Bereich Pflanzengeister offenbar sehr unsicher sind. Sie fragen sich: Was bilde ich mir ein, und was ist wirklich vorhanden? Sogar erfahrene Hexen werden manchmal von solchen Gedanken eingeholt. Es ist ja auch nichts Schlechtes daran, die Dinge hin und wieder zu hinterfragen! Die Grenzen zwischen Einbildung und Realem, das sich (zumindest noch) nicht nachweisen lässt, sind fließend. Manchmal habe ich das Gefühl, dass die unsichtbaren Wesen erst Kontakt zu einem aufnehmen, wenn sie sehen, dass man offen für sie ist – auch wenn es anfangs nur *Einbildung* ist. Ich rate dir also, vieles nicht zu skeptisch zu sehen, sondern einfach zu fühlen und zu vertrauen, dabei allerdings nie komplett den Boden unter den Füßen zu verlieren! Vielleicht bist du ja auch gar nicht der Typ für solche Dinge – das musst du auch nicht sein. Nichts ist schlimmer als Menschen, die krampfhaft etwas sein wollen, was sie nicht sind. Es ist nichts Ehrenrühriges daran, zu sagen: Nein, das mag ich nicht, das kann ich nicht, das bin ich nicht. Man kann es ja einfach mal zwanglos ausloten, inwieweit man etwas mag, kann bzw. ist. Und wenn man momentan irgendwie nicht weiterkommt, dann kann das in ein paar Jahren schon wieder ganz anders aussehen. Alles ist relativ. Lass dir von niemandem etwas aufzwingen!

Am besten widmest du dich diesem Thema von zwei Seiten: intuitiv und durch die Lektüre kluger Kräuterbücher. Was das Intuitive betrifft, spürst du mit wachsender Übung ohnehin immer mehr, welche Pflanze du gerade brauchst und welche wofür die beste ist. Hier macht, wie so oft im Leben, nur die Übung den Meister.

So bemerkte ich zum Beispiel vor einer Weile, dass meine Pflanzen total auf Edelsteine, die ich auf ihre Blumenerde lege, *abfahren*. Sie wachsen noch besser und wirken vitaler. Daran hatte ich noch nie gedacht, aber plötzlich wusste ich es. Jede meiner Pflanzen bevorzugt ihre eigene Farbe des Steins. Außerdem lieben sie kalten, abgestandenen Brennnesseltee. Also, finde auch du heraus, wonach sich deine Pflanzen sehnen!

Um dir schon mal einen gewissen Überblick zu verschaffen, möchte ich dir die besonders beliebte Einteilung der Kräuter nach Planetenkräften nahebringen. Mit den sieben Planeten werden verschiedene Eigenschaften, Lebensbereiche und Eigentümlichkeiten verbunden, was wiederum bedeutet, dass man eine Pflanze, die einem Planeten zugeordnet ist, eben für bestimmte Bereiche nutzen kann. Ich beschränke mich hier zwar auf das magische Anwendungsgebiet, möchte aber dennoch nicht unerwähnt lassen, dass die Planeteneinteilung auch in der alternativen Heilkunde *benutzt* wird, um Störungen im Haushalt unseres Körpers zu beheben.

Die Einteilung im Einzelnen:

☉ *Sonne* (ist streng genommen ein Stern, gilt aber in der Magie als Planetenkraft): … steht für Gesundheit, Heilung, Wachstum, Freundschaft, Freude, Erfolg, Kraft, Bewusstsein, Vitalität, Schutz, magische Kraft; zugehörige Pflanzen: Benzoe, Birke, Kopal, Eiche, Engelwurz, Esche, Johanniskraut, Kamille, Lorbeer, Mastix, Mistel, Nelken, Ringelblume, Robinie, Rosmarin, Safran, Sandelholz, Sonnenblume, Wacholder, Weihrauch, Wein, Zedernholz, Zimt

☽ *Mond:* Intuition, Dinge, die zyklisch verlaufen, Mitgefühl, magisches Wissen, Inspiration, Gefühl, Instinkte, Unterbewusstsein, Sehnsüchte, Träume, Liebe, Fruchtbarkeit; zugehörige Pflanzen: Beifuß, Gardenie, Ginseng, Gurke, Jasmin,

Kalmus, Kampfer, Kürbis, Lotus, Melisse, Melonen, Mohnsamen, Myrrhe, Myrte, Pilze, Silberweide, Stechpalme, Weide

Mars: ... steht für Konfliktbereitschaft, Durchsetzungswille, Mut, Entschlossenheit, Wille, Lust, Wut, Begierden, Eroberungsfreude, Sexualität, Zorn, Stärke, Aggression, Dynamik, Schutz; zugehörige Pflanzen: Aloe, Asant, Basilikum, Brennnessel, Drachenblut, Enzian, Estragon, Galgant, Ingwer, Kiefer, Koriander, Kreuzkümmel, Paprika, Pfeffer, Piment, Pinie, Rettich, Senf, Tabak, Teufelsdreck, Wermut, Zwiebel, Zypresse

Merkur: ... steht für Geist, Gedanken, Scharfsinn, Intelligenz, Kommunikation, Neugier, Geschäft, Gedächtnis, Kreativität, Wissen, Lernen, Gewitztheit; zugehörige Pflanzen: Baldrian, Dill, Eisenkraut, Esche, Fenchel, Granatapfel, Haselnuss, Kümmel, Lavendel, Lemongrass, Mandeln, Minze, Möhren, Myrte, Petersilie, Sandelholz, Storax, Süßholz

Jupiter: ... steht für Politik, Ideale, Moral, Ehre, Macht, Wohlstand, Verantwortung, Anerkennung, Erfolg, Geschäft, Vertrauen, Tugenden, Gerechtigkeit, Großzügigkeit, Zuversicht; zugehörige Pflanzen: Ahorn, Anis, Borretsch, Eiche, Eichenmoos, Esche, Fingerkraut, Geißblatt, Klee, Linde, Mistel, Minze, Muskat, Narzisse, Olivenbaum, Pappel, Salbei, Sternanis, Ysop, Zeder

♀ *Venus:* ... steht für Liebe, Schönheit, Harmonie, Anpassungsfähigkeit, Sexualität, Vergnügen, Anziehung, Freundschaft, Hingabe, Feinsinn, Sinn für das Schöne, Mitgefühl, Kontakte, Versöhnung, Zufriedenheit; zugehörige Pflanzen: Apfel, Beifuß, Benzoe, Beeren, Birke, Eisenkraut, Feige, Fingerkraut, Gänseblümchen, Heidekraut (Erika), Holunder, Hyazinthe, Iris, Kardamom, Krokus, Magnolie, Mandel, Myrte, Narzisse, Olive, Orchidee, Quitte, Rainfarn, Robinie, Rose, Rosmarin, Schwertlilie, Silberweide, Süßholz, Tonka, Thymian, Vanille, Veilchen

♄ *Saturn:* ... steht für Gewissen, Einschränkungen, Zuverlässigkeit, Struktur, Wissen, Bildung, Zwänge, Armut, Schulden, Geschichte, Zeit, Mangel, Hemmungen, Schutz, Übergänge, Langlebigkeit; zugehörige Pflanzen: Alraune, Amaranth, Beinwell, Eibe, Erle, Hanf, Mimose, Myrrhe, Patchouli, Rote Beete, Schachtelhalm (Zinnkraut), Schlangen-Knöterich, Schwarzwurzeln, Stiefmütterchen, Tamariske, Thymian, Zypresse

Je nach Ziel kann man sich die Pflanzen zusammenstellen, z. B. wenn man um Geld bitten möchte, dieses aber unter gesegneten Umständen bekommen will. In diesem Fall wären Jupiter und Sonne gefragt. Man könnte also Sonnenblumenöl (Sonne) mit Zimt (Jupiter) oder Zedernholzöl mischen und dieses auf eine Kerze streichen, die das Geld anziehen soll.

Bitte vergiss nicht, den Pflanzen deinen Dank zu bezeugen. Sie sind nicht einfach Verbrauchsmaterial in der Magie, sondern geachtete Wesen. Wenn du Pflanzen selbst pflückst und diese für magische Zwecke nutzen willst, reiß nach Möglichkeit nie die ganze Pflanze heraus, und bringe ihr eine kleine Entschädigung mit. Hierfür eignen sich Getreide, Äpfel, hübsche Steine oder Ähnliches.

Das früher so beliebte Einritzen von Wünschen oder Liebesschwüren in Baumrinden ist übrigens tabu! Du kannst natürlich einen Wunschzettel zwischen Äste einklemmen oder an den Wurzeln vergraben. Und bitte lausche deinem Gefühl, ob das der betreffende Baum überhaupt möchte. Andernfalls unterstützt er deinen Wunsch bestimmt nicht. Prinzipiell solltest du nicht gleich mit einem Wunsch ankommen. Man sollte *seine* Bäume erst einmal kennenlernen und nicht so unhöflich sein, gleich mit der Tür ins Haus zu fallen. Manche Bäume wollen auch nicht (unmittelbar) mit einem zusammenarbeiten – das muss man akzeptieren. Nur weil sie nicht weglaufen können, heißt das nicht, dass wir mit ihnen machen können, was wir wollen. Vielerorts wächst zum Glück wieder das Bewusstsein für diese kraftvollen Wesen.

Bäume sind heilig. Das war nicht nur früher so und hängt auch nicht davon ab, dass wir daran glauben. Sie sind es einfach. Ihnen mit Respekt und Liebe zu begegnen, kann einem das Leben ungeahnt versüßen und zu neuen, wichtigen Erfahrungen verhelfen. Dafür muss man nicht einmal zu den demonstrativ Bäume *knuddelnden* Menschen gehören. Schau doch einmal auf deinem Weg zur Arbeit oder auf anderen Wegen nach Bäumen. Vielleicht ist dir ja einer auf Anhieb sympathisch. Daraus können sich *schöne Beziehungen* entwickeln. Du musst auch nicht mit dem Baum reden, wenn dies beispielsweise für Aufsehen sorgen würde. Wie schon eingangs erwähnt, kann man sich mit Pflanzen gedanklich austauschen. Du kannst dir sicher sein, dass *dein*

Baum dich schon bald wiedererkennt unter all den Menschen, die den lieben langen Tag achtlos an ihm vorbeigehen. Ich weiß von Leuten, die dies lange praktiziert haben und, als sie irgendwann wegzogen, heftige Abschiedsgefühle dem Baum gegenüber empfanden. Wer einen wirklichen *Baumfreund* hat, fährt mitunter weite Strecken, um ihn zu besuchen – so viel zu den Risiken und Nebenwirkungen.

Noch ein Geheimtipp aus meinem Nähkästchen für Pflanzenliebhaber: Wenn eine deiner Pflanzen krank oder scheinbar ohne Grund schwächlich ist, besorge dir im Internet oder in der Apotheke die Bachblütenmischung *Notfalltropfen*, auch als *Rescue Remedy* bekannt. Die wirken nicht nur bei uns Menschen oder den Haustieren großartig, auch Pflanzen sprechen wunderbar darauf an. Die Dosierung beträgt 1–2 Tropfen auf 1 Liter Gießwasser. Wenn du das regelmäßig machst, sieh dich schon mal nach größeren Töpfen für deine Pflanzen um!

Krafttiere und Tiergeister

Dass Tiere beseelt sind, ist heutzutage noch immer nicht für jeden Menschen selbstverständlich. Ich bin unlängst über einen angehenden Biologen gestolpert, der mir erklärte, Tiere würden nur nach den Schemata ihrer Instinkte handeln, sie hätten weder eine Seele noch Gefühle. Alles andere sei eine Vermenschlichung von Tieren. So etwas wie die nicht artgerechte Haltung von Tieren oder auch Tierversuche seien deshalb nicht abzulehnen. Tiere stürben ja ohnehin, und folglich sei es egal, wie sie vorher gelebt hätten.

Du kannst dir vorstellen, dass mir diese Worte wie ein Schlag ins Gesicht vorkamen, gerade wenn man bedenkt, dass die biologische Forschung immer mehr über die Seele und die intellektuellen Leistungen von Tieren herausfindet. Schweine besitzen beispielsweise die Intelligenz dreijähriger Kinder. Außerdem hat man nachgewiesen, dass Tiere träumen. Das bedeutet für mich, dass sie sehr wohl eine Seele haben, die im Schlaf Erlebtes verarbeitet. Jeder, der schon einmal leise kichernd neben seiner Katze saß, während sie im Schlaf Mäuschen fing, weiß, wovon ich rede.

Da ich davon ausgehe, dass du Respekt und Liebe gegenüber Tieren empfindest, muss ich dir da sicher nichts mehr erklären, denn du hast selbst schon die ehrliche Treue eines Hundes, die zuweilen launische Zuneigung der Katzen oder auch den wütenden Angriff des *Scheibenknutschers* im Aquarium auf deinen Finger an der Glasscheibe erlebt. Meiner ist jedenfalls ein ganzer Kerl, der, wann immer sich die Möglichkeit bietet, sein Revier aufs Energischste verteidigt. Du weißt sicher, dass Tiere Wut, Trauer, Freude, Zuneigung, Ärger, Furcht usw. empfinden können. Kommen wir deshalb also zur spirituellen Bedeutung von Tieren, zu Tiergeistern und Krafttieren.

Wie man sein Krafttier findet, ist eine viele Menschen bewegende Frage. Zumindest eine definitive Antwort kann ich dir in diesem Zusammenhang geben: Du wirst es nicht in irgendwelchen mehr oder minder astrologischen Tabellen oder Büchern finden! Im Grunde musst du es nicht einmal finden – es findet dich!

Folgende Fragen helfen dir bei deiner Suche und dabei, ihm auf halbem Weg entgegenzukommen:

- Gibt es ein Tier, das in meinem Leben immer wieder auftaucht, das vielleicht auch an für diese Tierart eher ungewöhnlichen Stellen meinen Weg kreuzt?
- Sammele ich Figuren oder Bilder einer bestimmten Tierart?
- Welche Tiere fand ich als Kind faszinierend oder auch abstoßend?

Diese Fragen lassen sich nicht in ein paar Minuten beantworten. Du wirst Wochen brauchen, um alles Erforderliche zusammenzutragen. Und vielleicht kommt dir, wie mir, beim Suchen spontan in den Sinn, welches Tier es ist. Vielleicht sind es auch mehrere? Lass dir Zeit, hetze nicht, und such dir vor allem kein Tier bewusst aus, weil es als so wundervoll *magisch* bekannt ist und damit ein prestigeträchtiges Tier wäre. Ich habe zum Beispiel u. a. die Erdkröte als gute Freundin kennengelernt. Da ich in meiner Kindheit viel mit ihnen zu tun hatte, entdeckte ich ihre natürliche Schönheit und den magischen Glanz ihrer Bernsteinaugen noch bevor mir irgendjemand einreden konnte, sie seien doch eklig oder hässlich. Sie haben eine Haut wie feines Wildleder, sind kühl, aber nicht glitschig. Als ich eines Tages nach Hause kam und hier, mitten in der Stadt, eine Erdkröte vor meiner Haustür saß, hätte es mir eigentlich gleich klar sein müssen. Sie wollte offenbar durchs Treppenhaus in die Hinterhöfe, und so trug ich sie auf die andere Seite des Hauses. Ich brauchte aber noch über ein Jahr, bis ich die Erdkröte als befreundetes Tier bewusst wahr- und annahm. Nicht einmal meine Sammelleidenschaft für alles, was mit Fröschen und Kröten zu tun hat, war mir aufgefallen. Ich wollte manche Krafttiere vom Kopf her haben, doch sie sind es einfach nicht – da waren allzu rationale Wünsche die Väter des Gedanken.

Man muss sich bei seiner Suche auch immer vor Augen halten, dass bestimmte Tiere heutzutage als eklig oder abstoßend empfunden werden, früher jedoch oft sehr hohes Ansehen genossen hatten und auch bestimmten Gottheiten heilig waren. In Zeiten der Hexenverfolgung wurden nicht nur alte religiöse Wurzeln, sondern auch die Tiere, die damit zusammenhingen, stigmatisiert. So galt die Spinne beispielsweise als heiliges Tier, denn die Art, wie sie ihre Netze spinnt, verband sie mit den Schicksalsgöttinnen, mit den Netzwerken zwischen und in den Welten. Wer je ein taufeuchtes Spinnennetz in der Morgensonne funkeln sah, hat diese ganz eigene Heiligkeit bestimmt schon einmal gefühlt. Ein anderes Beispiel sind die Schlangen, die früher u. a. heilige Symbole für Erneuerung und Neuanfänge waren, weil sie sich regelmäßig häuten.

Wie arbeitet man nun also mit seinem Krafttier, wenn man es einmal gefunden hat? Da gibt es verschiedene Möglichkeiten, doch erst einmal möchte ich betonen, dass wir wie immer respektvoll und liebevoll arbeiten werden. Vielleicht sollte man auch überhaupt nicht mit dem Begriff *Arbeit* ins Haus fallen. Denn würdest du dich von der Couch locken lassen, wenn jemand dir nur Arbeit in Aussicht stellt?

Es ist gut, wenn man Abbildungen, Schmuck oder Figuren von seinem Lieblingstier sammelt. Man kann vor schwierigen Entscheidungen oder in schweren Zeiten mit seinem Krafttier sprechen. Natürlich auch in guten Zeiten, denn welcher

Tiergeist möchte schon ständig nur traurige Geschichten hören? Wenn du allerdings dein Tier erst einmal gefunden hast, lebst du stets mit einem guten Schutzgeist im Rücken. Er ist wie eine Art mächtiger Schutzengel, der uns begleitet. Teile dein Leben bewusst mit dieser Energie – dazu gehören auch kleine Geschenke, die, wie wir alle wissen, die Freundschaft erhalten! Besonders gut eignen sich Kerzen oder Räucherwerk, aufgestellt vor einer Darstellung unseres Krafttieres.

Man kann sich aber auch gedanklich mit ihm verbinden, es müssen nicht immer Abbilder sein. Unsere ganze Kultur ist so sehr auf Abbilder fixiert, dass der wirkliche Sinn oft genug dahinter verschwindet! Du wirst sehen, wie du in Prüfungssituationen oder generell, wenn Leistung von dir gefordert ist, immer noch diese Kraft um Rat und Hilfe bitten kannst. Die Beziehung zum persönlichen Tiergeist ist etwas ebenso Intimes und Kraftvolles wie die Beziehung zum persönlichen Schutzengel. Manchmal fragt man sich sogar, ob die beiden nicht ein und dasselbe sind. Wer weiß? Das werden wir wohl nie herausfinden. Verfahre einfach so, wie es deinem Gefühl entspricht!

Exkurs: Fördert Vegetarismus die Spiritualität?

Eine wichtige und interessante Frage! Ich möchte vorwegschicken, dass ich selbst ein halber Vegetarier und mit der damit verbundenen Lebensweise sehr glücklich bin. Hin und wieder gibt es ein bisschen Fisch bzw. Meeresfrüchte oder ein Stück Biofleisch, wenn ich großen Appetit darauf verspüre. Mancher würde das jetzt nicht mehr Vegetarier nennen, das ist auch okay. Aber wenn mein Körper sich nach ein wenig Fleisch verzehrt, dann werde ich den Teufel tun, seine Signale zu überhören. Dafür kenne ich ihn zu gut, um ihn nicht zu respektieren. Sieh es mir bitte nach, wenn ich auf diesem Gebiet etwas parteiisch bin. Ich habe mich wirklich lange damit auseinandergesetzt und viele Informationen gesammelt, bis ich zu dem Schluss kam, dass mein eingeschlagener Weg genau der richtige für mich ist. Es muss also keineswegs dein Weg sein, wie immer möchte ich dir nichts vorschreiben. Jedoch eine kleine, kritische Frage vorab: Wie viel Fleisch würdest du essen, wenn du die Tiere dafür selbst töten müsstest?

Doch nun zum Spirituellen. Wir wissen, dass germanische Seherinnen vegetarisch lebten, um ihre seherischen Gaben zu stärken bzw. nicht zu verlieren. Heute weiß man, dass sie ganz intuitiv richtig handelten, da pflanzliche Nahrung physikalisch gemessen eine höhere, positivere Schwingungsfrequenz als fleischliche Nahrungsmittel hat. Ich selbst habe, nachdem ich Fleisch fast vollständig weggelassen und sinnvoll pflanzlich ersetzt hatte, ebenfalls sehr positive Erfahrungen gemacht. Ich bin wacher, schwungvoller, sensitiver, was das Wahrsagen betrifft, und allgemein inspirierter. Trotzdem möchte ich nicht ganz darauf verzichten, weil ich dann das Gefühl hätte *abzuheben*. Ich würde mich als zu leicht und zu ätherisch empfinden – und das ist nichts für mich.

Selbst wenn man sich in Bezug auf Fleisch lange streiten kann, ob wir nun von Natur aus Pflanzenfresser oder auf gemischte Kost ausgelegt sind, eines ist zumindest unstrittig: Das heutige Fleisch ist oftmals mit Vorsicht zu genießen! Es finden sich Antibiotika, Psychopharmaka – inwieweit werden die eigentlich wieder abgebaut? –, Hormone – v. a.

die eingesetzten Östrogene gelten in den USA als Mitverursacher der enormen Fettleibigkeit – und vielleicht noch viele andere Stoffe, von denen wir gar nichts wissen. In vielen westlichen Ländern wird Krebspatienten ans Herz gelegt, Vegetarier zu werden, um ihren Körper nicht zusätzlich zu belasten. Warum erst bei Schwerkranken? Alleine das Brustkrebsrisiko bei Frauen wird nachweislich um 25 Prozent gesenkt, wenn man auf Fleisch verzichtet. Fleisch ist oft ein sehr belastetes Nahrungsmittel, sonst würden nicht alle möglichen Instanzen ständig an Kampagnen basteln, um den Leuten einzureden, man würde ohne Fleisch Mangel leiden und nicht darauf verzichten können. Wer den Blick nach Indien wendet, wird sich freilich fragen, wie dort ganze Bevölkerungsgruppen überleben, ohne auch nur einmal im Leben Fleisch gegessen zu haben – von BSE, Vogelgrippe und Ähnlichem ganz zu schweigen.

Wer ein *zauberhaftes* Leben führen möchte, sollte sich also zumindest über eine Einschränkung seines Fleischkonsums zugunsten pflanzlicher Eiweißlieferanten Gedanken machen. Denn all diese Lebensmittel, die dann auch noch mit diversen E-Nummern, Farbstoffen, Geschmacksverstärkern usw. *garniert* in uns landen, wurden weder hinsichtlich der Kombination der synthetischen Zusätze noch oftmals überhaupt genügend getestet. Und wenn sie es wurden, dann in fast allen Fällen durch Tierversuche. Wir tragen die Verantwortung für unseren Körper, und ein spirituell interessierter Mensch tut gut daran, sich zu informieren, was Ernährung betrifft. Denn wir werden in unseren Zellen aus dem zusammengebaut, was wir essen! Wenn man sich die Größe unseres Körpers, all sein Gewebe, die Zellen, die Symbiosen mit Mikroorganismen und Abläufe anschaut, liegt der Vergleich mit einem kleinen Planeten sehr nahe.

Und wer will schon seinen eigenen Planeten vergiften? Wie ich immer sage, bekommen wir nur einen Körper mit auf die Reise dieses Lebens. Er ist die Basis, auch des spirituellen, seelischen und geistigen Lebens in uns. Wenn wir ihn mit guter Ernährung pflegen – ein bisschen Bewegung noch dazu –, verbessern wir automatisch auch unsere Möglichkeiten in allen anderen Bereichen unseres Lebens.

NEUN

Magisches Mehr ...

In diesem Kapitel möchte ich nun auf verschiedene magische Themen eingehen, die mir besonders wichtig erscheinen, wobei ich auch hier den *Potpourri-Stil* des gesamten Buches beibehalte. Es gibt nun einmal unendlich viele Gebiete der Magie, und ich musste mich für bestimmte entscheiden.

Energie und Energievampire – Sich seine Energie erhalten

Als Hexe oder spirituell interessierter Mensch musst du eines lernen, nämlich dir deine Kräfte einzuteilen. Dadurch dass du viel mit hochfrequenten Energien arbeitest, hast du selbst mehr Kraft als andere. Menschen mit weniger Energie hängen sich daher mit Vorliebe an spirituell interessierte Menschen. Es ist wichtig, sich vor Augen zu halten, dass sie das nicht böswillig, sondern völlig unbewusst tun! Sie spüren deine Energie und zapfen sie dir ab. Ihre Methoden sind vielfältig: sie stehlen dir die Zeit, verwickeln dich in ellenlange Gespräche und spannen dich für Dinge ein, die dir so wichtig gar nicht waren. Bei manchen dieser *Vampire* reicht schon die bloße Anwesenheit, und du merkst, wie deine Kraft schwindet. Warst du vorher noch fit, bist du plötzlich müde, abgespannt und nervös, du wirst grundlos traurig oder bekommst körperliche Symptome wie Kopfschmerzen, Schwindel oder Unwohlsein. Ich hatte z. B. mal einen Energieräuber, bei dem ich irgendwann nach jedem Besuch fast in Tränen ausgebrochen wäre. Ich hab mich wie in einem Strudel nach unten gefühlt, obwohl ich diese Person eigentlich sympathisch fand, hat sie mich völlig fertiggemacht. Es hat lange gedauert, bis ich mich aus diesen *Klauen* wieder befreit hatte. Auch waschechten Hexen kann so etwas passieren, davor ist niemand gefeit. Wichtig ist es, erst einmal ganz ehrlich zu sich selbst zu sein. Vergiss deine Beziehung zu den Personen für die Zeit, in der du sie abcheckst. Spüre nur deinem Energieempfinden nach.

- Fühlst du dich in der Beziehung ausgeglichen?
- Ist das Geben und Nehmen in der Beziehung nur zeitweise etwas aus dem Gleichgewicht, oder ist es dauerhaft so?
- Wem ziehe ich selbst Energie ab?
- Gebe ich auch etwas? Wie viel kann und wie viel will ich geben? Gibt es da eine Differenz und wenn ja, in welche Richtung?
- Was würde ich mir wünschen, und wie lange bin ich bereit, darauf zu warten?

Gerade viele Frauen haben große Probleme, sich von Energievampiren zu lösen. Oft genug haben Letztere wirklich Probleme, und wir sind als Frauen geradezu darauf konditioniert worden, zu helfen, wo es nur geht. Darum eigne dir einen gesunden Egoismus an! Denk daran: Wenn du nicht deinen Bedürfnissen, Wünschen und deinem Willen entsprichst, wirst du sehr wahrscheinlich eine mehr oder minder neurotische, unausgeglichene Person. Findest du das gut für dich und zum Wohle der Allgemeinheit? Es bringt dir einfach nichts, immer zurückzustecken – und den anderen im Endeffekt auch nicht. Und bedenke bitte außerdem: Es ist deine Lebensenergie, nichts Geringeres! Es geht um die Kraft, von der du lebst. Im Interesse deiner Gesundheit, körperlich, seelisch und spirituell, ist es deine Pflicht, diese Kraft zu schützen.

Aber was tun, wenn du in deinem Umfeld einen oder mehrere Energievampire ausgemacht hast?

Als Erstes heißt es auf der spirituellen Ebene: Schotten dicht! Dafür gibt es verschiedene Übungen, die alle mit der Kraft unserer Vorstellung arbeiten. Ich stelle dir hier ein paar davon vor und möchte vor allem Helga danke sagen, von der ich zwei dieser wirkungsvollen Übungen erfahren habe.

Das Glamourkleid

... wahrscheinlich eine der schönsten Übungen: Du stellst dir vor, in ein wunderschönes paillettenbesetztes Kleid gehüllt zu sein. Es funkelt im Licht und reflektiert so alle Versuche, deine Energien anzuzapfen. Bei diesen Übungen wird dein Gegenüber zwar nie darauf kommen, was es gerade ist, das ihn vom *Saugen* abhält, aber sehr deutlich spüren, dass es hier nichts zu holen gibt. Je öfter du diese Techniken anwendest, desto mehr fühlst auch du die Sicherheit, die sie dir geben.

Der Reißverschluss

Ähnlich dem Glamourkleid stellst du dir bei dieser Übung vor, von deinen Füßen bis zum Kopf hin einen großen Reißverschluss zuzuziehen. Ratsch! Jetzt bist du geschützt und in Licht gehüllt. Niemand kann sich nun an deinen Reserven laben.

Der Göttinnen-Kokon

Diese Übung habe ich entworfen, als ich es mit besagtem Energievampir zu tun hatte. Du stellst dir dazu vor, von drei Schichten umgeben zu werden, die die Farben der Göttin Weiß, Rot und Schwarz beinhalten. Diese Lagen sind wie eine milchig durchsichtige Eihülle und beschützen dich, während sie sanft im Uhrzeigersinn um dich kreisen und alle Angriffe abfangen. Die erste Schicht, direkt um deinen Körper, ist weiß: die Farbe der jungen Frau. Es folgt der zweite Kokon: das lebendige, kraftvolle Rot der Mutter. Und schließlich, als Drittes, ist da das abschirmende Schwarz der weisen Alten. Was dir guttut, kann durch diesen Kokon hindurch zu dir gelangen, was dich schwächt und angreift, wird durch die Kraft der Göttinnen von dir abgehalten.

Die Gorgo

Dieser schlangenköpfigen Dame möchte man nicht unbedingt begegnen. Sie ist meine persönliche Lieblingswaffe gegen Menschen, die dummdreist, sehr unhöflich oder anmaßend sind – es gibt sie ja leider. Wenn ich mit dieser Kraft arbeite, spüre ich die Wirkung meist sehr schnell, und glaubt mir, das tut in diesen Fällen auch Not! Du stellst dir dabei vor, dass dein Kopf von zischenden, geifernden Schlangen umkränzt ist, deine Augen giftgrün leuchten und deine gesamte Erscheinung groß, dunkel, schuppig und unheimlich ist. Du wirst zum viel zitierten Drachen. Lass Blitze um dich herum zucken, wenn dir danach ist. Die Gorgo ist natürlich nichts für den dauerhaften Schutz, aber in bestimmten Situationen einfach das Beste, um dich unangreifbar zu machen, gut zu schützen ... und gut für dich selbst zu sorgen.

Aber nicht nur spirituelle Übungen helfen dir, deine (magischen) Energien zu beschützen, auch deine Worte und deine Körpersprache helfen dir! Vor allem das böse Wort Nein: »Nein, ich habe jetzt keine Zeit.« »Nein, das machst du alleine.« »Nein, ich habe keine Lust.« »Nein, vielleicht ein anderes Mal.« »Nein, heute nicht.« – »Warum denn?« – »Weil ich nicht mag. Punkt.« Denn im Endeffekt ist es nicht der Vampir, es ist dein Umgang mit ihm, der ihn zum Erfolg führt. Zu mindestens 50 Prozent sind wir nun einmal selbst daran schuld. Und fast jeder tappt hin und wieder in solche Fallen.

Schau dir auch deine Körpersprache an: Hände vor der Brust verschränkt, das bedeutet Abwehr. Mach dich groß, steh aufrecht, balle die Fäuste. Schau nicht freundlich, und lächle nicht, wenn es keinen Grund zum Lächeln gibt. Wie viele Frauen lachen und lächeln verlegen, während ihr Gegenüber sich freut, leichtes Spiel mit ihnen zu haben. Wie viele Frauen haben Angst davor, als unweibliche Drachen verschrien zu werden, wenn sie das *nette* Spiel nicht mitspielen. Glaub mir: Lieber eine kraftvolle Drachenfrau als fremdbestimmt und nur deshalb gemocht! Wenn dich jemand nur schätzt, weil du so schön spurst, ist es ein Gesetz der Logik, dass diese Person dich nicht wirklich mag, sondern nur ihre Macht über dich genießt! Und wenn du es auch erst nach einer Weile schaffst, schüttele diese Menschen ab. Denke an das große Zauberwort Nein! Wenn es so harmlos ist, was meinst du, warum wird es uns Frauen dann von klein an abtrainiert? Wer seine Macht nicht nutzt, kann auch gleich auf sie verzichten – also nutze sie!

Energievampire sind in verschiedenerlei Hinsicht bedenklich. Sie wirken sich u.a. auch negativ auf deine spirituelle Entwicklung aus und blockieren dein ganzes Wesen. Vergiss Mitleid und Demut bei Personen, von denen du nur zu genau weißt, dass sie dir diese Eigenschaften ganz bestimmt nicht zuteil werden lassen! Hüte deine energetischen Schätze, wenn es sein muss, wie ein Drache! Dazu gehört auch, sich genaue Gedanken über den eigenen Energiehaushalt zu machen. Was nährt dich? Was gibt dir Input? Was fördert deine Lebendigkeit und macht dir Spaß? Liste aber ebenso auf: Was entzieht dir Kraft? Was zehrt an deinen Nerven? Was *knabbert* an dir? Allein die Sprache führt einen oft schon auf den richtigen Pfad …

Lass dir Zeit, und schreib ruhig über ein paar Wochen hinweg an deiner Liste. Lege sie am besten in deinen Terminplaner, damit du sie immer zur Hand hast, wenn dir etwas auffällt. Und vor allem ziehe deine Konsequenzen aus den Notizen! Wie schon gesagt, nutzen die besten Erkenntnisse nichts, wenn du nichts tust. Persönliches Energiemanagement ist eine deiner wichtigsten Aufgaben im Leben. Denn wie immer du es auch nennen magst – Prana, Chi, Ki, Odkraft, Lebenskraft, Libido usw. –, es geht stets um eine existenzielle Energie, ohne die du nicht leben kannst. Sich gegenseitig damit zu beschenken, zu inspirieren und zu helfen, ist eine wunderbare Sache. Wird deine Energie nur ausgenutzt, musst du dich davor schützen – diesen Job kann dir niemand abnehmen.

Die Kunst der Kommunikation mit allem – Sterne, Tiere, Pflanzen, Steine …

Was ist Magie denn nun eigentlich genau? Magie ist die Kunst, sich mit allem – auch mit dem, was jenseits des Stofflichen liegt – zu verständigen, zu plaudern. Sie kann sich ganz unterschiedlich darstellen, je nachdem, wie du am besten mit den Dingen und Energien ins Gespräch kommst. Nicht jede Energie teilt sich *menschenähnlich* mit. Als universelle Sprachcodes in die Anderswelt haben sich jedoch seit Menschengedenken ganz bestimmte Ausdrucksformen erhalten: Trommeln, Rasseln, Gestalten von Bildern, Träumen, Imagination, Gesang, Körperwahrnehmung, Spiel.

Ja, man könnte meinen, Jesus verhielt sich wie eine Hexe, als er meinte: »Wenn ihr nicht werdet wie die Kinder, …«, denn im kindlich Verspielten, in den spontanen Impulsen und irrationalen *Anwandlungen* liegt Magie. Nicht hinter starren Formeln, auswendig gelernten Zaubersprüchen, nicht allein durch Rezepte wird sie lebendig, sondern in dir! In deinen Träumen, Visionen, Spielereien, Ritualen, in deinem künstlerischen Ausdruck, in deiner ureigenen Energie!

Lerne, mit einem Stein zu reden. Vielleicht tust du es über Impulse deiner Haut, wenn er auf deinem Bauch liegt, ganz ohne ein Wort. Wenn du ein Stein wärst, welche Signale würdest du empfangen wollen ... und vor allem dieser ganz bestimmte Stein hier?

Was bedeutet Liebe für dich? Diese jetzt vielleicht etwas überraschend auftauchende Frage hat eine tiefe Bedeutung in der Kommunikation mit (Geist-)Wesen. Nur mit dem liebevollen Wunsch, den Dialog zu wagen, bekommst du eingegeben, auf welche Weise z. B. deine Pflanzen mit dir kommunizieren möchten. Wenn ich meinen kleinen Hinterhof liebevoll pflege, spreche ich mit den Pflanzen. Ob mich jemand dabei beobachtet, ist mir egal. Bis jetzt hat auch noch niemand komisch geguckt, denn diese Unterhaltung kommt aus meinem Herzen. Sie ist absolut natürlich und hat nichts Aufgesetztes. Vielleicht verstehen deshalb auch Menschen, die sonst wenig Verständnis für so etwas haben, instinktiv, dass es nichts Lächerliches darstellt, was ich da tue. Es ist ganz natürlich. Und falls doch mal einer lacht, tja, dann habe ich einem Menschen halt den Tag versüßt.

Deine Wege zu kommunizieren, musst du grundsätzlich selbst finden – egal, ob es sich um die Kommunikation mit deiner Trommel, deinem Haustier, Pflanzenwesen, einer Straßenkreuzung oder einer ganz anderen der unendlich vielen Energieformen handelt. Habe dabei den Mut, auch (erst) einmal nichts zu sagen! Lausche in dich hinein. Ein Wort, einmal ausgesprochen, kann man nicht mehr zurücknehmen, ebenso Impulse, die man aussendet. Das soll niemanden ängstigen, es soll einfach zur Besonnenheit aufrufen. Erkunde immer erst die Energie deines Gegenübers.

Wie *schwingt* es? Auch wenn es in esoterischen Kreisen gerne anders praktiziert wird, du musst nicht auf jede Energie gleich zurennen, nur weil du dich freust, etwas deutlich zu spüren. Sie kann dich auch aus dem Gleichgewicht bringen, was durchaus eine spannende Erfahrung sein mag, aber du musst vorher bewusst entscheiden, ob du es wirklich möchtest.

Die schamanische Hexe – Räucherrituale, Bewegung, Rasseln und Trommeln, heilsame Rituale für Seele und Körper, Krafttier, Trance, Steine

Jede Hexe ist ein Stück weit Schamanin und ist es doch nicht. Um selbst Schamane zu werden, muss man in einer Stammesgesellschaft aufwachsen und entsprechende Weihungen von einem älteren Schamanen empfangen. Die meisten schamanischen Wege beinhalten Dinge, die auch der *schamanischste* Mitteleuropäer nicht unbedingt freiwillig erleben möchte. Trotzdem behaupte ich, dass jede Hexe einen schamanischen Funken in sich trägt: die Verbundenheit mit den Wesen und Energien des Universums, die Fähigkeit, mit ihnen zu kommunizieren, Bündnisse einzugehen, sich anzufreunden und gegenseitig zu unterstützen, aber auch abzugrenzen, wenn es nötig ist. Hierfür kommen natürlich eher lebendige Ausdrucksformen zum Einsatz, denn der direkte Kontakt ist wichtig. Eine rein schamanische Hexe – ich behalte diesen Ausdruck bei, obwohl er einen gewissen Widerspruch in sich beinhaltet – wird höchstens Grundzutaten im Esoterik- oder Kräuterladen kaufen. Eigentlich sammelt sie ihre Materialien vor allem selbst, benutzt Feuer- und Wiesensteine genauso gerne wie gekaufte Edelsteine und weiß sehr wohl Bescheid, wo und wie Edelsteine eigentlich abgebaut werden. Um deren Herkunft zu wissen, ist nicht immer die schönste Erkenntnis. Sie sieht diesen Planeten als Einheit, eine klitzekleine Einheit im großen Tanz des Universums. Auch wenn ich gelegentlich gegen das Verleugnen bzw. Ignorieren der eigenen Traditionen zugunsten indianischer, afrikanischer, asiatischer und anderer wettere, ist es dennoch grundsätzlich von Vorteil, sich in einem weltweiten Netz zu sehen, sich inspirieren zu lassen, zu lernen und über den eigenen Tellerrand zu schauen. Wichtig ist nur, nicht den Boden unter den Füßen zu verlieren und die eigene *Scholle,* eigene Traditionen, die Gegend, in der man lebt, und die Energien, die in unseren Breiten wohnen, zu respektieren und zu ehren.

Dazu kann man zum Beispiel Räucherrituale im Freien abhalten – das geht sogar mitten im Stadtpark, vorausgesetzt du bist zur rechten Zeit dort und halbwegs ungestört. Ich empfehle, unter der Woche sehr früh am Morgen, am Wochenende zwischen 2:00 und 8:00 Uhr und sonntags um die Mittagszeit! Lass dich dabei aber nicht zu sehr von dem Gedanken beeinflussen, was andere, die dich sehen, von dir denken könnten. Die meisten Menschen sind mit sich selbst beschäftigt, der Rest kichert verlegen oder ist neugierig. Setz dich an das Plätzchen deiner Wahl, und achte darauf, dass Ruhe herrscht – das ist wichtig! Sonst kannst du es gleich lassen. Nimm Streichhölzer, eine Räucherschale, die groß genug ist, und etwas Räuchersand mit, wenn am gewählten Platz keine Erde bzw. entsprechende Unterlage ist. Die meisten Pflanzen brauchen im Mörser zerkleinert keine Räucherkohle, sie verglimmen von selbst – wenn du Harze mit zerstößt, ohnehin.

Die folgenden Räuchermischungen stammen aus meinem eigenen Repertoire. Aber experimentiere ruhig selbst, und suche deine eigenen Lieblingszutaten, oder besser noch: Lass dich von ihnen finden! Im Grunde brauchst du nur wachen Auges durchs Leben zu gehen, die Pflanzengeister kommen dir fast immer schon entgegen.

Geisterfutter: 1/3 Beifuß, 1/ 3 Wacholderspitzen, 1/3 Salbei

- Alle Zutaten, mit den Wacholderbeeren beginnend, im Mörser zerstoßen.
- Mach dir dabei bewusst, du bereitest gerade eine *Mahlzeit* für die guten Geister zu – tu es also mit Liebe und Aufmerksamkeit!

Diese Räucherung kannst du nicht nur draußen, sondern auch zu Hause verwenden. Sie beinhaltet Pflanzen, die dich mit der spirituellen Welt verbinden. Geister lieben sie und werden dir gerne entgegenkommen, wenn du einmal ein Problem hast. Vergiss aber nie, auch in guten Zeiten für sie zu sorgen und sie ein bisschen zu verwöhnen! Es ist schließlich keine Geschäftsbeziehung, sondern eine Freundschaft, um die es hier geht.

Erdheilung: 1/3 Salbei, 1/3 Patchouliblätter (oder als regionale Zutat: Königskerze, getrocknet), 1/3 getrocknete Pflanzen des Ortes, den du besuchen möchtest

Um mit dieser Räucherung zu arbeiten, brauchst du etwas Vorlaufzeit, in der du am Platz deiner Wahl geeignete Pflanzen für dein Räucherwerk suchst. Mache dich vorher bezüglich eventuell vorkommender Giftpflanzen schlau! Nimm nur, was du gut kennst – auch Gänseblümchen können wunderbar mit dem Ort deiner Wahl verbinden. Pflücke immer nur kleine Teile einer Pflanze, und lass zum Dank zumindest liebevolle Worte zurück. Trockne die Pflanzenteile zu Hause auf dem Fensterbrett in der Sonne oder hänge sie – je nach Größe – auf eine Leine. Zerstoße deine Mischung dann im Mörser und verräuchere sie draußen an deinem Platz in Verbindung mit Gebeten zur Heilung der Erde. Rassle oder trommle dazu und wenn dir danach ist, singe improvisierte Lieder, die spontan in dir aufsteigen.

Wenn du dir allerdings zu fein bist, an (d)einem Platz auch einmal ein Stück Müll aufzuheben, solltest du noch einmal gründlich zum Thema Erdheilung meditieren. Da bieten sich auch die Themen Wasser- und Stromverbrauch sowie Hausmüll und noch manches mehr an. Niemand kann alleine die Welt retten, aber jeder kann etwas tun, Stück für Stück freilich, denn es ist schwer, in einer Konsum- und Wegwerfgesellschaft nicht mit dem Strom mitgerissen zu werden. Und niemand ist deswegen ein schlechter Mensch. Man kann nur immer wieder versuchen, Wege zu finden und zu gehen, die anders und harmonischer sind. So mache ich das jedenfalls.

Grüße: 1/4 Minze, 1/4 Baumharz (z. B. Fichte, Apfelbaum o. Ä., selbst schonend gesammelt und gut durchgetrocknet), 1/4 Eisenkraut und 1/4 Rosmarin

... wie immer im Mörser zerstoßen. Diese Mischung benutze ich als eine Art Grußkarte an die guten Geister. Dabei geht es nicht um Wünsche, sondern darum, einfach Hallo zu sagen und die Freundschaft zu pflegen. Daheim kann man diese Mischung auch benutzen, um positive Energien anzuziehen.

Liebeswunsch: 1/2 Weihrauch, 1/4 Lavendelblüten, 1/4 Patchouliblätter (alternativ Rosmarin)

Wir alle kennen den tiefen inneren Wunsch, geliebt zu werden - ein Wunsch, der tiefer geht als *nur* der Wunsch nach einer Partnerschaft. Es geht um das Gefühl, angenommen zu sein und sich verbunden zu fühlen, es geht um Geborgenheit, aus der Selbstsicherheit erwächst. Du kannst diese Mischung daher natürlich auch bei dir zu Hause verräuchern. Wenn du draußen damit arbeitest, achte darauf, einen sonnigen Tag zu erwischen. Setze dich möglichst an ein Gewässer - modernde Tümpel ausgenommen! - und verräuchere reichlich davon. Schließe die Augen, und fühle deine Verbundenheit, Liebe und wohlige Geborgenheit. Falls du dies gerade nicht empfinden solltest, dann stell dir vor, wie es wäre, und ziehe diese Vorstellung sanft in dich hinein. Danke dem Ort, der dir diese Erfahrung ermöglicht hat, und genieße noch ein bisschen die Sonne.

Innerer Frieden: 1/6 Eisenkraut, 1/6 Rosenblüten, 1/6 Lavendelblüten, 1/6 Myrrhe oder selbst gepflücktes Baumharz eines Obstbaumes, 1/6 Johanniskraut, 1/6 Rosmarin

Diese sanfte Räucherung kann dir helfen, dein Inneres wieder ins Lot zu bringen. Während du es verräucherst, stell dir positive Bilder vor. Du kannst dabei aber auch eine Tarotkarte vor dich legen und ihr positives Bild verinnerlichen. Hier sind vor allem die Karten *III Kaiserin, VII Wagen, XVII Stern, XIX Sonne* und *XXI Welt* geeignet. Vielleicht hast du ja auch besonders hübsche Postkarten oder Ähnliches, was dir meditativ hilft, wieder zur Ruhe zu kommen.

Engelsrauch: 1/2 Lavendelblüten, 1/4 Rosenblüten, 1/8 Myrrhe, 1/8 Weihrauch, wenn vorhanden, mit dazu: Angelika, Veilchen, Eisenkraut oder Melisse

Engel sind keineswegs christlichen Ursprungs! Schon die alten Sumerer kannten geflügelte Gestalten. Engel sind eine spezielle Art der Geistwesen, und wenn du magst, beziehe sie ruhig mit in deine magische Arbeit ein. Probiere es am besten einfach eine Weile aus, und vielleicht wirst du wie ich – anfangs noch etwas verdutzt – feststellen: Heidnisches Hexentum und Engelarbeit, das geht durchaus zusammen. Und glaub mir, die Engel sind froh, wenn sie mal aus dem ganzen, sonst üblichen Kitsch um sie herum *befreit* werden!

Noch ein Wort zur Qualität: Deine verwendeten Räucherkräuter sollten unbedingt selbst gezüchtet oder aus Bioanbau sein. Natürlich hilft im Notfall auch der Salbei aus dem Supermarktregal, aber spätestens wenn du zum ersten Mal mit eigenen Züchtungen oder biologischen Kräutern räucherst, wirst du nicht nur den aromatischen, sondern vor allem auch den energetischen Unterschied erkennen. Erwirbst du gar Kräuter aus demeter-Anbau, hast du die Gewissheit, dass sie nach Mondrhythmen und altem Wissen angebaut wurden – und natürlich *bio!*

Du kannst durchaus mit Räucherstäbchen in der Stadt arbeiten, denn auch die Geistwesen der Stadt lieben es, sich im Rauch zu wiegen. Wenn du zum Beispiel sonntags vormittags unterwegs bist, ist es kein Problem, an deinen persönlichen Lieblingsorten ein (paar) Räucherstäbchen zu entzünden.

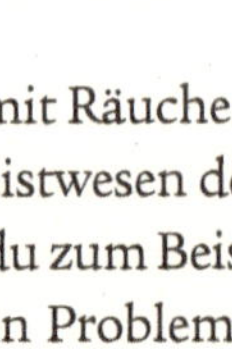

Tanz, Trommeln und Rasseln

Im Sinne des schamanischen Hexentums kann ich nicht genug betonen, dass man die Wirkung eines Tanzes, des eigenen Gesanges oder einer ordentlichen *Rasselsession* nicht mit dem Kopf erleben kann. Die glückselige Freude, wenn du deinen Wunsch, dein innerstes Anliegen singend, reimend und taumelnd im Tanz ausgedrückt hast, ist eine Erfahrung, die man nur mit dem Körper machen kann. Dein Körper ist ein sehr wichtiges Instrument für eine lebendige Spiritualität. Ohne ihn ist spirituelle Erfahrung nur ein blasses Produkt des Kopfes.

Jedes *Bewegungsritual* – ich nenne es jetzt mal so – sieht anders aus. Du selbst und dein Körper bestimmen die Richtung und den Weg. Der eine tanzt, ein anderer lockt Glückseligkeit in sein Leben, indem er sich wie eine Katze streckt und rollt oder auf einer Waldlichtung im fiktiven Kampf seine (inneren) Feinde dezimiert. Und wieder jemand anderes sitzt im Rollstuhl und *tanzt* mit den Armen und seiner Stimme. Du weißt, was dir am besten gefällt, und es ist nun einmal so, dass wir oft anfängliche Hemmungen haben, frei herumzutanzen und mal albern, mal genial Reime in die Geisterwelt zu singen. Um dir den Einstieg zu erleichtern, beschreibe ich dir ein Ritual von mir.

Ich komme an einem schönen Platz im Grünen an, und jetzt ist erst einmal Ruhe angesagt. Auf die Wiese setzen, in sich und in den Platz *hineinlauschen*. Stimmt die Chemie? Ist heute ein guter Tag für mein Anliegen? Wenn ja, laufe ich den Platz barfuß ab – da ich Felsen liebe, manchmal auch mit dünnen Schuhen. Ich laufe im Kreis, ganz langsam, baue meine Gerätschaften auf, wenn ich welche dabei habe, zumindest aber das Räucherwerk. Ich gehe weiter im Kreis, summe langsam vor mich hin. Das Summen wird mit der

Zeit ein Singen: Töne, Fetzen aus Liedern, die zum Thema meines Rituals passen, egal ob Popsong, alte Lieder oder wortloses Gemurmel. Langsam beginne ich mit den Fingern zu schnipsen oder zu rasseln bzw. trommeln. Der Körper beginnt von selbst zu tanzen, zu hüpfen und sich zu drehen.

Ich habe von klein auf, beginnend mit Ballett, getanzt. Daher nutze ich diese Ausdrucksform sehr gerne und habe nie Probleme gehabt, mich dabei so zu fühlen, als wäre es die natürlichste Sache der Welt. Lausche also in dich hinein, was dir für den Anfang am leichtesten fallen könnte. Ich hab mich anfangs unendlich schwergetan, zu singen, also habe ich nur mit der Rassel getanzt und meine Wünsche innerlich für mich wiederholt. Tu nichts, was (gerade) nicht zu dir passt und dich eher verkrampft, als löst. Die spirituelle Ebene möchte nämlich schon ein bisschen Freude mit dir haben, wenn sie dir helfen und nicht schon wieder einem verkrampften Menschen begegnen soll.

Während ich tanze und singe, kreise ich langsam schneller um das von mir gewählte Zentrum, z. B. den Altar. Im Idealfall baut sich so die spirituelle Energie ganz von selbst auf. Du schwirrst und taumelst, bis alles in dir schwingt, und lässt dann die so aufgebaute Energie abrupt los. Ich lasse mich dazu, je nach Untergrund, einfach fallen oder sacke in die Hocke zusammen. Jetzt ist es *raus* – das Gefühl kann man nicht beschreiben.

Wichtig ist dann die Erdung, denn du wirst deutlich fühlen, dass noch Energie in dir herumschwirrt, die einfach zu *hoch* ist, um im Alltag förderlich zu sein. Entlasse die Energie beim Erden, lass sie aus deinen Füßen fließen oder direkt von deiner Stirn, vom dritten Auge, in den Boden hinein.

Trance

Viele Menschen haben ein Problem mit Trancezuständen, ganz einfach weil sie Angst davor haben, die Kontrolle zu verlieren. Daher sage ich dir gleich vorab, du musst eine Trance nicht um jeden Preis aufrechterhalten, und es stellt absolut kein Problem dar, wenn du sagst: »Für heute ist es genug, ihr Lieben. Ich kehre jetzt zurück in mein Alltagsbewusstsein.« Das gilt natürlich auch für Meditationen, *Fantasiereisen* und Trancen, die in der Gruppe durchgeführt werden! Du bist für deinen Körper verantwortlich – das gilt auch für deinen spirituellen Körper. Niemand anderes kann sich wirklich hundertprozentig in dich hineinfühlen, also trage selbst die Verantwortung! Denn bei den meisten *Unfällen* in Sachen Trance hatten die betreffenden Personen bereits vorher deutlich gespürt, dass ihnen dieser Zustand zu weit ging und sie sich eigentlich lieber verabschieden und später weitermachen wollten. Wenn du auf deine inneren Signale hörst, wirst du automatisch sicher geleitet. Du kannst aber auch einen Helfer mitnehmen – dazu komme ich noch.

Im Grunde kann sich jemand, der ein Buch liest, schon in einer leichten Trance befinden. Während die Augen die Zeichen entziffern und als Sätze ins Hirn leiten, malt sich die Seele innerlich Bilder dazu aus. Trance, das bedeutet keineswegs, einen Zustand enthemmter Willenlosigkeit zu erreichen! Trance wird oft als etwas Gefährliches dargestellt, was vermutlich der Unerfahrenheit mancher Autoren entspringt. Gehe anfangs bewusst in ganz leichte Trancezustände, in geschützter Umgebung. Es ist wichtig, dass du dich wohlfühlst. Meditiere z. B. über einem Kristall, den du magst. Dann, ganz langsam, gelangst du auf einen anderen Level. Gerade bei diesem Thema kann ich nur noch einmal betonen:

Magie ist kein Leistungssport! Taste dich ohne Hast vor – und nach einer Weile entwickelst du eine veränderte Wahrnehmung. Um beim Beispiel mit dem Kristall zu bleiben, er könnte für dich *lebendiger* oder einfach verändert wirken. Die anderen Welten und ihre Wesenheiten sprechen nicht zu jedem gleich sofort. Das ist nicht negativ zu sehen, es ist auch ein Schutz, denn du willst garantiert nicht mit jedem Bewohner der Anderswelt Kontakte pflegen! Und dazu dient die Trancereise ja: Man möchte sich mit den (eher) nicht sichtbaren Energien austauschen, spirituelle Freundschaften pflegen und um Hilfe oder Rat bitten. Es geht nicht darum, sich *auszuklinken* ohne Ziel. Vielmehr legst du spirituelle Pfade frei und sorgst so dafür, dass du Botschaften aus anderen Welten und Energiebereichen leichter empfangen bzw. in sie hinein senden kannst. Das ist mitunter recht anstrengend, und man fühlt sich hinterher nicht selten körperlich erschöpft.

Wenn du anfangs keine Erfahrungen damit hast, kann es hilfreich sein, (d)ein Krafttier oder deinen Schutzengel mit auf die innere Reise zu nehmen. Wie im realen Leben muss man auch in der spirituellen Welt nicht immer alles alleine meistern – es gibt Freunde. Falls du nicht mit deinem Schutzengel arbeiten möchtest und dein Krafttier noch nicht kennst, kannst du beispielsweise mit der Energie des Pferdes (traditionelles Symbol des Reisens), aber auch mit Tieren, die für den Übergang zwischen zwei Welten stehen (z.B. Amphibien oder Vögel) arbeiten. Rufe dein gewähltes Tier zu dir, bevor du deine innere Reise antrittst, und frage es, ob es dir beistehen und dich sicher führen möchte. Das ist wichtig: Frage vorher!

Im Grunde gelten die gleichen Regeln wie in der realen Welt, und Höflichkeit ist Trumpf. Falls dein Krafttier nicht mit dir arbeiten möchte, frage es, ob du dir ein anderes Tier suchen sollst oder ob heute generell kein guter Termin für eine spirituelle Reise ist.

Wahrscheinlich wirst du dabei anfangs Zweifel hegen: Ist das, was der Tiergeist antwortet, vielleicht nur meiner eigenen Fantasie entsprungen? Glaub mir, spätestens wenn du die ersten ungewollten Ratschläge im Bezug auf gründlich verdrängte Themen bekommst – à la »Du musst lernen, es wirklich umzusetzen und nicht immer nur davon zu reden!« –, wirst du merken, dass tatsächliche Wesenheiten im Spiel sind. Aber behalt deine Zweifel ruhig erst mal, wenn du noch welche hegst. Lieber einmal zu viel hinterfragt, als irgendwo blind hineingestürzt und in Welten gelandet, die du so gar nicht angepeilt hattest. Kein Krafttier nimmt es dir übel, wenn du anfangs noch unsicher bist!

Wer mit der Idee des Schutzengels keine Probleme hat, kann auch ihn um Unterstützung bitten. Engel sind, wie schon erwähnt, ja keineswegs von einer einzigen Religion *gepachtet,* und auch das Christentum hat sie lediglich aus z.T. Jahrtausende älteren Vorstellungen übernommen. Als Mittler zwischen den realen und spirituellen Welten sind Engel eine große Hilfe dabei, sicher und gut beraten in Trancezustände überzugehen.

Krafttier

Sein Krafttier zu finden, ist oft gar nicht so schwer, wie es immer dargestellt wird. Und es ist ja mittlerweile richtig schick geworden, mit Krafttieren zu arbeiten. Dagegen ist nichts einzuwenden, solange man sich um ernsthaften Kontakt bemüht. Denn es sollte nicht so sein, dass man sich ein möglichst *prestigeträchtiges Krafttier* aussucht! Es geht auch nicht nach Größe und Stärke, sondern um die Kommunikation, um den lebendigen Kontakt. Erfahrungsgemäß wird dein Tier bzw. werden deine Tiere von allein auf dich zukommen. Es mag sich vielleicht zu einfach anhören, dass du nur mit wachen Augen durchs Leben zu gehen brauchst, aber genau so ist es.

Natürlich kann dir auch regelmäßiges geistiges Reisen helfen. Wer nicht ständig in Kontakt mit der Anderswelt steht, kann seinem Krafttier aber genauso gut in der Natur begegnen ... oder sich eines aussuchen! Es spricht wirklich überhaupt nichts dagegen, ohne stundenlange Rasseltrancen einfach zu sagen: »Ich finde Tier XY bemerkenswert und möchte mit ihm und seinen Energien arbeiten.« Das wird dir bestimmt kein anderes Buch so empfehlen. Also mache ich es!

Warum solltest du denn nicht so vorgehen? Es ist doch ein völlig legitimer Weg, Zugang zu den Tiergeistern zu finden und mit ihnen zu arbeiten. Nur weil das im Grunde jeder kann, soll es schlechter sein? Wer so etwas behauptet, muss sich auch den Vorwurf spiritueller Arroganz gefallen lassen.

Im Allgemeinen empfehlen dir Bücher wilde, vorzugsweise nordamerikanische Tiere als Krafttiere. Auch das ist zu kurz gedacht. Eine ganz *normale* Hauskatze beispielsweise vermag uns vieles zu lehren. Die Fähigkeit sich zu entspannen, Sinnlichkeit zu genießen, sich nichts bieten zu lassen, voll und ganz im eigenen Körper zu wohnen, seinen Standpunkt entschieden zu vertreten oder geschickt nach Beute zu jagen – für uns dann im übertragenen Sinn –, halte ich für äußerst wertvoll. Außerdem brauchst auch nicht nur mit einem einzigen Krafttier zu arbeiten, wie es so oft dargestellt wird. Es ist nur natürlich, dass sich im Verlauf deines Lebens auch die Tierenergien, mit denen du arbeitest, wandeln. Und genauso natürlich ist es, auch mit mehreren Energien gleichzeitig zu arbeiten. Das Leben hat doch nicht nur einen Handlungsstrang! Es wird aber auch immer wieder Zeiten geben, in denen du dich völlig einem einzelnen Tier verschreibst und mit ihm zusammenarbeitest. Denke immer daran: Die Lebendigkeit ist wichtiger als alles theoretische Wissen sämtlicher (Schamanen-)Bücher zusammen! Höre auf dein Gefühl und sonst nichts! Erst als ich selbst nach dieser Maxime mit den Geistwesen zu leben begann, kam es zum Kontakt und zur Freundschaft. All unsere Beziehungen zu den guten Geistern sollten unter dem Motto Freundschaft stehen. Kein Befehlen, kein Ausnutzen, kein *Ich-schenke-dir-damit-du!* So etwas ist unwürdig und funktioniert höchstens kurzfristig. Ich behaupte mal, die Geistwesen, die auf so etwas reagieren, haben nicht nur Gutes im Sinn ...

Seelenrituale

Viele Menschen halten Rituale im Zusammenhang mit Liebe, Geld, Schutz und neue Perspektiven ab. Das ist schön und gut, wirklich, nur kommen mir dabei die *absichtslosen* Seelenrituale zu kurz. Das *Soulfood,* das ein Ritual darstellen kann, macht sich oft genug im Nachhinein ohnehin auf den genannten Ebenen positiv bemerkbar. Die primäre Absicht sollte nämlich sein, die Seele wieder in Balance zu bringen, sich mit hilfreichen Kräften zu verbinden und dem Leben wichtige, frische Impulse zu geben.

Du solltest allerdings nicht erst in Krisen mit den entsprechenden Ritualen anfangen. Schließlich gibt es keinen Grund, sich nicht auch in guten Zeiten Gutes zu tun.

Ein paar erste Anregungen für Seelenrituale habe ich dir zusammengestellt. Forsche und suche aber auch nach deinen ureigenen Seelenritualen, und entwickle eine dir gemäße Kultur an Dingen, die dich wieder aufbauen und dir neue Kraft schenken.

Räucherung

Nimm ein Räucherwerk, das du besonders gerne magst. Beim Seelenritual verzichte bitte auf Räucherstäbchen, und verwende stattdessen nur reine Pflanzenteile bzw. -harze. Wichtig ist in diesem Zusammenhang die aromatherapeutische Wirkung.

Für den Anfang empfehle ich dir z. B. Styrax, Eisenkraut, Myrrhe, Salbei oder Guggul. Wenn es weniger darum geht, dich aufzubauen, sondern mehr um innere Klärung, haben sich Minzeblätter, Lavendelblüten, Olibanum bzw. auch selbst gepflückte und getrocknete Blüten von Wiesenspaziergängen sehr bewährt.

Du bist bei diesem Ritual nur bei dir, nicht bei deinen Problemen. Du bleibst bei dir, deiner Kraft, deinen Gefühlen. Das Gefühl ihm gegenüber ist etwas ganz anderes als das Problem selbst! Nichts anderes ist jetzt wichtig!

Richte das Räucherwerk her – du kannst es im Mörser pulverisieren und dann seitlich anzünden oder Räucherkohle auf einer guten Schicht Feuersand verwenden. Vielleicht hast du zu diesem Zweck auch ein Räucherstövchen? Am besten stellst du das Räucherwerk auf die Erde und entzündest es. Erlaube dir, ganz du selbst zu sein. Lass die Impulse in dir aufsteigen, während der Rauch aufsteigt. Vielleicht willst du um die Räucherschale tanzen und singen? Vielleicht möchtest du meditativ danebensitzen und einfach gar nichts tun? Vielleicht bist du aber auch gerade eingeschnappt und schimpfst erst einmal wie ein Rohrspatz? Du kannst Göttinnennamen rufen und ihre heilsamen Eigenschaften in dein Leben singen. Du kannst so lange schimpfen, bis du, was eine Angelegenheit betrifft, endlich *leer* geworden bist und dich dann dir selbst, deiner Kraft und deiner Entscheidung, wie du weiter verfahren möchtest, zuwenden. Du kannst Kontakt zu deinem Schutzengel aufnehmen oder dir vorstellen, wie jede Zelle neu beatmet und von negativem Ballast gereinigt wird. Jeder wird hier etwas anderes als angemessen und angenehm empfinden.

Heilendes Wasser

Mittlerweile gibt es schon einige Bücher und Gerätschaften zur energetischen Aufladung des Wassers. Ein japanischer Forscher hat nachgewiesen, dass die physikalische Struktur des Wassers darauf reagiert, positiv oder negativ besprochen zu werden. Es ist ein richtiger Trend geworden, sich mit diesem Thema zu befassen. Doch vieles ist skeptisch zu sehen: Wer über die kalten Rohrleitungen des Leitungswassers – es ist das am besten kontrollierte Lebensmittel, das wir haben – schimpft, sollte sich vor Augen halten, dass Quell- und Mineralwasser beim Abfüllen auch durch Rohre muss. Oft genug in Plastikflaschen, die als Erdölprodukte der lebensspendenden Energie des Wassers sicher nicht förderlich sind, ganz abgesehen von Weichmachern, Farbstoffen und manchem mehr ...

Ich persönlich empfehle für die Herstellung eines heilsamen Wassers entweder abgestandenes Leitungswasser, in dem über Nacht ein Bergkristall gelegen hat – wahlweise auch ein anderer Stein, der dir besser gefällt – oder das

Wasser eines Heilbrunnens, natürlich möglichst aus einer Glasflasche.

Wie gehst du dabei vor? Atme gut durch, und beruhige dich. Halte deine Hände segnend über das Wasser und sprich zu ihm z. B. folgende Sätze: »Ihr guten Geister des Wassers, ich rufe euch! Helft mir, meine innere Mitte wiederzuerlangen, schützt, segnet und heilt meinen Körper, meinen Geist und meine Seele. Indem ich dieses Wasser trinke, nehme ich heilsame und fröhliche Energie in mich auf.« Natürlich ist diese Methode auch für konkrete Zauber geeignet – ganz besonders hat sie sich bewährt, um wieder zur persönlichen Mitte zu finden und neue Energie zu tanken. Und nicht vergessen: Zumindest ein kleines Lied als Dankeschön solltest du den Geistern schon bieten!

Kristalle auf der Haut

Unsere Haut ist weit mehr als eine rein physische Hülle. Aufs Engste mit der Seele verbunden, ist sie eine spirituelle Antenne, die sich über unseren ganzen Körper zieht. Die Haut ist eine Grenze, verbindet innen mit außen und ist daher an sich schon magisch. Sie ist eine spirituelle Schwelle, die uns weit mehr empfinden lässt als Streicheleinheiten, blaue Flecken oder, wenn es nicht so gut läuft, Ekzeme und Co. Auch Tätowierungen, Piercings und vielerlei andere Möglichkeiten, den Körper dauerhaft zu verändern, sind daher magisch besetzt. Es gibt wohl kaum ein Tattoostudio ohne Totenköpfe an den Wänden bzw. als Dekoration: Man ist sich dort symbolisch der magischen Schwellenfunktion unserer Haut nur zu bewusst.

Mit Kristallen und (edlen) Steinen kann man ebenfalls vielfältige Energien über die Haut aufnehmen. Wichtig ist wie immer, dass es die richtige Energie zur richtigen Zeit ist. Wirkt ein Granat an müden Tagen als *runderneuernde,* stärkende Kraft, kann er beim Dauergebrauch zu einem übertriebenen, unangenehmen Selbstbewusstsein führen. Bringt der Onyx in *zerfaserten* Zeiten wieder neue Kontinuität, wirkt er bei depressiven Verstimmungen eher verschlechternd. Entscheide daher intuitiv, welcher Stein bzw. welche Steine für dich gerade die richtigen sind. Benutze dafür nicht nur die Augen, sondern lege die Steine auch auf die ausgestreckte Handfläche, und schließe deine Augen. Spüre ihrem Energiefeld und deinen spontanen Assoziationen dazu nach. Lasse die Hand dazu wirklich am besten flach ausgestreckt, denn dann spürst du die meisten Energien. Entscheide erst anschließend, ob du sie am jeweiligen Tag verwenden möchtest. Sorge dafür, dass dein dich umgebender Raum angenehm warm ist. Lege dir eventuell auch noch eine Decke an die Seite – im Liegen kühlt man schnell aus. Es ist am besten, wenn du diese Übung komplett im Himmelsgewand, also unbekleidet vollziehst. Probiere es einfach einmal mit und einmal ohne Bekleidung aus, du wirst einen deutlichen energetischen Unterschied wahrnehmen. Lege dir schließlich die ausgewählten Steine auf die Haut, und *bade* in ihren Energien. Du kannst sie nach dem Chakrensystem – im Folgenden erkläre ich dies näher – auflegen, aber auch intuitiv vorgehen. Bei einer solchen Steinzeremonie geht es weniger um die Dauer als um die Intensität des Erlebnisses. Solltest du dabei einschlafen, ist zumindest das Ziel Entspannung schon mal erreicht!

Edelsteine für die Chakren:

Wurzelchakra (rot, schwarz): Niere, Blase, Wirbelsäule; Urinstinkte, Lebenswille, Bodenhaftung; Granat, Koralle, Rubin, Jaspis, Onyx, rote Koralle, Hämatit

- *Sakralchakra (orange):* Fortpflanzungsorgane; Erotik, Sinnlichkeit, Gefühl, Freude, Erfolg; Carneol, Zitrin
- *Solarplexuschakra (gelb):* Leber, Milz, Magen, Galle, Nervengeflecht; Zielstrebigkeit, Persönlichkeit, Selbstverwirklichung, Dinge ändern; Tigerauge, Bernstein, Topas
- *Herzchakra (grün):* Thymus, Herz, untere Lunge, Blutfluss; (wahre) Liebe, Treue, Geborgenheit, Vertrautheit, Aufmerksamkeit, Romantik; Smaragd, Rosenquarz, Chrysopras, Jade, grüner Turmalin
- *Kehlchakra (blau):* Schilddrüse, obere Lunge, Arme, Hals; Kommunikation, Inspiration; Mondstein, Türkis, Chalzedon, Aquamarin
- *Stirnchakra (violett):* Nase, Wirbelsäule, linkes Auge, Hirnanhangsdrüse; Denken, Intuition; Saphir, Bergkristall, Sodalith
- *Scheitelchakra (weiß, violett, goldfarben):* Zirbeldrüse, rechtes Auge, Gehirn; spirituelle, geistige und körperliche Entwicklung, höherer Plan, Wachstum, Selbstwahrnehmung; Diamant, Amethyst, Fluorit

Magie ist Kunst

Immer schon waren Schamanen und Hexen auch Künstler. Das fing mit den ersten Höhlenmalereien an und setzte sich ununterbrochen so fort. Ohne Kunst keine Hexe. Wobei wir freilich nicht bloß Malerei als Kunst begreifen sollten. Jeder Tanz für eine Göttin, jedes Trommeln und jeder Reim, den du gedankenverloren singst oder für einen Zauberspruch dichtest, all das ist Kunst. Deine Altargestaltung ist Kunst, genauso wie ein magisch gekochtes Essen. Du machst etwas Besonderes, etwas anderes als das Alltägliche und stehst schon mit einem Fuß im Reich der Mu. Alles, was du kreativ schaffst, ob du malst, singst, dichtest, schneiderst, strickst, etwas herrichtest oder Blumen arrangierst, ist Kunst. Dazu braucht es keinen Kritiker. Und so sind auch Rituale, die du ausführst, eine Form von Kunst. Man würde es vielleicht als Performance oder Method Acting bezeichnen.

In keltischen Traditionen musste man erst Barde werden, um später den Druidenstand zu erreichen. Nur wer die Menschen durch seine Geschichten und seinen Gesang verzaubern und in andere Welten locken konnte, hatte auch das Zeug für weiter Reichendes.

Geistwesen lieben Gesang und Tanz. Besonders von Elfen und Feen ist dergleichen bekannt. Diese können den Suchenden sogar zu großartigen Werken inspirieren, auch wenn manche von ihnen einen hohen Preis dafür fordern. Aber vielleicht ist es gar nicht nötig, gleich Weltliteratur zu schreiben. Begib dich einfach auf deinen eigenen Weg, und ignoriere eventuelle Wertungen anderer bezüglich deiner Werke, welcher Art sie auch sein mögen. Du musst sie niemandem zeigen, du brauchst kein Publikum. Du machst das für dich und deine spirituellen Verbindungen. Und vergiss all die mittelalterlich magischen Vorstellungen, mit denen gerade in der heidnischen Szene so gerne kreative, spirituelle Erfahrungen verunglimpft werden. Wo die Form mehr wert ist als der Inhalt, sind auch heidnische Bräuche nicht mehr wert als mancher Sonntagsgottesdienst. Wenn du etwas dabei fühlst, kannst du deine Verehrung für eine Liebesgöttin auch dadurch ausdrücken, indem du ihr deinen Tanz zu einem Lieblingslied in der Disco widmest. Zu profan? Meinst du wirklich, sie freut sich nicht darüber?

Magische Bäder

Kräutersalzbad

Bäder mit Kräutersalz haben eine ausgesprochen reinigende und klärende Wirkung. Wir sprechen damit die gesamte Haut an, die als kommunikative Mittlerin die neuen Informationen von der Außenwelt schnell in den Körper befördert. Verwende dafür am besten Meersalz, zumindest aber jodfreies Salz, dem auch sonst keine Zusätze beigefügt wurden. Wer eine Schweinerei in der Wanne fürchtet, bindet seine Mischung einfach in ein Stück alte Feinstrumpfhose. Ich mische 1/3 Kräuter und 2/3 Salz, aber das kannst du halten, wie du willst. Zwei Hände Salz und eine Hand voll Kräuter sollten für eine Wanne reichen. Wer mag, kann unterstützend Lebensmittelfarbe oder Badewasserfarben mit hinzufügen. Je nach Pflanze kannst du zusätzlich noch ihren Tee trinken, während du badest. Hier ein paar Rezeptvorschläge:

Frauenbad

Nimm Frauenmantel und Schafgarbe, und vermische sie mit dem Salz für dein Bad. Wirkt lindernd bei Frauenbeschwerden und auch vorbeugend. Außerdem helfen beide Pflanzen, die weibliche Identität liebevoll anzunehmen.

Entspannungsbad

Natürlich der Klassiker: Lavendelblüten zum Salz dazu!

Sonnenbad

Nimm etwas Kurkuma und ganz wenig Safran für dieses luxuriöse Bad, und genieße die Sonne in der Wanne.

Magisches weißes Bad nach afrokaribischer Tradition

Nimm 100 ml Kokosmilch auf eine Wannenfüllung und lass in diesem Fall das Salz weg. Bade dich darin, und genieße das fröhliche, karibische Gefühl, das deine Sorgen auflöst. Tauche deinen Kopf zum Schluss noch einmal unter, und trockne dich mit einem weißen Handtuch ab. Hülle dich anschließend in weiße Kleidung, ein großes weißes Shirt oder in dein Himmelsgewand (nackt), um das Bad nachwirken zu lassen.

Verschönerndes Hexenbad

Nimm Rosenblütenblätter, das Salz und eine Tasse Heilerde, und bade genüsslich darin. Nichts macht schöner als Heilerde!

Reinigendes Natronbad

Natron entsäuert den Körper, was eine verjüngende Wirkung auf den gesamten Organismus hat. Nimm ein Päckchen – Herstellerangaben beachten! – auf eine Wanne und genügend Lesestoff mit, denn erst ab ca. einer Viertelstunde beginnt dein Körper mit der Entsäuerung über die Haut.

Bleibe etwa 1-2 Stunden in der Wanne - keine Sorge, bei einem Natronbad fängt man nicht an, nach einer gewissen Zeit zu frieren. Wer das regelmäßig betreibt oder z. B. Fußbäder damit macht, wird die verschönernde und energetisierende Wirkung beobachten.

Exkurs: Persönliche Gedanken zur Heilung, was ist das?

Auf jeden Fall ein einträgliches Geschäft! So hart könnte man es sagen, doch es wäre ganz sicher zu kurz gefasst. Denn auch wenn ich allerlei aus der *rosaroten Harmonie- und Heilungswelle* nicht nachvollziehen kann, scheint es manchen Menschen zu helfen und wichtige Impulse zu geben – und das ist das Entscheidende. *Wer heilt, hat recht,* heißt das alte Sprichwort oder *Der Weg ist das Ziel.* Doch hier läuft Verschiedenes, was heilen sollte, ins Leere. Wenn z. B. asiatisches Wissen eins zu eins auf europäische Menschen übertragen wird, sehen wir es trotzdem in unserem Kontext. Das passiert ganz automatisch, wir leben schließlich in einer völlig anderen Kultur, haben andere Einflüsse und Lebensbedingungen. Da wird aus dem Weg zum Meister oft etwas ganz anderes, als das, was Asiaten für vertretbar halten würden.

Der Weg ist eine Vokabel, die wir uns bei den Methoden zu unserer Heilung immer wieder ins Bewusstsein rufen sollten. Er ist es, der zählt. Heilung bedeutet für mein Verständnis, die Balance zu finden bzw. sich auf sie zuzubewegen. Da das Leben ein sich wandelnder Prozess ist, können sich die Pole, zwischen denen man lebt und in deren Mitte man sich einpendeln möchte, auch verändern. Möchte man überhaupt immer die Mitte haben? Immer ausgeglichen zu sein, kann gut und gerne auf fade Tristesse hinauslaufen. Andererseits, wer will schon jeden Tag Erdbeerkuchen mit Schlagsahne? Zugegeben, ich wäre zumindest eine gute Kandidatin, aber das nur am Rande! Zu viel Action hingegen lässt die Energiereserven schrumpfen. Und wer will schon ins Minus? Am liebsten, ganz ehrlich, würden die meisten Menschen nur zwischen den Polen *positiv* und *neutral* pendeln. Und glaub mir, auch ich bin nicht erpicht darauf, Negatives um der Erfahrung willen bewusst anzupeilen. Ich finde, das Leben bringt von sich aus genug mit sich, um für Ganzheitlichkeit auch zum negativen Pol hin zu sorgen. Unsere Aufgabe ist es dann, uns um den Ausgleich zu kümmern. Möglichst noch mit einem positiven Überschuss – man weiß ja nie, wann man ihn brauchen kann. Und so ist auch Heilung ein Prozess, der viele verschiedene Komponenten umfasst und niemals nur an der Oberfläche geschehen kann. Heilung umfasst immer die magischen Drei – Seele, Köper und Geist zusammen.

Was viele gerne vergessen: Um heilen zu können und sich dem Negativen zu stellen, braucht es erst einen gestärkten positiven Pol. Du kannst dich nicht ins Negative werfen und erwarten, dass du da schon irgendwie wieder heil herauskommst. Stärke dich zuerst. In diesem Zusammenhang kann es ratsam sein, sich ein Heilungsheft zu besorgen. Das ist ein Heft, in das du deine ganz persönliche Medizin schreibst, denn wenn man erst mal krank ist, kommen einem nicht unbedingt die besten Ideen. Was hilft dir? Ein Tanz zu spanischer Musik durch die Wohnung? Eine rote Rose mit Grün von deiner Lieblingsfloristin? Das Gespräch mit einer bestimmten Person? Die schönen Bilder eines speziellen Reiseführers? Deine ganz persönliche Lieblingsdelikatesse? Der Kieselstein vom Sommer vor 15 Jahren? Eisenkraut und Löwenzahn? Schreib alles auf – und greife darauf zurück, wenn es an der Zeit ist!

Übrigens: Während ich an diesen Zeilen schreibe, sitze ich etwas schief vor meinem Laptop. Eine innere Entzündung, das ist nix Feines. Nach anfänglichem Verschleppen – wer will sich schon eingestehen, dass man gerade dem negativen Pol näher kommt? – bin ich zum Arzt gegangen. Ich halte nichts davon, die Schulmedizin zu verteufeln, dennoch finde ich Wachsamkeit in diesem Bereich sehr wichtig. Wenn ich mit meinem Latein am Ende bin, gehe ich zum Arzt – das hat schlicht etwas mit Vernunft zu tun. Ich suche mir Ärzte, die gut beraten und augenscheinlich etwas von ihrem Fach verstehen. Es ist schließlich mein Geld. Doch während Physiotherapeuten, Hebammen, Krankenschwestern usw. oft viel von den seelischen (spirituellen) Zusammenhängen einer Krankheit verstehen, ist bei Ärzten – es gibt freilich Ausnahmen – dieser Zugang nicht immer unverstellt.

Daher kümmere ich mich um den spirituellen und seelischen Aspekt meiner Krankheit selbst bzw. zusammen mit Menschen, die mir nahestehen. Ich werde mich hüten, jeden Schnupfen zugrunde zu analysieren – auch das ist mittlerweile ja modern geworden. Aber wenn es etwas Schwerwiegenderes ist, dann lohnen die Fragen nach dem Warum und dem Wie auf jeden Fall. Als Erstes können Assoziationen helfen. Gibt es Sprichwörter oder irgendetwas Symbolisches, was dir dazu einfällt: die Laus auf der Leber; etwas, was an die Nieren geht; der Herz-Schmerz; die Galle, die überläuft; böses Blut; ein getrübter Blick; Last auf den Schultern; kalte Füße, auch im übertragenen Sinne (interessante

Frage, warum so oft Frauen von diesem Phänomen betroffen sind)? Gibt es ein Bild, das auftaucht? Wenn ja, zeichnerisch festhalten! Fallen dir spontan bestimmte Steine, Farben, Orte, Personen oder Pflanzen dazu ein? Sind sie hilfreich, stellen sie symbolisch deinen Energiemangel dar?

Bei mir ist es oft Kamillentee. Ich kann ihn nicht ausstehen, wenn ich gesund bin, aber sobald das Blatt sich wendet, trinke ich 1–2 Kannen davon am Tag. Immer wieder mit Erfolg. Bedenke, dass jede Form der Heilung auch ein Ende bzw. Pausen hat. Würde ich jeden Tag Kamillentee trinken, würde mein Körper sicherlich nicht mehr so stark im Bedarfsfall darauf reagieren. Manche Tees, z. B. Pfefferminze, sind sogar ungesund, wenn man sie jeden Tag konsumiert. Genauso ist es mit Steinen und anderen Formen, sich Hilfe zu holen. Arbeite lieber konzentriert zu festgelegten Zeitpunkten, als dich in eine Art *Dauertherapie* gleiten zu lassen. Heilung ist nicht das ganze Leben!

Puppenmagie

Die Magie mit Puppen ist nicht ganz ohne und auch nichts für jede Hexe. Auf Auswüchse, wie beispielsweise Nadeln symbolisch in andere Personen zu stechen, möchte ich an dieser Stelle nicht weiter eingehen, weil ich glaube, dass man sich selbst damit nichts Gutes tut. Auf die positive Verwendung magischer Puppen wird hingegen viel zu selten hingewiesen. Dabei kann man sie effektiv zur Beeinflussung von negativen Situationen, zum Unterstützen von Heilungsverläufen, als gute Hausgeister und für manches mehr verwenden.

Im Grunde gelten ganz einfache Gesetze für die Puppenmagie: Es muss eine Ähnlichkeit zum Thema hergestellt werden, und die Puppe muss magisch aufgeladen werden. Wenn man ihre Dienste nicht mehr benötigt, muss man die Verbindungen trennen – ganz wichtig! –, die magische Ladung aufheben und die Puppe anschließend vergraben oder verbrennen.

Selbst hergestellte Puppen sind gekauften unbedingt vorzuziehen. Wer absolut nicht nähen kann, kann Puppen auch aus Ton, Knete, geschnitztem Holz oder bemalten Steinen herstellen. Ich habe schon von Puppen aus Rüben und Kartoffeln gehört, die natürlich für den kurzen Gebrauch bestimmt waren. Und vielleicht ist eine sich mit der Zeit selbst auflösende Puppe gar nicht mal das Schlechteste, wie wir noch sehen werden.

Ich persönlich nähe meist kleine Rupfenpuppen aus Stoffresten, verziere sie mit Wolle als Haar und fertige ihnen ein Kleidchen an. Dann wird bestickt und bemalt – Puppenmagie ist nichts für Leute, die es eilig haben und nur auf einen schnellen Effekt aus sind. Oft bildet die Form eines Lebkuchenmännchens das Schnittmuster. Man kann aber auch Stoff zu einem kleinen Ball zusammenknüllen, darüber ein größeres Tuch spannen und dieses unter dem Stoffball abbinden – und fertig ist das kleine *Gespenst*.

Benutze die magischen Korrespondenzen, um deiner

Puppe Kraft zu geben. Fertige sie vorwiegend in der passenden Farbe, fülle ihr Inneres neben Stoffresten auch mit passenden Kräutern, Edelsteinen, Glücksbringern und -symbolen, Wunschzetteln und manchem mehr. Beachte die Mondphasen für deinen Wunsch! Wenn du deine Puppe angefertigt hast, gib ihr einen Namen. Das kann ein ganz normaler Name, aber auch eine Bezeichnung wie beispielsweise *guter Schutzgeist* sein. Weihe die Puppe nun durch die Berührung mit Luft (Räucherwerk, am besten Salbei oder Lavendel), Feuer (Flamme einer weißen Kerze), Wasser (ist klar) und Erde (Salz). Setze dich nun entspannt mit ihr hin, und besprich ihren Auftrag. Sage ihr, was du dir von ihr wünschst und was du ihr dafür geben möchtest – z. B. für eine Liebespuppe jeden Freitag Räucherwerk. Durch dieses Gespräch lädst du den Geist der Puppe ein, in ihr zu wohnen.

Wenn die Puppe gewirkt hat, gibt es jedoch meist ein Problem: Ihr seid miteinander verbunden. Und das ist auch der Punkt, warum nicht jeder für die Puppenmagie geeignet ist, was im Übrigen keinen Beinbruch darstellt – es gibt genügend schöne Betätigungsfelder in der Magie. Du hast jetzt eine Puppe, die dir sehr wahrscheinlich ans Herz gewachsen ist. Ihr habt zusammen an deinem Ziel gearbeitet, und plötzlich bekommst du ein schlechtes Gewissen, sie einfach so von ihrem Auftrag zu entbinden, eventuell in ihr eingenähte Haare oder Ähnliches wieder herauszunehmen und sie anschließend zu beseitigen. Nimm also Kontakt zum Geist der Puppe auf, und frage ihn direkt, ob er auch weiterhin als Freund bei dir bleiben will, oder sieht er seine Aufgabe als erfüllt an und möchte, dass die Puppe nun aufgelöst und den Elementen übergeben wird. Du kannst das auch mit Hilfe eines Pendels oder der Karten herausfinden.

Möchte der Geist der Puppe sich nun anderen Dingen zuwenden, ist es Zeit Abschied zu nehmen. Löse den Spruch, nimm die magische Ladung von ihr, und lass sie noch einmal durch Erde (Salz), Wasser, Feuer (weiße Kerze) und Luft (Räucherwerk: Salbei, Lavendel) gehen. Öffne die Nähte bzw. löse das von ihr, was sie zu dieser Puppe macht. Nimm eventuell ihre Haare usw. beiseite, und vergrabe bzw. verbrenne die Reste der Puppe – am besten, wenn der Mond im selben Sternzeichen steht wie bei der Anfertigung der Puppe.

Möchte die Energie der Puppe hingegen noch bei dir bleiben, richte ihr ein hübsches Plätzchen her, und *füttere* sie wie gehabt mit Rauch, Süßigkeiten, Schnaps oder was sie eben gerne mag. Sie gehört jetzt zu deinem magischen Hausstand. Vergiss aber trotzdem nicht, sie etwa jedes halbe Jahr zu fragen, ob sie weiterhin bei dir bleiben möchte.

Heilungspüppchen

Nähe aus blauem Stoff ein kleines Püppchen oder male es auf einen Stein mit blauer, wasserlöslicher Farbe. Die Schulmalfarben in Töpfchen reichen völlig. Nähst du die Puppe, kannst du sie mit Kräutern speziell für dein Problem befüllen. Beifuß ist immer gut.

Male dann mit schwarzem Stift einen Punkt auf die Stelle, wo deine Krankheit sitzt. Ist die Sache nicht genau lokalisierbar, ziehe um die gesamte Längsseite der Puppe eine schwarze Linie. Klebe auf den schwarzen Punkt bzw. die Linie etwas Goldfarbenes. Wenn du malst, kannst du auch Goldfarbe benutzen. Hülle die Puppe danach in weichen weißen Stoff, und sprich regelmäßig mit ihr über dein Problem und seine Entwicklung.

Göttinnenpuppe

Es muss nicht immer eine gekaufte Statue sein, du kannst deine Lieblingsgöttin(nen) auch als Puppe gestalten. Lass dir dafür viel Zeit, mach dir zunächst einen Entwurf, und erkunde die Farben, Pflanzen, Symbole und Tiere deiner Göttin. Die Anfertigung einer solchen Puppe inklusive ihrer Bekleidung und die Suche nach den richtigen Materialien kann sich manchmal über Monate hinziehen. Es soll eben eine ganz besondere Puppe werden, von der du dich vermutlich sehr lange Zeit nicht trennen wirst. Also lass deine persönlichen kreativen Ideen *kommen* und sei offen für die Impulse, die dir die jeweilige Göttin für ihre Puppe senden wird.

Püppchen als guter Hausgeist für verschiedene Zwecke

Diese Püppchen fertigt man am besten aus Steinen an, weil man sie meist eine ganze Weile hat. Manche Steine sind von sich aus so ausdrucksstark, dass es reicht, ihnen ein Gesicht zu malen. Das Bemalen von Steinen ist eine uralte Kunst, und für einen guten Hausgeist ist ein entsprechend liebevoll gestalteter Stein sicherlich ein schöner Wohnort.

Engelspüppchen

Dieses Püppchen ist traditionell aus weißem oder beigefarbenem Stoff, mit goldenen Details deiner Wahl. Natürlich hat es auch ein Paar Flügel, was nicht ganz leicht zu nähen ist – vielleicht entscheidest du dich auch für ein anderes kreatives Material wie Fimo oder Ton. Engel sind Botschafter zwischen uns und dem Göttlichen – das kann eine Göttin oder, was auch immer du als göttlich betrachtest, sein. Sie beschützen uns aber auch – und das ohne Bindung an bestimmte Konfessionen, welche Engel ohnehin auch nur aus früheren Kulten übernommen haben.

Das magische Geflecht – Magie durch Nähen, Knüpfen, Stricken usw.

Diese Form der Magie ist nicht nur wunderbar kreativ, sie ist auch noch außerordentlich wirkungsvoll. Vielleicht musst du dafür ein paar Handarbeitstechniken erst noch erlernen, aber das ist es wert. Mit ihrer Hilfe kannst du ganz real Verknüpfungen mit deinen Händen schaffen, die auf spiritueller Ebene erkannt werden: blaue Schnüre für die Treue des Liebsten, gelb zur Förderung der Kreativität, und grüner Stoff wird in meditativen Stunden im Stickrahmen formvollendet mit der Bitte um eine bessere finanzielle Situation bestickt. Ich arbeite selbst häufig mit diesen Techniken für Klienten und fertige Säckchen, kleine Bündel oder bestickte Tücher für sie an. Unsere Großmütter wussten schon, was gut ist. Auch heute noch fühlt sich ein selbst gestrickter Pullover, der vielleicht sogar von jemand anderem extra für einen angefertigt wurde, einfach unglaublich behaglich an. Wäre einem diese Person allerdings zuwider, würde man den Pulli kaum tragen wollen. Solche magischen Verknüpfungen fühlen wir instinktiv. Das Gute an solchen Zaubern ist, dass wir sehr leicht wieder lösen können, was gebunden wurde. Denn wenn wir unsere Zauber nicht irgendwann wieder aufheben, tun sie es selbst, und es bleiben *fusselige Energien* übrig.

Wenn du z. B. einen Liebeszauber mit rosafarbener Wolle

geknüpft hast und dein Liebster ist da, dann löse den Zauber wieder. Du musst keine Angst haben, dass er dann das Weite sucht, im Gegenteil. Würdest du den Zauber nicht wieder lösen, wie sollte dann die magische Ebene wissen, ob du glücklich und zufrieden mit dem Erreichten bist? Du sendest ja noch immer das Signal, dass du dir einen Partner erträumst.

Exkurs: Binden und Lösen

Ich halte es für angemessen, auf dieses Thema noch einmal gesondert einzugehen, denn ich kenne kaum Hexen, die ihre Zauber wirklich wieder lösen. Es wird auch in der Literatur fast nie besprochen, was schade ist, zumal wir durch unsere ungelösten Zauber in die eigenartigsten Energiestrudel geraten können. Das ist mir früher selbst nicht anders ergangen. Erst als ich entdeckte, dass alles, was gebunden wurde, auch wieder gelöst werden muss, klärte sich dieses Energiefeld.

Die Quelle dieser Inspiration bzw. Erkenntnis ist übrigens Luisa Francia – eine Hexe ist nie zu stolz, von anderen zu lernen.

Nun, meine Zauber wurden also um einiges wirkungsvoller, weil – bildlich gesprochen – mein magisches Postfach beim Schicksal nicht mehr voller alter Briefe lag.

Im Grunde ist es ganz einfach: Du zauberst für dein Ziel, und entweder kommt das Schicksal deiner Anfrage entgegen oder es findet, dass dein Ziel zum jeweiligen Zeitpunkt einfach noch nicht in deinen karmischen Plan passt. In beiden Fällen wird es nötig sein, deinen Zauber nach einer Weile zu lösen. Es ist gut, wenn du dir deine magische Arbeit zur besseren Erinnerung notierst.

Ich weiß von vielen Hexen, dass die Angst besteht, mit dem Lösen eines Zaubers gleichzeitig den dadurch gewonnenen, positiveren Zustand wieder aufzulösen. Ich glaube, das ist der Hauptgrund, warum nur die wenigsten Hexen damit arbeiten. Doch sie unterliegen einem Irrtum. Bleiben wir beim Bild des persönlichen Postfachs in der spirituellen Welt: Wenn sich darin die Briefe (Zauber) bereits stapeln, beginnt deine magische Energie zu stocken. Ältere Zauber werden ihre Energie durch den zeitlichen Abstand zu dir langsam verselbstständigen und so zu diffusen Energiemustern führen, die deine aktuelle Zauberarbeit unterschwellig behindern. Höchste Zeit den Hexenbesen zu schwingen und das Fach einmal durchzufegen! Wie man das macht, möchte ich dir im Folgenden aufzeigen.

Doch zunächst möchte ich noch auf das praktische Lösen eines einzelnen Zaubers eingehen. Die konkrete Ausführung hängt davon ab, wie du gezaubert hast.

Wer mit Stoff gearbeitet hat, kann diesen zerschneiden und in ein fließendes Gewässer werfen, sofern es sich um biologisch abbaubare Ausgangsmaterialien handelt.

Im Falle eines Kerzenzaubers kannst du eine weiße Kerze entzünden. Zuvor beschreibe ein Tuch – nicht zu groß! – mit deinem damaligen Zauber bzw. seinem Zweck – es reichen wenige Worte – und verknote das Tuch. Halte es nun in ausreichendem Abstand über die Flamme, entknote es langsam, und sprich etwas Ähnliches wie: »Was gebunden wurde, ist von nun an gelöst.« Lege das entfaltete Tuch unter den Kerzenständer, und lass die Kerze abbrennen. Bevor sie verlöscht, entzünde das Tuch an ihrer Flamme, und lass es auf einer feuersicheren Unterlage verbrennen. Nimm deiner Gesundheit willen nur ungefärbte Tücher organischen Ursprungs, z. B. aus Baumwolle, Hanf oder Seide. Du kannst den Zauber aber auch mit wasserlöslicher Tinte auf ein Blatt Papier schreiben und in Salzwasser legen, bis die Schrift verwässert ist, oder – symbolisch für den Zauber – einen Eiswürfel auf deinem Altar schmelzen lassen. Vergiss aber nicht, noch einmal laut auszusprechen, dass der Zauber jetzt gelöst ist. Sicher fallen dir noch andere Möglichkeiten ein, die zu deiner persönlichen Magie gehören und die du bevorzugt anwenden solltest.

Wie schon erwähnt, löst sich dabei aber nicht das Glück, das durch den Zauber zu dir kam. Wenn du einen Zauber löst, wird gezielt nur die Energie, die etwas zu dir ziehen sollte, aufgehoben, nur die Anfrage wird gelöscht. Für klare, spirituelle Verhältnisse musst du dem Universum mitteilen, dass du mit dem Erreichten zufrieden bist. Nehmen wir mal ein ganz einfaches, praktisches Beispiel: Wenn du dir etwas bestellst, richtest du auch nicht gleich einen *Dauerauftrag* beim Versandhaus ein. Und du hast auch keine Angst, dass das Versandhaus dir die Ware wieder wegnimmt, nur weil du nicht immer weiter bestellst. Der Vergleich hinkt vielleicht ein bisschen, aber ich glaube, er drückt dennoch aus, was ich sagen möchte. Ähnlich verhält es sich mit den universellen Energien: *Daueraufträge* schätzen sie überhaupt nicht, weil die Grundlage des Lebens der Wandel ist. Wenn du ihr Handeln nicht behinderst und den Wandel akzeptierst, wirst du sehen, dass sich deine Wünsche viel leichter materialisieren lassen. Oder wie es ein Sprichwort ausdrückt: *Hände, die etwas festhalten, können nichts Neues empfangen.*

Ritualvorschlag zur Löschung aller alten Zauberenergien

Wenn du mit einem Mal all deine alten Zauberenergien löschen möchtest, um reinen Tisch zu machen, versuche dich an möglichst viele Zauber konkret zu erinnern, und notiere sie. Füge auf den Zettel einen Satz wie: ... *und alle anderen Zauber meiner Vergangenheit.* Nimm diesen Zettel an einem Mittwoch bei abnehmendem Mond – am besten in einem Luftzeichen (Zwillinge, Waage, Wassermann) – und lege ihn in eine ausreichend große Schüssel.

Zuvor hast du im Eisfach bzw. in der Winterzeit draußen in einem großen Joghurtbecher Wasser zu Eis frieren lassen. Joghurtbecher deshalb, weil du ihn zerschneiden kannst, denn das Eis klebt anfänglich ziemlich fest am Becher, und es soll ja erst auf deinem Zettel schmelzen. Du kannst auch gerne noch weitere Zutaten wie Zitronensaft und Nelken (Glück) vor dem Einfrieren ins Wasser geben. Kaffeepulver beschleunigt die Wirkung – nimm jedoch keinen flüssigen Kaffee, der würde nämlich für Chaos sorgen! Du kannst aber abgekühlten Eisenkrauttee – weitere empfehlenswerte Pflanzen für einen solchen Tee, einzeln oder gemischt, sind: Schlüsselblume, Minze, Chili, Ingwer, Beifuß, Schafgarbe – einfrieren. Und achte darauf, dass die Schüssel auch groß genug ist, das Schmelzwasser aufzunehmen – da vertut man sich gerne.

Nun lege das Eis auf den Zettel, und sprich laut aus, alle deine Zauber mögen sich auf geordnete und wohltuende Weise lösen. Sie sind nicht mehr an dich gebunden, und ihre

Energie fließt auf gesegnete Weise wieder zurück in den Pool universeller Energien.

Wenn du schon länger magisch arbeitest und öfter mal Rituale abgehalten hast, wirst du vielleicht sofort eine deutliche innere Erleichterung verspüren. Spätestens in den folgenden Tagen sollte sich auch für den *magischen Laien* eine Wirkung zeigen. Bei künftigen Ritualen kann deine Energie nun viel leichter wirksam werden, und du wirst dich fragen, warum du nicht viel früher auf die Idee gekommen bist, spirituell klar Schiff zu machen. Und mal ehrlich: Willst du wirklich, dass deine allerersten mehr oder minder geglückten Zauberversuche noch mit fünfzig an dir kleben?

Sigillen

Eine weitere wichtige Zaubertechnik, die ich dir vorstellen möchte, sind die Sigillen. Mit ihrer Hilfe lassen sich aus geschriebener Sprache Symbole erstellen – sie sind daher wie gemacht für kreative Hexen. Als Erstes schreibst du dir auf, was du bezwecken möchtest. Reduziere diesen Wunsch nun auf wenige Worte, verdichtet auf seine inhaltlich wichtigen Komponenten. Da wird dann zum Beispiel aus *Ich wünsche mir Inspiration und Gelingen für ein wichtiges Gespräch am Freitag* zusammengefasst *Ich Inspiration Gelingen Gespräch Freitag.*

Anschließend beginnst du – ähnlich dem früheren Verliebtheits-Prozentrechnen auf dem Schulhof – bestimmte Buchstaben zu entfernen. Beginne am Anfang der Wortreihe und streiche jeden doppelt auftauchenden Buchstaben. Bezogen auf den Beispieltext erhältst du daraufhin: *ICHNSPRATOGELF.*

Nimm dir ein Skizzenblatt und ordne die Buchstaben so an, dass sich darauf eine geometrische Figur ergibt – am besten verwendest du Druckbuchstaben. Schmücke die entstehende Figur mit Punkten, Blättern, Blüten, Glückssymbolen – was dir eben passend erscheint oder in sich deinem kreativen Fluss ergibt. Nun nimm diese Sigille, und trage sie bei dir. Versuche, sie so gut wie möglich zu vergessen. Das passiert meist im Laufe der nächsten Tage. Wenn sie gewirkt hat, lass sie auf einem Fluss davontreiben, oder verbrenne sie. Sigillenmagie ist sehr einfach, sehr kreativ und, wenn man sie nicht allzu verbissen betreibt, auch sehr wirkungsvoll!

Opfern und Rituale zur Verbindung mit Wesenheiten

Du wirst vermutlich selbst am besten wissen, worüber sich deine Gottheiten freuen, welchen Rauch die Geister deines Hinterhofes am meisten schätzen, wo im Wald die Äpfel bevorzugt hingelegt werden sollten – all das werden dein Gefühl und deine Intuition dich lehren. Wie viele Ideen und Anregungen ich auch darlege, in diesem ganz privaten Bereich deiner Spiritualität, in deinen Verbindungen mit der Anderswelt möchte ich dich nicht beeinflussen. Denn eine Hexe erkundet ihre Welt auch gerne mal auf eigene Faust, und es sind schließlich deine magischen Netze, nicht meine oder die irgendeines anderen Autoren.

Warum also dieser Abschnitt? Weil es so viele Missverständnisse bezüglich dieses Themas gibt! Es gibt Hexenkreise, in denen man z. B. nur opfert oder Rituale abhält, wenn irgendwelche Wünsche und Begehrlichkeiten bestehen. Aber ganz ehrlich, wollen wir das? Ist eine wahre, immer währende Freundschaft nicht auch im realen Leben besser als eine, die nur sporadisch besteht und *zweckgerichtet* angelegt ist? Würde es dir als göttliches Wesen Spaß machen, immer nur den Weihnachtsmann spielen zu sollen? Das ist keine Basis für wirkliches Zusammenarbeiten. *Ich will etwas haben, und das macht die spirituelle Welt interessant für mich, gebt mir Liebe, Geld, Schutz, Macht, Einfluss usw. und ich gebe euch dafür, was ihr haben wollt* – so manche Hexe denkt tatsächlich, das wäre der Weg. *Do ut des,* nannten es die alten Römer, *ich gebe, damit du gibst.* Freilich ist das ein ziemlich merkantiler Zugang zur spirituellen Welt, auch wenn in diesem Wort wenigstens der Götterbote Merkur seinen Platz findet.

Das ist beklagenswert und kommt nicht von ungefähr. Denn so mancher weiß es einfach nicht anders. Das Hexentum wird zum großen Teil durch solche Bücher beeinflusst und verbreitet – und es gibt derer nicht wenige! –, die einfach nur die *schnelle Zaubernummer* verkaufen. Ich mache immer wieder die Erfahrung, dass mich Menschen erstaunt angucken, wenn sie hören, hinter der Magie steckt oft auch Religion. Doch so ist es und das im besten Sinne: Denken wir an den Wortsinn von Religion, der sich aus dem lateinischen Wort *religere* ableitet, das so viel bedeutet wie *sich zurück-verbinden.* Und das hört sich doch schon viel freundlicher an als das reine Schachern um Begehrlichkeiten. Das hat etwas von: Ich schwatze mit den Geistern meines Hinterhofes, und wenn sie erfreut sind, wogen reihum die Äste der Bäume. Ich schenke ihnen morgens und abends Räucherwerk. Nicht weil ich etwas will, sondern um die Freundschaft zu pflegen. Ich gieße Milch unter die Holunderbäume, weil sie das lieben. Ich erwarte nichts dafür und doch mache ich damit *religio*, eine Rückverbindung. Das berühmte *Vitamin B* gibt es ja nicht nur in der materiellen Welt. Wenn ich Münzen in die Saale werfe, freut sich die *alte Dame* – und strahlt damit auf mich zurück. Ich gehe fröhlich heim und habe dort vielleicht einen zündenden Gedanken, den ich schon so lange suchte. Vielleicht auch nicht. Nicht jedes *Kaffeekränzchen* bringt schließlich bahnbrechende Neuerungen hervor.

Und das ist es, was *zweckzaubernde* Hexen nur selten erfahren – das innere Gefühl, mit jedem Baum, jeder Blüte und jedem Stein verbunden zu sein, ihre Energien zu kennen, sie zu fühlen und darauf zu reagieren. Nicht jede Energie ist zu jedem Zeitpunkt erstrebenswert! Du schenkst der Natur deine Aufmerksamkeit und deine Liebe – und siehe da, sie antwortet mit Glück und Besonnenheit. Du bist kein Einzelkämpfer mehr, der verloren seine Bahnen zieht, sondern eingebunden, befreundet, magisch verwoben im Geflecht der großen Spinnenfrau.

Mal ganz ehrlich: Ist das nicht mindestens genauso schön, wie ein geglückter Zauber? Warum die Grundstruktur der Ausbeutung, des Benutzens auch in der Magie verwenden, wenn es doch viel fruchtbarer ist, gemeinsam etwas auf die Beine zu stellen? Denn auch Geistwesen werden nicht gerne herumkommandiert und schätzen sehr wohl die Freundschaft.

Literaturempfehlungen:

Schaut einfach einmal auf meine Internetseite hexe-claire.de oder holunderhexe.de – dort findet ihr viele Buchtipps für Hexen und solche, die es werden wollen!